罗布泊的守望

奔腾在库姆塔格沙丘上的野骆驼（李为国　摄）

在阿尔金山山前戈壁上撒欢的野骆驼（韩栓柱　摄）

壮美的雅丹地貌（韩栓柱　摄）

雅丹地貌——沙漠舰队（国盾　摄）

八一泉水源地（国盾　摄）　塔里木河胡杨（郎黎光　摄）

罗布泊地貌（国盾　摄）

山前茂盛的植被（韩栓柱　摄）

胀果甘草（韩栓柱　摄）

罗布花（韩栓柱　摄）

麻黄草（韩栓柱　摄）

荒漠中的沙生灌木及骆驼刺（国盾　摄）

膜果麻黄（韩栓柱　摄）

盛开的裸果木（牛欣意　摄）

罗布泊的守望

LUOBUPO DE
SHOUWANG

王新艾◎著

中国农业出版社

北 京

从心中流淌出来的歌

蒋平安[*]

　　初次结识王新艾是在2017年新疆野骆驼保护协会的科普宣传年会上，她邀请我以一名大学校长的身份为新疆野生动物保护发声，我欣然应允。也是在那次年会上，听到协会的同事朗诵了一首她写的《仰望楼兰》，这首诗深深打动了我！我才知道她不仅是一位富有爱心、愿为野骆驼保护事业献出生命的守护者，她还是一位诗人，一位大家心目中的"罗布泊诗人"。我建议她能将多年来的诗作结集成书，以飨读者。今天，愿望终于得以实现。

　　翻开《罗布泊的守望》，可以说是对心灵的一种洗礼。她为我们打开了罗布泊神秘的大门，仿佛看到了野骆驼在罗布泊连绵不绝的沙丘奔跑的身影，也仿佛穿越时光来到了三千年前的楼兰。

　　她在《生命的力量——致罗布泊》中写道："独木舟上倚坐的新娘／可是楼兰姑娘？／串结麻绳／在夕阳下缝补着时光／岁月的金线／将胡杨黄叶点缀了裙裳……"她在《大漠楼兰》这首诗中，让时光和沙丘流动，让历史和现实交融。"沧桑的楼兰啊／你孕育着历史精神的经纬／你注定书写夺目的荣光……"

　　读这些文字仿佛让人置身大漠之中，有历史的沧桑、有厚重之感。作者在书

---

　　* 作者系新疆农业大学校长，政协第十三届全国委员会常务委员、农业和农村委员会委员。

中提到的库姆塔格沙漠、大戈壁、红柳、胡杨、雅丹地貌、楼兰古城、小河墓地，都是罗布泊奉献给人类无与伦比的精神盛宴。

风土人情和寻常野外工作平凡又牵动人心，因为都是我自己熟悉的事物，所以读起来自然亲切。我曾经在罗布泊做过5年多的野外科学考察和生态环境演变研究工作，对罗布泊的苍凉、神秘深有体会，而他们守望自然、守望野生动物的感人事迹和工作经历，也是对公众参与野生动植物保护的一种引领。那些看似平凡的人生足迹，无不折射着大时代的变化，也让罗布泊生态保护和野骆驼这个濒临灭绝的物种现出各自神秘的身影。

读王新艾的《罗布泊的守望》这本书，我们得以窥见罗布泊和野骆驼的部分面貌和罗布泊的野生动植物，还有古丝绸之路灿烂的文明与壮美的自然风光。作为一名关注野生动植物和生态环境保护的读者，我读到了似曾相识的风景、心境、苦难和欢乐，我从自己的人生经历与看似遥远神秘的环境中，感受到为关注和保护野生动物，每个人都会秉持的信念与执着。

《罗布泊的守望》这本书是从王新艾心中流淌出来的歌，8年16次深入罗布泊腹地，是因为她的心中充满对这片亘古荒原的深情，充满对野骆驼的大爱。跟随这本书走进罗布荒原，可以感受到野骆驼创造的生命奇迹，也能感受到作者一颗朴实、纯粹、天然、真诚的自然之心。

《罗布泊的守望》是一部非常优美的文集，我很喜欢，也希望读者朋友能喜欢。

2022年7月于乌鲁木齐

盛开在大漠中的罗布花

沈秋君[*]

我是曾经教过王新艾语文的老师，记忆中的她不善言语，文静而不起眼。2018年7月，师生40年庆典大团聚，席间，几十名同学载歌载舞尽显才艺，新艾表演的节目为诗朗诵，向我们朗诵了《仰望楼兰》，这首诗的作者居然是新艾本人。她何时学会了写诗？我很惊讶。我只记得王昌龄的"青海长云暗雪山，孤城遥望玉门关。黄沙百战穿金甲，不破楼兰终不还"，并在心中对诗里铠甲磨穿的战士面对进犯之敌所立"不破楼兰终不还"的铮铮誓言刻下印记。而新艾可以用文字驾驭世界瑰宝——拥有数千年浩瀚历史的楼兰吗？我好奇并期待。随着《仰望楼兰》被抑扬顿挫地颂吟，楼兰在她的笔下，或保持着如梦如幻的神秘，或发出铁蹄奔马的怒吼，或进行着如歌如泣的弹唱，通篇诉说着历史中悲壮的诗化故事，淋漓酣畅一泻千里。那一刻，我感动了、震撼了。

我在网络上搜索到王新艾是拥有数百名专业、非专业爱心志

---

* 作者系上海方正律师事务所主任律师，新疆野骆驼保护协会名誉会长。

罗布泊的守望

愿者的新疆野骆驼保护协会的会长、知名作家、"罗布泊诗人"。原来她是一位为世界极度濒危物种、国家一级重点保护野生动物——野骆驼矢志不渝的守望者。而这一切，她的同班同学和我几乎都不知情。因为被称为"生命禁区"的罗布泊有野骆驼的出没，她先后16次与科学考察的院士、专家、学者，包括各行各业大爱人士直抵罗布泊，寻觅野骆驼的踪迹，探求保护野骆驼的良策，践行生物多样性即人与自然和谐共处的本真，追求至善至美至真的生命理想。

确切地说，我与新艾心灵相识始于那次师生庆典。之后的几年，我自然而然地成为新疆野骆驼保护协会的一员，两次参加由新疆野骆驼保护协会组织的罗布泊科考活动，一次沿着仍有稀少野骆驼存在的塔克拉玛干沙漠环线进行的科普公益活动。胡杨萧萧无处安放，大漠茫茫了无尽头。我们真切感受着大自然无以名状的绝美与壮丽，敬畏大漠中包括野骆驼在内脉搏律动的生命，同时我也见证了新艾的执着和艰辛。在无人区前沿的三垄沙保护站、在达里雅布依原始村落，我领教了什么是沙漠的风——那是一种足以让将军把帆布帐篷撕成碎片的癫狂；见识了什么是沙漠的坑——那是一种随时可能将你与赖以生存的运载工具置于万劫不复境地的夺命陷阱；体会了什么是沙漠的水——那是不论领导、院士，全体志愿者一律不刷牙仅漱口，不洗脸仅用一小角毛

巾蘸水擦脸的珍贵生命之源；知晓了什么是沙漠的饭菜——几乎顿顿的馕＋辣皮子＋榨菜；感受了什么是沙漠驿站——那是在沙漠中挖掘而成的微露于地面可供行走者歇息之处。对于不论男女老少一屋和衣而居的尴尬、夜半狂风卷来的沙子将驿站的出口几近封住的危险，我终生难忘。我仅仅与沙漠有3次邂逅，但新艾历经16次充满风险的罗布泊之行，其间甚至与死神擦肩而过。沙漠生活带来的严重眼疾则可能与她相伴终生，无法想象年近六旬的她为了野骆驼可以忍受玄奘取经般的种种困苦艰难，这出于一种神圣的信仰，她不愧为践行保护生物多样性的先行者。她和她同伴们的公益善举功德无量，她和她的同伴们如今为保护与挽救世界极度濒危物种野骆驼所做的一切，将在保护野生动物史册上书写绚丽的一笔。

在塔克拉玛干沙漠中，我们看到了一种倔强的植物，那就是罗布麻。它在极其严酷的生存条件下，不畏风刀霜剑，不惧低温

罗布泊的守望

盐碱，生生不息、蓬勃生长，它展示着生命的枝叶，绽放着纯朴洁净的粉红小花，它为人类提供着治疗心疾的良药。看到罗布麻，我感到新艾的诗文和她保护野骆驼的行动就像一簇盛开在大漠中的罗布花。

新艾在新疆诗坛久有"罗布泊诗人"的美誉，这是大家对她的爱称与尊称。以罗布泊为主题的诗作比比皆是，但创作者不一定仰望过罗布泊。而新艾的诗篇是在罗布泊保护野骆驼寻踪路上直抒胸怀的产物，诗中有罗布泊的根与魂。所以，与其他的罗布泊诗文相比多了别样的壮美与精彩。诗言志，这才是新艾的诗歌特别真切动人的原因所在，我想这就是"罗布泊诗人"的魅力，"罗布泊诗人"当之无愧。

2022年1月21日于上海

叩问罗布泊，仰望楼兰

王功恪 *

　　王新艾，新疆野骆驼保护协会会长，先闻其名，后见其人。原以为她是一位外表高大强悍的女性，会面后见到的却是一位清丽、隽秀、笑语如春风的奇女子，让人意外，从她身上感受到的是无法抗拒的亲和力和常人不具有的坚韧。

　　塔克拉玛干沙漠，人称进去出不来的"死亡之海"。罗布泊和楼兰，也一直被人们视为生命的禁区。那里曾使斯文·赫定死光了15峰骆驼且他自己也差点丧命，只能向上帝发出绝望的祈祷；那里也让探险经验丰富的余纯顺命丧沙丘。

　　王新艾为了记录野骆驼的生存状况，却先后16次进入罗布泊腹地，创造出生命中异乎寻常的奇迹，谱写出越战越勇的不朽篇章。

　　王新艾为什么对罗布泊、楼兰、野骆驼一往情深，在长达8年的时间里坚持、坚守、不屈不挠，甚至冒着生命危险行走在生死边缘的无人区，对野骆驼保护进行科学探索呢？

　　因为，这里不仅有珍贵的极度濒危物种野骆驼，还可以寻求治理世界第二大流动沙漠——塔克拉玛干沙漠的科学良策。这里是亚欧大陆文明交流的窗口，楼兰古国坐落在这里。楼兰曾颁布过目前世界上第一部森林保护法；建设了让人叹

---

　　*　作者系地质学家，新疆工学院地质系教授。

为观止的屯垦水利工程；开通了邮路，四通八达，直通中原。楼兰古国曾商贾云集，大兴贸易，汇通了辉煌的亚欧丝绸之路……

王新艾从"寻找楼兰姑娘"，到探寻罗布泊蕴含的不为人知的秘密，想以大漠为纸、黄沙为色、朔风为旋律，捧出一部治理塔里木盆地珍贵的百科全书和保护野骆驼的宝典，以野骆驼跋涉千里负重前行的惊人耐力与坚韧精神，16次进出罗布泊，不改初心，让人敬佩。

在我们中华民族实现"两个一百年"奋斗目标和伟大复兴的征程中，需要的正是这种野骆驼精神。

2022年9月13日

彩色的罗布泊

高 昌[*]

王新艾女士的《罗布泊的守望》一书即将出版，闻听此讯心情十分高兴，为该书著文以示祝贺。

我与"全国百名最美志愿者"，新疆野骆驼保护协会会长王新艾女士相识，纯属偶然。我的朋友是时任新疆野骆驼保护协会副会长王庆龙同志，据他介绍，王新艾女士为记录和探索保护野骆驼的生存状况和环境，多次深入罗布泊荒漠，几次历经险境。听王庆龙这一番介绍，我觉得这是一个极好的题材，经他介绍，我和王会长取得了联系。

我让她把在罗布泊遇险的经过告诉我，在此基础上我完成了《秘境寻踪》的写作。该作完成后先后在人人文学、重庆纪实等全国十多家媒体上刊载，对公众参与野生动物保护进行了广泛的宣传和引领。引起了新疆内外不少有识之士对新疆野骆驼保护工作的认可和关注，同时得到了相关部门的重视。

王新艾女士这些年写下的20多万字的生态文学作品，对服务

---

[*] 作者本名高崇炳，当代作家、诗人。

野生动植物保护来说，我认为是一件极好的事情，在野生动植物保护的生态实践中，把自己的所遇所感表达出来，唤起了更多人对野生动植物的保护意识，是大功一件。

去年，我在乌鲁木齐进行长篇小说《努尔丁的故事》的扫尾工作，借此机会也对她的作品进行了阅读。王新艾女士在"口罩"期间整理完成了她的第一部作品集《罗布泊的守望》。

全书共有6部分：罗布泊的守望、仰望楼兰、叩问罗布泊、塔克拉玛干风采、我们在为大自然写诗、志愿者的荣光。

文集中共收录的散文和诗歌作品，篇篇凝结着作者的心血，作者满怀激情，用优美流畅的文笔，书写和记录她先后16次走进罗布泊的经历，字里行间充满了对罗布泊的热爱和眷恋，读来十分感人，如《罗布泊的守望》：

从罗布泊归来的时光里，那起伏的沙丘，常常在我的脑海中回旋。每一种努力开放的花朵，都像星辰在皎洁的天空中闪烁。在这个地球上，还能有哪个沙漠能和罗布泊媲美？

沙漠的驼道，承载着古代丝绸之路千年的文明。

红柳，每一束都惊艳得像礼花。

胡杨，在一棵树上就能用7种叶片绽放它倔强的娇美。

…………

《罗布泊的守望》这篇作品是作者的开篇之作，作者对罗布泊的环境十分了解，从历史到现实，结合其中一次深入罗布荒原的考察，通过古道、古城记录历史的久远，而古道、古城也承载着丝绸之路千年的文明，读来充满历史的厚重感。

　　《罗布泊之恋》让人读后感慨万端，作者是这样书写的：

　　罗布泊，恋你黄色的沙丘是汹涌的巨浪，恋你起伏的雅丹是延绵不绝的希望。

　　…………

　　一串串驼铃记忆悠长，从长安、从大唐，传承文明的信念在天地间茁壮。

　　…………

　　过去无论是在报刊上还是人们口头的传说中，都把罗布泊描述得特别荒凉和神秘。但是在王新艾女士的眼里，罗布泊却到处充满无限生机，流淌的溪水、盛开的罗布花、疯长的芦苇、枝头振翅的鸟儿，这哪里是死亡之地？分明是植物生长繁茂、环境优美的大自然的"博物馆"。不深入罗布泊实地探索，是不会发现这些生命奇迹的。我就曾经有个疑问，既然罗布泊荒漠环境这么恶劣，那么野骆驼和其他野生动物在那里喝什么、吃什么呢？通过王新艾女士作品的介绍，我才明白罗布泊除了荒凉，还有流淌的清泉、生长的耐旱植物，这些足以满足野生动物在罗布泊的生存需求。

　　在《撒欢的野骆驼》中作者是这样描述的：

　　你是那渴望起舞的野骆驼

我就是你脚印边生长的骆驼刺

你是世间喝盐碱水生长的精灵
我就是你千年驼道旁黄了又绿的罗布花

当最后一朵云彩隐没在远方
我把心缀在罗布泊的天空
…………

　　王新艾女士对罗布泊念念不忘，她与野骆驼结下了不解之缘。在别人看来是蛮荒之地，可在她看来那是生命的"百草园"，因为那里有她珍爱的野骆驼。野骆驼是世界极度濒危物种，保护野骆驼在她的心里已经深深地扎下了根。保护野骆驼和保护野骆驼的生存环境是她的最高追求，并且她把对野骆驼的关爱深入字里行间。

　　在服务野骆驼保护的近10年里，王新艾女士先后16次深入罗布泊腹地，勇闯死亡之地、生命禁区，许多男同志都做不到的事情她却做到了。在新疆、在全国、在世界，她创造了这个奇迹。相信《罗布泊的守望》的出版发行，一定会受到读者特别是关心野生动物的保护者们的喜爱和欢迎，以此为序。

2022年9月13日

罗布泊的
守望

目 录

第一部分

罗布泊的
守望

每一种努力开放的花朵
都像星辰在皎洁的天空中闪烁

罗布泊的守望

刘志纪 题

罗布泊的守望

从罗布泊归来的时光里，那起伏的沙丘，常常在我的脑海中回旋。每一种努力开放的花朵，都像星辰在皎洁的天空中闪烁。在这个地球上，还能有哪个沙漠能和罗布泊媲美？

沙漠的驼道，承载着古代丝绸之路千年的文明。

红柳，每一束都惊艳得像礼花。

胡杨，在一棵树上就能用7种叶片绽放它倔强的娇美。

楼兰古城，残垣废墟，土银古道，小河墓地，库姆塔格像莲花一样的冲积扇，还有那遮天蔽日的黑色风暴，都在诉说着罗布泊的沧桑与壮美。

罗布泊有最壮美的沙海日出，有最粗犷的晚风岩壳。

罗布泊有时是最细腻的，有稍纵即逝的暗示；罗布泊有时是最固执的，有如铁锤般重击的冲撞。

一千万年前，野骆驼穿越时空的尘封从白令海峡来到这里，奇迹般地在这片土地上生存繁衍，给空旷的罗布泊以生命的呼唤！

春天，它们在这里踏歌繁衍；冬天，它们在这里聚群狂舞。

猎人曾砍断过它们的臂膀，狼群聚群围堵，曾撕拉出它们沾满鲜血的衣肠。

黑风暴曾掩埋过它们前方的水源，沙漠的高温曾让它们脱下全身的驼毛。而野骆驼走过长长的驼道，又站在了跳跃着金光般的高高沙丘，用它们高贵的身躯守望着罗布泊的神圣和苍茫!

　　野骆驼，正处于濒临灭绝的边缘，正在发出几乎中断的声音。每翻越一座沙丘，你就能看到掩露在沙海中的白骨。风中沥过白骨的哨声，仿佛正在呼唤将被淹没的文明……

　　虽然我们的地球璀璨斑斓，瑰宝数不胜数，动物千百万种，可是我们的精神世界对野生动植物又有多少问津?

　　阿尔金山延绵数百千米的雪山、一错再错的绝美、旷野凛冽的寒风、深夜的千秋北斗、死难者不朽的足迹，正在演绎罗布泊怎样的千古绝唱?

　　当我们一次次赞美我们灵魂的高贵及我们内心深藏着的所有感情与纯粹激越的精神力量时，何不亲临感受这罗布泊的庄严与温柔，壮阔与苍凉，同野生动物一起淡然穿越未来的时光?

　　晚风飒飒，夜幕降临，沙漠中如血的夕阳归于寂静。罗布泊，就如此让人仰望!

　　古老的夜晚、远方的羌笛牧歌、永远的罗布泊、永远的野骆驼，此刻都属于你，都属于我!

野骆驼的守望（毕景江　摄）

罗布泊地貌

　　我眺望着月，唯独今宵，才感知星光明亮的夜晚那深深的惆怅。永恒的罗布泊，永恒广袤的夜空。神秘繁星在闪烁，沙漠层层叠叠，如歌如诉，如轻言低语。

　　掠过沙丘的狂风，正转身俯拂盛开的红柳和遍地的野骆驼刺。

　　野骆驼，让我为你们戴上用红柳编织的花环吧，永远和人类一起生存在这浩瀚的地球之上。

　　热爱罗布泊的心，永远灼热！

▶ 2015 年 11 月 15 日

罗布泊的守望

罗布泊之春

（一）

春的脚步叩响了。她像是从地上嫩嫩的盐碱草上冒出来的，又像是一夜之间被风席卷而来的。一片花海冲淡了冬的寂静，渐渐地像潮汐一般涌来。罗布花*摇曳着，顺着风，一枝紧挨着另一枝，欢腾地传递着春天的消息。

阿奇克谷地苏醒了，争奇斗艳的植物好像形成了一座"百草园"。偶然又凑巧的相遇，让万物在春来时重新吐纳。不甘寂寞的蜥蜴像鱼儿一样在植物间忙碌地来回游动。与自然共舞的植物用它们独有的浪漫和独有的顽强，拘谨地伸出一点点枝芽，向上不断伸展。

鸟儿的合唱顺着风的方向传进我们的耳朵，它们在谷地上飞舞着、盘旋着，唱着它们对春天的热爱。

如海浪般的沙丘链，蜿蜒曲折又彼此相连，在辽阔的旷野汇集交错，它们将豪迈延伸至数千米以外。

空谷新雨，雨后斜阳。在潇潇雨歇中停留，感叹罗布泊春之灿烂。

烟云苍天，云在空间流变。古道羌笛，千年往事低回。

驼铃悠长，卷岁月风霜，春天的生命在浩瀚的罗布泊，在消融的雪花里

---

* 罗布花即罗布麻绽放的花朵。——编者注

又一次蓬勃怒放。

轻弹那卷起的一抹黄沙，在空中消逝又落定，大地冷静地托起挂碍已久的真情，在和春的相互问候中重逢。

在看不见的年轮里，在风沙的流动中，记录每个春天变与不变的痕迹。浓缩的冰会被春打破，让一切可以开始得更快。又一株小草慢慢伸出头眺望大地，所有的植物都很心急地期待春天的到来。

植物在春的讯息里萌动自己的情绪，它们要抓住一年只有一次的机会，那就是和时间的对决。它们将冲破坚硬的盐壳，在每一个当下，在分分秒秒里积蓄生的动力。无尽的黑夜将在远方的沙丘上与白昼汇合，春要惊退黑暗、惊醒沉睡的土地，把花开的声音传到胡杨的枝头。

春天来了，万物在罗布泊的朝升暮落间，在云卷风动的磅礴之处，心生豪迈于风沙舞动之间。

有人说，春天来到了没有春天的罗布泊，这里寸草不长，漫漫荒漠，无尽凄凉。然而，只要你细心倾听，植物不会辜负季节的交替，生长在罗布泊的植物，它们的生命是蓬勃的、是坚韧的。

这里是塔里木盆地的最低洼处，疏勒河、孔雀河、车尔臣河、塔里木河奔涌而来，虽然时有河谷断流、绿洲干涸，但罗布泊是水的故乡。

罗布泊之春把细腻与心动写在大地，用拱出地面的小小枝芽绽放最纯粹的新绿，把大自然的秘密藏在有水的露珠里。但有些秘密不是用来知道的，留给想象吧，留在罗布泊初春的晨曦里。

红柳是沙漠里的一抹红霞，在它向上的花束里一定有一团火。那团火燃烧着筋骨，撩开透明的风暴，留给我们来自祖先的参悟。它经得住岁月的狂风暴雨，经得住时光的冷月寒霜，在四季的轮回中为生命加冕！

自然有着洞悉天地的智慧，岁月会诠释它们的名字，更新对它们的记录。

有多少种死亡就会有多少种重新开始的方式。那株干涸太久的骆驼刺，永远无法苏醒了，变成了旷野僵硬的木疖。风吹着它的躯体，但它仍努力地用枝杆不停随着风的方向在大地上画圆，这是生命最圆满的图形。

小草也在移动着身边的石子，它也会像罗布花一样开出自己的王冠。大地正伴着春天的新生而无穷无尽，一季一季地传递着果实，力量也由此而生。

罗布泊的春天，新的相逢会将温暖再一次延续，又一个春天已在来的路上。

（二）

春来了，大漠像一幅精心描绘的油画。胡杨的枝上，冒出了油油的新绿，把春天的罗布泊装扮得如此蓬生萌动。

春雷动，万物生。在与梦想不期而遇的罗布泊，一位丝绸之路上的故人落下的一粒种子，也随着春的来临发芽了，一抹新绿无拘无束、势不可挡……

戈壁和沙丘上，涌动着一片生机，在春潮的催促下，所有的植物都在苏醒、发芽、开花！罗布泊是梦的故乡，蓝天与白云相拥，草含沙砾，露珠含香，点点星光，映照着罗布泊古老的"村庄"。

裸果木还没来得及开花，但黄色的花瓣已攒足了绽放的力量。塔里木兔竖起了灰色的大耳朵，睁开了亮晶晶的小眼睛，隐匿于灌丛之下，密切注视着红柳、罗布麻、芦苇是否已发芽。

春天的罗布泊奔涌着生机，繁殖的季节在大漠上拉开了帷幕。野骆驼的步履更加有力，它们为小野骆驼的到来已经等了整整一个冬天。春天，野骆驼不畏荆棘风雨，将为几千年的繁衍注入新的活力，将为蓬勃的生命赋予新的希望。

沿着阿尔金山雄伟壮阔的山脉，春潮涌动，罗布泊春之美、春之浩荡，是生命的传奇、涅槃与重生。古老的罗布泊，东方大漠中的精灵——野骆驼在苍穹下奔腾，那不畏风暴的顽强精神，带着沙漠王者生之绚烂。

报春的群雁为大地增添了无尽的喜悦，阳光里迎风舒展的嫩芽，让罗布泊欣欣向荣、充满活力。罗布泊春之美、春之湛蓝，在年复一年生生不息的交替中，描绘着一幅幅大地的油画，呈现着最美的绿水青山。

春天的罗布泊，野骆驼在沙丘上舞动着生命的芭蕾，演奏出人与自然、人与野生动物生生不息的生命交响曲。

▶ 2016年5月

罗布泊之恋

罗布泊，恋你黄色的沙丘是汹涌的巨浪，恋你起伏的雅丹是延绵不绝的希望。

黏土相连的楼兰，带着风卷落日的悲壮，眷恋千年的丝绸古道，书写着生命的奔放。

一串串驼铃记忆悠长，从长安、从大唐，传承文明的信念在天地间茁壮。

一百多年前的掠夺，用探险遮盖人类询问的目光，我们的呐喊在沉默中绝响。

湖心耸立的石碑冰凉，而罗布泊从未停止独有的铿锵。

山前戈壁在绿色的曲线中走向深绿，丰茂的大地是野生动物生存的天堂。

罗布花从泥土里溢出浅香，粉红色的花朵在阿奇克谷地怒放。

胡杨泉、红柳泉，溪水哗哗流淌，罗布泊生命的"百草园"，自然生态日益丰富多样。

芦苇遍地，裸果木生长，每株草都带着泥土的芳香，植物拔节的声音隐隐作响……

鸟儿从胡杨的枝头振动美丽的翅膀，古老的旋律弹奏着童话谱写的乐章。

罗布泊的风沙滚滚激荡，深蓝色的风从沙漠吹来，总闪烁着独有的光芒。

努力生长的植物、动物、微生物，万物和谐共生，相互依存，把生生不

　　　　　　　　　　　　　　　　罗布泊的守望

在塔里木河沿岸茁壮生长的胡杨（易晓龙　摄）

息的生命传唱。

　　大地托起绿色的呼唤，向中国、向世界奉献智慧和梦想。

　　光与影在书写神秘，雷与电在勾画时光，风与干涸在无声述说，高山以最虔诚的祈祷跪拜上苍。

　　阿尔金山的雪峰卷着祥云美丽大方，摇曳的红柳演绎着从春到秋的生长，万物生灵在罗布泊舞动生命的华章。

　　峡谷以最圣洁的灵魂淡泊尘世，经历四季风霜，穿越千年时空，绵延希望。

　　今夜星光，守望者踏过的足迹纵横远方。大地深情，拖拽着我们的视线，逶迤波澜壮阔的时光。

　　用扭曲的、变形的双手，触摸大地的鼓点，捧出热爱罗布泊的生命交响。

　　让风卷过的云朵，将群山和深谷拥抱，让越过阳关的驼铃，传递丝绸之路用车辙碾压的雄壮。

　　风雨侵蚀的雅丹，记录着沙漠的金黄，千年的回声在土与火中碰撞，赋予罗布泊最美的生命荣光！

▶ 2023年8月3日于罗布泊胡杨泉

在不被打扰的时光里相逢

有一种生命的感动，是我与你的邂逅。在不被打扰的时光里相逢，喜悦、温暖，还有透彻心底的感动。

我用颤抖的声音，悄悄对你说："我听到了你的呼吸。"为了在不被打扰的时光里与你相逢，我已等了很久。

今天，微风吹拂阔野，所有的草都刚刚发芽。如血的残阳染透了天边，苍穹下有风，有草，有你我。

茫茫的山前戈壁，春来得太晚，但时光落下的种子就要开花。

在岁月的记忆里，你总是在低头吃草。其实我知道，你还在找寻时光里的足迹。

你肩负重任，向人类传递着生存的密码。用微小的生命，把空旷与辽阔的罗布荒原连接上岁月，将生存密码夯实在罗布泊充满粗犷力量的古道上。

山前吹过浓烈的风，才有了这深深浅浅的驼道。沟谷中嘶哑崩裂的沙墙，仍有鸟儿留下的巢穴。大地盛开着更多的骆驼刺，装点罗布泊的大片留白。

千年古道，沙山古海，用四季的风霜雪雨滋养了大地的慈悲。山，用繁而有序的脉络勾勒出佛的形状，伫立其上，化为潺潺的流云。

沃土用绿色浸润大地，而你在自然温暖的光线中。我在记录你原生的状态，玄妙的动感，每个元素都是完完全全的自由与欢乐。

风把旷野揭开。冬天沉睡的一切，春天都要苏醒；秋季枯萎的一切，春天都要发芽。

傍晚的风，带着丝丝神秘询问春天的种子。四季的轮回，每一种植物都不会错过。在我拼尽力气的等待中你没有与我错过，我没错过看到你脊梁的骨骼和脖颈上戴着的项圈。

你是时空中的王子，承载着传递驼群四季音符的任务。

与你近距离并行，是你我千年缘分的续章。吐纳千里的风，把你我融为一体。

群山层叠交错，芦苇流蒲沙间。在这一刻，罗布泊不再寂寥，你也不再孤单……

我默默地对你说："我不会打扰你，分别后，你会在我长长的牵挂里。"在寂静的夜里，我一定记得和你相遇的时光里，骆驼刺像花一样开在我心里。

晚霞未散，淡雾缠绵。人与自然，相互依存。精彩的生存故事，还将续写动人心弦的生命乐章！

▶2021年5月19日于罗布泊

阿尔金山山前戈壁植被茂盛

撒欢的野骆驼

你是那渴望起舞的野骆驼
我就是你脚印边生长的骆驼刺

你是世间喝盐碱水生长的精灵
我就是你千年驼道旁黄了又绿的罗布花

当最后一朵云彩隐没在远方
我把心缀在罗布泊的天空

我颤抖地问
我们仓促的脚步能停下来回望一下野
骆驼吗?

我低沉地说
请焚烧我们那些掠夺的贪婪吧
在罗布泊的星空下
在库姆塔格的沙丘上

在库木库都克的沃野
在阿尔金山的腹地里
野骆驼只有600多峰

刚刚产下的幼驼还没尝到母亲甘甜的
乳汁
受到惊吓的母驼已掩入茫茫的沙海
倔强的小骆驼在无助地张望
今夜也许它就是狼群的美餐

前方的水源又被侵占了
沉默就是最后的呼唤
危机一次次伸向大漠
野骆驼在风暴中抗争

血腥惊醒了我们麻木的神经
远方不断传来守望野骆驼的消息

罗布泊的守望

从罗布泊救助回来的"壮壮"两岁了
它是个可爱的小伙子
毛色丰满漂亮
声音趾高气扬
它并不温顺地昂起头扯掉了饲养员的
　　帽子
狂躁地踢打围栏
是在想念罗布泊沙丘里的妈妈吗？

春天就要来了
也许它听到了妈妈的呼唤
低头吃草的刹那
我看见了黑眼睛的小驼羔也有和人类
　　一样的无奈

救助后的尴尬
让人类有了更多的思索

围栏已经太小
"壮壮"已经长大

我要冲出去
去找妈妈　去找妈妈
遥远的库姆塔格才是我的家

"壮壮"的呼唤
在罗布泊的天空划出了无言的血痕
此刻我们多么希望
有许多许多的小"壮壮"诞生

风暴裹挟着沙尘
呼唤着殉难者圣洁的姓名

在倒伏的红柳和盐碱草下
掩映着白骨的诉说

撒欢的野骆驼（李为国　摄）

野骆驼踏过千年驼道生生不息　　　　　　奔跑着
蹄声拍打着沙漠像低沉的鼓声　　　　　　去追回被狂风吹走的七色帐篷
狼的利齿已被轻轻震落　　　　　　　　　紧拉在手中
请停下来倾听　　　　　　　　　　　　　像巨大的气球在空中舞动
　　　　　　　　　　　　　　　　　　　放飞的梦想在罗布泊又一次启程

又一季骆驼刺败了又开
只有风声还在传递着呼唤　　　　　　　　清晨
山脉和沙丘无奈地裸露出铁矿和煤层　　　高高的阳光洒落在山顶一片金黄
吸引熬红的眼睛放出了血色的光芒　　　　撒欢的野骆驼
　　　　　　　　　　　　　　　　　　　就在库姆塔格沙漠的沙丘上

我想用骆驼的铁蹄
敲击黑色的灵魂和肌肉　　　　　　　　　保护区正在播撒着绿色的种子
让闪电化作沉闷的雷鸣如沙粒抛向空中　　管护　巡查　守望

野骆驼守望者管护巡查的脚步没有停息　　让我们用人类的力量
双脚丈量保护区六万多平方千米土地　　　凝视野生动物生命的光芒
皮肤变成古铜色
而目光却照亮着远方　　　　　　　　　　　▶ 2015 年于罗布泊

救助的小野骆驼"壮壮"

　　　　　　　　　　　　　　　　　　　　　罗布泊的守望

野骆驼之歌

野骆驼

罗布泊是伟大的沙漠
祥云在天边伴着我
我是沙漠里的野骆驼

不怕高温
不惧寒冷
千年驼道连着天际星河

我是野骆驼
我在茫茫旷野跋涉
历经崎岖坎坷

芦苇　红柳　骆驼刺
还有高高的胡杨
"罗布家园"养育我

血脉相连的罗布泊
苦涩的卤水滋养我
阳光下延续生命的脉搏

我是野骆驼
不怕鬼魅妖魔
漆黑的夜里

找寻真的自我
沙漠又出现生命的小河
青山绿水抚育我

我是野骆驼
征服了无尽的风暴坎坷
我的驼群在金黄的沙漠上踏歌

▶ 2017年9月

野骆驼羔子快长大

四月时节
七级的风绕过游移的湖
刮来了迟到的春天

一场沙尘暴的混沌
让罗布泊这个伟大的荒漠苏醒了

阳光洒在疯长的盐碱草上
叩问盐碱草脆弱而又坚强的嫩芽

追逐命运的野骆驼
在湮灭的古道上续写生命的赞歌

万物蓬生的春天
正是野骆驼繁殖的季节

在夕阳的余晖里
又一峰小野骆驼失去了妈妈

汽笛鸣叫践踏保护法的尊严
穿过野骆驼生命的家园

刚刚产下幼驼的妈妈受到惊吓
又一次掩入了茫茫的沙海

保护区又传来了救助小野骆驼的消息
保护站迎来了一位"公主"小野骆驼

整个夜晚她都在呼叫着找妈妈
妈妈站在高高的山顶
也在呼叫着小野骆驼

罗布泊的守望

小野骆驼依偎在保护站阿姨的怀里
阿姨给她起了一个名字叫"盼盼"

真想把她送回沙漠去找妈妈
送回罗布泊那艳阳高照的沙丘里

可沙漠还有狼群
沙漠还有穿越的铁骑……

在春天这个性命攸关的季节里
不要再重演那一幕幕救助的悲剧

请停止你穿越保护区的脚步
请关闭你豪车的喇叭

跪拜远方的苍穹
缝补野骆驼受伤的创口

让阳光和关爱的温暖
普照数量只有680峰的野骆驼

▶ 2020年4月19日

失去母亲的小野骆驼"盼盼"（王新艾　摄）

一路向西·野骆驼

暖冬（马新胜 绘）

一路向西
沙丘上阳光洒落一地

双蹄踏出金属般的铮铮回响
自然的奥秘循着生命的弦笛

在阿尔金山的银冠下踏歌
于大漠的风暴里抚摸生命的音律

红柳的音符
胡杨的坚毅

贫瘠的土地碰撞着戈壁
拨响时光的轮盘把生命传递

大漠长风千万里
覆盖着风沙交替演绎

骆驼羔子快长大呀
锻造的驼峰飘在风沙里

野骆驼生生不息
家园就是生命的绿地

乱石霹雳
有妈妈的轻声低语

（欣赏马新胜老师笔下的野骆驼有感）

▶ 2022 年 6 月 22 日

罗布泊的守望

古道·野骆驼

在风里
在雨里
在陡峭的沟谷里
罗布泊都是你生命的故里

春的芽苞
是冬的缠绕
血液像奔腾的河流
挣脱严寒的束缚一泻千里

在沙丘上
在戈壁上
风雨无阻
千年驼道延伸在岁月中

在狂风中
把岁月的脉搏梳理
生命的笔墨
书写在罗布泊的大地里

在山顶
在河腰
在柽柳丛
都有你留下的足迹

驼道千里
血液燃烧
无悔地走向
生命的水源地

在古道
在沟壑
生的符号
镶嵌在沙丘的荆棘里

秋风飒飒
胡杨金黄
跃上树梢的棱角
记忆千年野骆驼的足迹

▶2017年秋于罗布泊

风沙中寻找野骆驼

我要穿越这片沙漠
找寻真的自我

身边只有一峰骆驼相伴
越过无限的坎坷

狂风吹过
云儿飘过

突然出现生命的小河
文明的沧桑在眼前掠过

荒漠辽阔
湮灭炊烟的寂寞

烈酒一壶
品古道千年风沙

沸腾的热土
撒进生命浓烈的长河

雄鹰在高歌
没有什么魑魅魍魉

漫天黄沙飘过
抒写大地的苍茫星河

走遍每个角落
白天黑夜时光交错

蹉跎岁月
岁月蹉跎
风暴中迷途太多

罗布泊的守望

大漠孤烟直　长河落日圆（马新胜 绘）

野骆驼顽强洒脱
越过黑暗就能走上高高的沙坡

寻找沙漠的绿洲
跨过凛冽的沟壑

生生不息
奔腾的驼群又添了新的成员

希望滚烫在心窝
只为寻找生命中的野骆驼

守望家园
青山绿水花儿朵朵

重叠的山峦
一只蝴蝶飞过

胡杨摇曳
苍穹描摹着又一季的沙漠

迷途中花开花落
时光贪婪碾碎红尘阡陌

这是大地之歌
养育沙漠中的精灵野骆驼

▶ 2019年秋

三垄沙保护站的月光

长夜的风中
有沙粒扬起的和声

保护站的灯光
启示着野生动物守望者的梦

问风　问雨　问阳光
野骆驼今夜在何方？

你就是月光下的精灵
罗布泊是你永远的领地

远古走来的记忆
架在时间的河上

月光嬉笑着照亮了保护站
三垄沙像沙漠中的灯塔

三座巨大的沙丘像沙漠中的航标
指引着巡护者归来的路途

保护站灯火通明
所有的窗都在透风

吹进围墙的风转着圈地问
明天是否还要启程？

点燃今夜的炉火
冒着热气的挂面就是今晚的盛宴

大碗的砖茶就是美酒

每个人都有动人的故事

让我们倾心地聆听

每一句平凡的话语都是誓言

每一个灿烂的笑容都是信心

在三垄沙的月光下

　我们在规划明天的征程

▶ 2016 年冬于三垄沙保护站

新疆罗布泊野骆驼国家级自然保护区三垄沙保护站

小野骆驼快长大[*]

（一）

野骆驼妈妈带着宝宝到水源地去饮水，此时夜幕快要降临了。

野骆驼宝宝：妈妈，我们现在去哪里呀？

野骆驼妈妈：宝宝，天快黑了，咱们得赶快翻过库鲁克塔格，到沙丘里去。

野骆驼宝宝：好的，妈妈，我会一直紧跟在你的身后。

野骆驼妈妈：宝宝，沙丘松软，到了那里，你在妈妈身边睡个好觉。

野骆驼宝宝：妈妈，我们还要走多远呀？

野骆驼妈妈：拐过前面这个弯，我们爬上高高的库鲁克塔格，下了山就是沙丘了。

野骆驼宝宝：妈妈，是我们上次躲过狼群的那个沙丘吗？

野骆驼妈妈：是的，宝宝。遇到狼群我们要尽量快速地往沙丘里跑。狼群在戈壁上一直追赶我们，它们速度很快。但是到了沙丘里，它就追不上我

---

[*]　2021年5月22日第29个"国际生物多样性日"科普活动期间为乌鲁木齐市第三十九小学的同学们而作。

们了。

野骆驼宝宝：妈妈，为什么到了沙丘里，狼群就追不上我们了？

野骆驼妈妈：因为狼的爪子又尖又长，陷进沙漠不好拔出来，所以追赶我们的速度就明显慢下来了。我们的蹄子又宽又大，沙漠像大海一样承载着我们，我们就能把狼群甩在后面了。

野骆驼宝宝：妈妈，上次见到狼群的时候，它们一直追赶着我们，我都被吓得浑身发抖了。

野骆驼妈妈：宝宝，不要怕。等你长大了就有防御能力了。你上次做得就很好，始终跟在妈妈的身边。

野骆驼宝宝：妈妈，等我长大了要和你一起防御狼群。

野骆驼妈妈：狼很狡猾*，它经常会藏在低矮的红柳丛里或是在水源地等待我们。所以我们要提高警惕，一不小心就会丢掉性命。

野骆驼宝宝：妈妈，我知道了，我想快快长大，学习更多生存的本领。

野骆驼妈妈：对，宝宝。我们的家是无边的旷野，几千年来，我们的祖先就生活在这里。你也要记住妈妈每次带你走过的路，这是我们行走的千年驼道。

野骆驼宝宝：妈妈，我每次都会用心记住的。

野骆驼妈妈：很好，宝宝，咱们加快脚步吧。

野骆驼宝宝：妈妈，快看，前面那个沙丘我认得，那里就是库姆塔格。

野骆驼妈妈：对，我们马上就到了，今天晚上我们在月光下，你在妈妈的身边睡个好觉。

夜幕降临，野骆驼妈妈和宝宝在背风的沙丘旁安静地睡着了……

（二）

同学：在我们美丽的新疆，有一个神秘的地方。

---

* 狼是国家二级重点保护野生动物，它们在野外生存中显示出的勇气和毅力让人钦佩，狼以群体形式生活，具有高度的团结和合作精神。同时，狼在狩猎过程中体现出高度的智慧，外在表现出来就是狡猾。狼群往往令人闻风色变，它们在罗布泊沙漠里处在食物链的顶端，对野骆驼的生存造成很大威胁。

老师：那里寄托着人类的梦想，也是野生动物生存的家乡。

同学：那里有起伏的沙丘，也有红柳和胡杨。

老师：那里是地球的"大耳朵"，也是野骆驼生活的地方。

同学：保护区的叔叔们救了一峰小野骆驼，它叫"壮壮"。

老师："壮壮"是个黑眼睛的小驼羔，毛色丰满漂亮。

同学："壮壮"一点都不听饲养员的话，它大声地呼喊着要去找妈妈。"我要去找妈妈，我要去找妈妈。"

合：遥远的库姆塔格才是我的家！

同学：老师，能给我们讲讲野骆驼的4个奇特之处吗？

老师：野骆驼的第一个奇特之处在于它可以靠喝咸水生存。

同学：是野骆驼喜欢喝咸水吗？

老师：不！它更愿意喝淡水，可在大漠中，上千平方千米内根本没有淡水，刚出生的小骆驼会因为肾脏不适应咸水而死去……

同学：那野骆驼的第二个奇特之处是什么呢？

老师：第二个奇特之处是，野骆驼有两个高高的驼峰。

同学：高高的驼峰是用来干什么的呢？

老师：两个高高的驼峰是用来储藏脂肪的，在吃不到食物的时候用来补充体内的能量。

同学：哦！野骆驼真神奇！

老师：对。野骆驼的第三个奇特之处，是它们能上千年沿着同一条驼道迁徙。

同学：野骆驼真是沙漠的精灵啊，它有这么好的记忆本领。

老师：野骆驼的第四个奇特之处是它会"哭"。泪水从它长长的睫毛下顺着脸颊流下来，它用这一本领来冲洗眼里的沙子。

同学：野骆驼具备这么多的本领，所以它们能在大沙漠里生存。

老师：对。保护区的叔叔告诉我们，野骆驼是极度濒危的物种，如不立即采取保护措施，它们很快就会灭绝。现在全世界的野骆驼不足1 000峰，其中680峰生活在我们新疆的罗布泊野骆驼国家级自然保护区。

野骆驼幼仔

同学：我们要和小"壮壮"一起快快长大，学会更多的本领去保护更多的野骆驼。

老师："壮壮"的家有一望无际的蓝天，那高高的阿尔金山下是它的家园。夜空深邃，星光灿烂，沙丘和芦苇都在向我们发出低低的呼唤。

同学：这一刻属于我们，也属于大自然。我们循着"壮壮"的足迹，野骆驼之谜终将被揭开。

合：让我们成为保护野生动植物的小卫士，让野骆驼永远和我们一起生活在新疆这片辽阔的土地上！

大漠胡杨

胡杨晃动着树叶
呼唤远去的时光

把千年的根扎入土地
把枝伸向天际

在风中把叶炼至金黄
树干在风中长大

晚霞落在天边
看叶在风中传情

废墟与沙漠演奏交响
在曲折的境遇中曲折地生长

高天厚土
滋养大漠胡杨

咚咚的鼓声
在落日的余晖中激荡

狂野的黑风暴肆虐过的土地
用不屈把黑色的岩石撬开

用红色的血
把印痕烙在石头上

装饰流动的云和沙丘
过滤泪水和血液

悬崖上被风啄空的胡杨
根扎在大漠上

生长一千年不死
死后一千年不倒
倒下一千年不朽

罗布泊的守望

罗布泊的胡杨

不屈的胡杨
用根描出大漠弯曲的光线

弧形的沙丘
总在描述重生与死亡

无论高贵　卑怯　无辜
都被刻下不朽

胡杨用微笑的记忆
从弱小走向神圣

仰望胡杨
把心贴在地上

把生命扎入大地
用根倾听来自地壳的回响

▶2018年深秋

沙　丘

黑风暴吹过沙丘
把黑夜溶化

季节的风
瞬间让大地换了新装

昨天留下的地标
淹没在沙丘里

被风雕刻过的雅丹
在月光下一动不动

光能找到你的眼睛
沙丘又改变了形状

熟悉的一切都走远了
又要认识新的陌生

▶ 2019 年初夏

罗布泊的沙丘

罗布泊的守望

雪　花

罗布泊的清晨
星星从天幕上慢慢隐去

留下月亮在空中徘徊
沙丘像披上了灰蒙蒙的外衣

戈壁涌起了黄色的迷雾
缥缥纱纱向苍穹推去

风和风
沙与沙

在大地自由地穿行
在日出时的黎明狂舞……

雪下了一夜
大地一片洁白

留下的脚印
是雪夜飞走的蝴蝶

满天的星星扑向梦里
诉说曾经眷恋的泪滴

记住那远去的云彩
尽管她溶化在风里

落在树枝上的雪花
编织出了各种图案

寻觅
像雪夜蝴蝶的彩衣

没有等待的雪夜
枝头已有春回的消息

▶ 2020年冬

相　遇*

野骆驼（李为国　摄）

一月这寒冷的时节
我们在罗布泊遥望苍穹

寻觅野骆驼的踪迹
和那些撕碎人心的故事

岁月滴着浓红的血珠
咆哮着在低沉的炊烟里诉说

风交替着狰狞与瑰丽
把冬天碎裂的声音送进我们的梦里

一阵紧似一阵的风沙
把神秘音符熔进微红的炉火里

每个人的呼吸
都像放逐命运的喇叭

远方传来的旋律
低沉而又有力

繁星布满天空
野骆驼就在罗布泊的怀抱里

此刻我们都做着一样的梦
就是明天与野骆驼的相遇

停留在心中的这个约会
就定在库姆塔格沙漠里

▶ 2016年1月7日于罗布泊库木库都克

---

　　*　新疆野骆驼保护协会与中国林业科学研究院、新疆罗布泊野骆驼国家级自然保护区管理局等6个单位，考察、拍摄《中国新疆野骆驼千里寻踪》纪录片，在罗布泊度过了2016年新年。值得铭记的是在返回的途中于库姆塔格沙漠和17峰野骆驼的相遇。

走过沙漠

走过沙漠
把记忆留在远古的罗布泊
阳光照在库姆塔格
这里有生命的光和热
雁声阵阵
驼道萧萧
把我的心也带向仰望的高坡
阳光洒满金色的沙漠
千年的梦幻在这里飘过

风沙记录了多少生命的对与错
流淌的热泪沾满心窝
生命的季风
吹开霜雪浇灌的花朵
风沙亲吻过的沙漠
记录了足迹的坎坷
寻一湾清泉
为心中的野骆驼

▶ 2020年冬于乌鲁木齐

罗布泊沙漠（胡北庭 摄）

年　　轮

春风掀起两千一百天的日历
摇晃的钟摆越过了七年的数字

汗水浸在脊间的衣裳已经坚硬
泪水织补的血管像春天的柳枝

殷红的血混合着黄沙凝结成坚持
呼唤和野骆驼再次相遇

穿过时光的风沙裹着岁月的荆棘
搅拌在一起奔涌在期待里

那一天库姆塔格沙漠最初的相遇
我用血液在心底签下守望你的印迹

罗布泊的每一块石头都是试金石
每一束低矮的小草都在风中检阅自己

野骆驼去年残留的足迹
今年在风中变成了坚硬的标记

今夜罗布泊又大又圆的月光下
我们和野骆驼都掩映在沙漠里

在野骆驼的家园
我们能倾听它的呼吸

时光的皱褶沉浸在年轮里
踏碎时光惊醒了梦中的记忆

前方一片新绿
未来在路上我们还会相遇

▶ 2019 年 12 月 19 日于乌鲁木齐

罗布泊的守望

万物有时

（一）

把心交给山谷
和天空的白云一起飘舞
沙漠深处的红柳
结满了岁月的露珠
储存的脚步
用粗糙的岩石再次磨砺伤口

（二）

当树被风暴连根拔起
不要害怕风的叫嚣
山还在矗立
水能把顽石揉碎
干涸的土地
根还扎在那里
山巅之上鸟儿的翅膀落在云端

（三）

可以把生命交给一匹骏马
它会带我们奔向远方
让四季的风雨净化心灵
冬天会把故事储藏

四蹄会留下足迹
让岁月识别命运的地形
狂风缠绕渐宽的衣带
大地终有般若
万物皆会有时

▶ 2020 年夏

罗布泊日记——致国投罗钾*

从哈密出发渐渐感到热浪迎面而来，地面的温度已达到40多摄氏度，一瓶矿泉水几口就喝完了，干渴仍然难以消退。天与地把远方和大地连接在一起，大漠如此空旷。

道路伸向远方。我向天边眺望，大地苍茫，远处的沙尘扬起黄色的云烟。阳光衬托着巍巍的阿尔金山，积雪堆在山顶，在阳光下闪着银色的光，似起伏的云朵在空中飘舞。

白龙堆雅丹数百条"白龙"在炽热阳光的蒸腾下，在热浪中飞舞、跳跃。展现在眼前像蟾蜍、像骆驼、像小鸟，它们好像在和我们对视……

无法停下思绪，你能想象到的图案在白龙堆雅丹都能对应上。

400多千米的哈罗公路实在不算太长，但这一路热浪滚滚，道路十分颠簸，便显得路途特别漫长。我们中午只能在公路旁的停车服务区吃午餐。馕是行程中永恒的主题，辣椒丝、"老干妈"纷纷登场，和着夏天里的火热，让人和大漠融为一体而感到淋漓尽致……

简单地用过午餐后继续出发。沿途的绿色星星点点撒在戈壁上，路两边大大小小的环形山连绵起伏。一路行驶，荒凉一次次掠过眼底。

---

　　* 国投罗钾即国投新疆罗布泊钾盐有限责任公司，是目前世界最大的单体硫酸钾生产企业，项目建成投产后，打破了长期以来国际钾肥巨头的垄断，有效缓解了我国钾肥短缺的局面。——编者注

国投罗钾厂区

公路一直向戈壁延伸，随着地形起伏伸向远方。这里以前以多"恶风"没有路而闻名。现在我们行驶的这条路，是国投罗钾的先驱们用理想、用汗水、用铁的意志，一步步踏出来的。

斯文·赫定进入罗布泊后的这100余年，罗布泊向世界打开了许多窗口，罗布泊成了神秘的丰碑。相信每个人都曾被斯文·赫定的足迹打动过。

命运的时钟何时准确地转过年轮？时间的罗盘何时精确地测出人生的方向？我相信在这段行程中可以去感触、去思索……

汽车颠簸着行驶了六七个小时，在前方若隐若现看到传说中的"海市蜃楼"，一排排的厂房、穿行的人影和高高的烟囱。待车停稳，才发现我们已到达目的地——国投新疆罗布泊钾盐有限责任公司。

你想象中的国投罗钾大概率和现实中的不太一样——荒漠中的国投罗钾是一个现代化企业，内部道路交错、厂房高耸林立、车辆穿梭、机器持续轰鸣，这一切使这片旷野充满了勃勃生机。

罗布泊曾是我国第二大咸水湖，孕育了众多的人类文明。由于受气候变化和农业水利工程建设的影响，于20世纪70年代彻底干涸，只剩下广袤无边的干涸湖盆，成为举世闻名的"生命禁区"。在这片绝地之下，却蕴藏着丰富的稀缺矿产资源——钾盐。

自2000年起，国投罗钾开始开发罗布泊的钾盐资源，目前这里已成为世界最大的硫酸钾生产基地，解决了我国钾肥自给率严重不足的难题。

国投罗钾人在极度艰苦的环境中，吹响了出征的号角，积极践行社会主义核心价值观。在社会各界的支持与帮助下，公司上下立信心、促干劲，以高度的责任感和使命感，坚持国际一流标准；科学设计，精心施工，加强工程安全、质量等全过程管理，努力打造一流的精品工程，进一步加快了工程建设步伐，完成了300万吨钾肥项目建设，使罗布泊钾肥基地成为世界硫酸钾生产的"航母"。让罗布泊从昔日的"死亡之海"变成造福人民和服务于"三农"的"幸福之海"。

国投罗钾处在新疆罗布泊野骆驼国家级自然保护区的最前沿，为野生动植物保护作出了积极的努力和贡献，彰显了企业的社会责任和担当。

我曾5次来到国投罗钾，每次都有和时光相遇的感触。其间为企业的奋斗精神所震撼，写下了《镶嵌在罗布泊的蓝色钻石》《绽放光芒的罗钾》。

国投新疆罗布泊钾盐有限责任公司始终把生态文明建设和野生动植物保护放在首位，为野骆驼保护起到了积极的作用。多年来，国投罗钾为野骆驼科普宣传、《中国新疆野骆驼千里寻踪》纪录片拍摄、生态水源地建设、保护区野骆驼保护标识和标牌建设等方面积极助力，为宣传生态环境保护和野生动植物保护作出了重要贡献。

生态文明建设是实现中华民族永续发展的重要战略，保护生物多样性对促进人与自然和谐共生，对维护国家生态安全，建设美丽中国具有重大而深远的意义。国投罗钾是生态的沃土，国投罗钾人是生态文明建设的践行者。

▶ 2022年5月

罗布泊的守望

镶嵌在罗布泊的蓝色钻石

从卫星云图上看壮美的罗布泊
你就是镶嵌在"大耳朵"上的蓝色
　　钻石

荡漾的碧波升腾的雾
仿佛罗布泊湖又出现了

三代罗钾人唱着同一首歌
是那首振兴中国农业的歌

在罗布泊高温的暴晒下
把双脚踩进了深深的盐壳

大漠盐湖的日出
映出了罗钾儿女矫健的身影

大漠盐壳的落日
起伏了罗钾父辈们多少带血的足迹？

奋斗者仰望的丰碑
就是那堆积如山的钾盐

带茧的双手捧出的珍珠
洒在了祖国的农田

骄傲啊罗钾的战士
沙漠的高温融化成少女脸庞的红晕

极度的气温
装点罗钾人脸颊的白霜

罗布泊盐池

盐壳上
新的家庭组成了

清晨
一声婴儿的啼哭划破了罗布泊的上空

又一代罗钾人来了
生命的音符正在连接着罗钾的未来

厂区像罗布泊的海市蜃楼
灯光像沙海中的指示航标

将要启航的罗钾舰队
征程中把旗帜挥舞得更加鲜艳

▶ 2015年于国投罗钾

　　　　　　罗布泊的守望

绽放光芒的罗钾

默默无言的盐壳
为一个时代作证
一首首音符
在碧波的盐池里
寻找我们的眼睛
在晶莹的钾盐里结出凝固的花朵

苍老的世纪露出额角
无声的远古　印出一串串足迹
冰雪般的钾盐　像少女纯洁的罗纱

浩渺的盐池荡漾着蓬勃的希望
苦涩的卤水伴着血液的沸腾
化成艰苦奋斗的誓言
在罗布泊洒下呼啸与赞颂

晒黑的皮肤像清脆的铜铃
红柳伴着罗钾像一个个哨兵

携带着钾盐的汗水为历史签名
使命打破了神秘的咒语
从那一丛丛锯齿般的盐壳里
流淌出征擎的号角

用暴出青筋的双手切割坚硬的泥土
扬起云屑　扬起碎片
也扬起火星和梦想
辛苦耕耘的土地
饱含对罗布泊深情的向往

阳光刺痛了双眼
眸中依旧能映出征程中的盛典
在风雨中　罗钾人无比坚强
一次次在盐壳上遥望祖国农田饱满的
　果实
一回回期盼花儿盛开的茁壮
责任和担当凝聚了企业的力量

国投罗钾厂区

宇宙的阳光都在这里聚集

烘烤着炙热的土地

让人凝住了脚步

苍茫的罗布泊裹挟着多少神秘的时光

风在吼　野骆驼在嘶鸣

罗钾人在追寻着太阳

地窝子朴素的婚礼

是从罗布泊采集的祝福和光芒

盐壳的裂隙里

涌出为生命洗礼的赞扬

泥滑的路带着含钾的年轮

罗钾人从青丝到白头

每一个朴素的名字都凝成诗的篇章

罗布泊古老的河床

依然诉说着千年文明的沧桑

风卷着沙在大地的边缘狂野地询问

远方的山脉

正起伏着罗钾人高贵的胸膛

腾飞的"航母"已展开翅膀

核心价值观为企业护航

深深几许的罗布泊腹地

深藏着三代罗钾人的梦想

把庄严和神圣

一起袒露给壮美的太阳

▶ 2016年5月16日于国投罗钾

“壮壮”的来历

救　　助

2014年的初夏，新疆罗布泊野骆驼国家级自然保护区管理局工作人员在保护区考察巡护的途中，看到一峰出生不久的小野骆驼，它的妈妈由于产后受到惊吓，掩入了茫茫沙海。

小野骆驼站立在沙漠上无助地张望，看到远方走来的一群人，它一点儿都不惧怕，还朝着人群蹒跚走过来。巡护人员惊喜地说：“看它会向谁走来。”小野骆驼离大家越来越近，大家的心也越来越激动，一步、两步……小野骆驼一头扎进保护站*站长的怀里……

此时，大家说不上是高兴还是难过，而站长这个跑沙漠20多年的汉子却满脸都是泪水。是缘分还是巧合？一时来不及想太多。大家知道，以前站长也在罗布泊救助过小野骆驼，也许是人和野骆驼有感知的气息吧。大家在无边的沙漠中等待了5个多小时，还不见小野骆驼妈妈的身影。夜幕已经降临，大家十分着急。此时小野骆驼刚出生不久，如果把它丢弃在荒野，今夜它将会成为狼群的美餐。

---

　*　本文中的保护站指新疆罗布泊野骆驼国家级自然保护区三垄沙保护站。——编者注

野骆驼在产仔期间胆子非常小，如果母驼或驼群受到惊吓，驼群会迅速离去，年幼体弱的幼驼就会被落下，最终饿死或被狼吃掉，这也是野骆驼成活率低的原因之一。

大家商议了一下，决定把小野骆驼带回保护站。在回保护站的路上小野骆驼乖乖的，这让大家对它产生了更多怜爱。大家经过几个小时的奔波到达了保护站，此时已是深夜了。这一夜，保护站灯火通明，是因为保护站迎来了第一位野生动物朋友——小野骆驼。小野骆驼饿坏了，站长从保护站连夜驱车跑了200多千米赶到一个小镇上，敲了很多家小商店的门，才给小野骆驼买回了牛奶。

天亮了，站长回到了保护站，大家一起围拢过来——小野骆驼喝上了出生后的第一口奶。

"壮壮"（李为国　摄）

罗布泊的守望

起　名

看着小野骆驼在喝奶，大家心里并没有开心起来。小野骆驼现在已经没有了妈妈的照顾，人类虽然是它的朋友，但是我们没办法教会它在野外生存以及和狼群搏斗的本领呀！救助后的尴尬让大家都沉默着。这时，站长说："咱们给小野骆驼起个名字吧！"这一下把大家的热情点燃了，大家在这时都忘记了劳累，你一言，他一语，保护站的夜晚第一次这么热闹。有人说叫"欢欢"，有人说叫"强强"，有人说叫"壮壮"……

站长说："嘿！这个名字好，就叫'壮壮'！是啊，就叫'壮壮'！让这峰小野骆驼壮壮实实的，让野骆驼种群都壮壮实实的。"强壮、壮大，这又何尝不是人类期冀保护野骆驼的情怀呢？

守　望

从罗布泊救助回来的"壮壮"3岁了。在新疆罗布泊野骆驼国家级自然保护区管理局和保护站工作人员的精心照顾下，小"壮壮"长成了一个漂亮的"小伙子"。3年里，小"壮壮"也得到了社会各界爱心人士的关注，新疆野骆驼保护协会的领导和志愿者们也多次去看望"壮壮"，并和社会各界朋友们在2014年的冬季和2015年春季3次为小"壮壮"送牛奶。3年的时光见证了"壮壮"的成长。有位哈萨克族朋友告诉我说："哈萨克族的朋友在形容一个姑娘眼睛美丽、漂亮的时候都会说她有一双骆驼的眼睛。"

注视"壮壮"清澈的黑眼睛，也让我们对野生动物保护有了更多的思索，只有我们都来关注、关心、关爱野生动物，才能迎来野生动物保护的春天。每一个来到地球上的生命都是精灵，让我们用人类的力量凝视野生动物生命的光芒！

▶ 2017年9月于乌鲁木齐

救助黑眼睛的小驼羔

黑眼睛

这是一张生活在中国新疆罗布泊野骆驼国家级自然保护区的野骆驼的照片，它拍摄于2015年。照片中一双黑色的大眼睛凝视着镜头，也凝视着每一个观赏这张照片的人。照片中的这峰小驼羔名叫"壮壮"。

然而，这张野骆驼的照片并非是在野外拍摄的，是新疆野骆驼保护协会第一届（协会）副秘书长李为国在保护站*拍摄的。"壮壮"在保护站生活了5年。

在6.12万平方千米的新疆罗布泊野骆驼国家级自然保护区，要在自然环境下拍摄到清晰的野骆驼影像困难重重。野骆驼性格机警，只要嗅到并非同类的气息便会立即逃跑。因此，人类很难接近野骆驼，观测到野骆驼极为艰难，拍摄就更困难了。所以我们现在观赏到的每张在野外拍摄的野骆驼照片，摄影人员都付出了极大的代价。

4月残冬消融，暖阳渐渐洒在新疆罗布泊野骆驼国家级自然保护区的沙丘上，生活在这里的野骆驼熬过了漫长的冬季，迎来了阳光明媚的春天，繁殖的季节也悄悄来临。

---

* 本文中的保护站指新疆罗布泊野骆驼国家级自然保护区三垄沙保护站。——编者注

黑眼睛的小驼羔"壮壮"（李为国　摄）

2014年的春季，正值野骆驼产仔的季节，一峰小野骆驼的妈妈受到汽笛的惊吓，逃进了茫茫沙海，丢下了这峰刚刚出生不久的小野骆驼。小野骆驼在旷野无助地张望，它甚至还没有来得及记住妈妈的模样，就与妈妈失散了。为了不让小野骆驼成为狼群的美餐，新疆罗布泊野骆驼国家级自然保护区管理局对小野骆驼实施了救助，把它带回了保护站。

过去的几年里，在保护区管理局和保护站、新疆野骆驼保护协会及社会各界爱心人士的关怀下，黑眼睛的小野骆驼"壮壮"长成了一个"小伙子"，它的未来也牵动着大家的心。

放　　归

救助就是为了野放。目的是让得到救助的野生动物能够经过人工野化训练，最终放归大自然。

野骆驼（学名双峰驼）被列为国家一级重点保护野生动物，与家骆驼外形相似，但并非同一物种，经过科学家的研究得出结论，它们的基因有1.9%～3%的差异。双峰驼比家骆驼体型小而轻捷，它的驼峰显著更小且更接近圆锥形。目前，全球野骆驼种群数量不足1 000峰，其中有680峰左右生活在新疆罗布泊野骆驼国家级自然保护区，是《世界自然保护联盟濒危物种红色名录》中的极危物种，在《濒危野生动植物种国际贸易公约》（CITES）中被列为附录I物种。

在保护站生活的几年里，"壮壮"渐渐长大，它常常将头伸出围栏，遥望着远方的罗布泊……

管理局的工作人员对救助的野骆驼进行了人工野化训练，并在固定区域内对其进行半野化适应训练，期待早日将它放归大自然。但考虑到"壮壮"现在已经不可能完全适应罗布泊严酷的自然环境，野骆驼的自然驼群是否接纳它、它是否能够和狼群进行搏斗等都需要考虑。如果它被逐出驼群在罗布泊流浪，那很可能会成为狼群的美餐，那么，这几年的救助就会显得毫无意义。经过多方的科学论证，最终决定把"壮壮"先放归到不会受到其他野生动物攻击的野外环境中，以便让它逐渐适应野外生活。

2021年夏季，植物正在苗壮生长，这也是四季中最好的季节。"壮壮"被放归到了新疆天山野生动物园，希望它踏上自然的大地，带着人们的关爱，向更广阔的天地迈出勇敢的脚步，开始它的新生活。

2022年6月5日是第51个"世界环境日"，新疆野骆驼保护协会的专家、会员和志愿者前往新疆天山野生动物园去看望放归自然的"壮壮"。在一片沙丘上远远地观察到了"壮壮"健壮的身影，大家都默默祝福"壮壮"在新疆天山野生动物园快乐自由地生活。

敬畏野骆驼的栖息地

近年来，不断传来救助小野骆驼的消息。2020年春季，新疆马兰基地的工作人员在旷野里发现了一峰失去妈妈的小野骆驼。他们立即和保护站取得了联系。这峰小野骆驼的境遇和"壮壮"十分相似，小野骆驼的妈妈也是受到了汽笛的惊吓，把幼仔丢弃在了旷野。保护站在得知这一情况后，对小野骆驼实施了救助。工作人员还给小野骆驼取名"盼盼"，这是一峰可爱的"小公主"。

"盼盼"在保护站生活了一段时间，和"壮壮"一齐被放归到了新疆天山野生动物园。

2022年6月5日，我们前往新疆天山野生动物园时，得知"盼盼"已不幸夭折的消息，当时在场的人都沉默了，见过"盼盼"的会员都留下了伤心的泪水。"盼盼"很可爱，如果它在罗布泊的家园自然生存长大，如果它的一生有40年，它能生育很多个野骆驼宝宝！

据饲养员说，从保护站被送到天山野生动物园后，"盼盼"有十几天都拒绝吃任何食物。"盼盼"死亡后，经解剖，它的肚子里有十几千克的沙子。"盼盼"才一岁多，为什么肚子里面会有那么多的沙子呢？目前还没有一个科学的结论。

我们担心的是未来可能还会有刚刚出生的小野骆驼重复"壮壮""盼盼"

被救助到保护站的"盼盼"

罗布泊的守望

这样的境遇。这种救助行动对于野生动物来说是忧还是幸呢？我们再次呼吁，请停下你的脚步，不要去新疆罗布泊野骆驼国家级自然保护区惊扰野骆驼，特别是在野骆驼的繁殖期，以免让更多的小野骆驼成为孤儿。

我们应该在罗布泊给"盼盼"立一个墓碑，警示那些开着豪车穿越新疆罗布泊野骆驼国家级自然保护区的人。也许你的一次探险，你轻轻按下的一次汽车鸣笛，就会毁掉一峰野骆驼的一生，这是它们的灭顶之灾。

一切自然物种及其群落都与所在地域的环境条件相适应，只要条件不变就能长期生存繁衍。即使野骆驼生存的环境比较恶劣、其生育的周期比较漫长、种群发生扩散或缩减，但其历史进程也是缓慢和渐变的。人类活动的加剧，瞬间打破了这千古不变的平衡。

几十年来，新疆罗布泊野骆驼国家级自然保护区管理局从拯救单一物种到多个物种，从生态系统的保护发展到生命景观系统的保护。科学考察显示，经过20多年的大力保护，野骆驼这个极度濒危物种的种群数量已呈上升趋势。人类属于自然，但并非自然的主宰，挑战自然的结果只有毁灭自然。人类只有融入自然、热爱自然，才能万物归一，创造和谐共生的地球家园。

放归野骆驼，是生命的荣耀还是悲哀？如果"盼盼"没有与妈妈失散，它将在罗布泊繁衍后代，和它的祖辈们一样，在辽阔的旷野自由快乐地生活……

"盼盼"的死亡，是否能够唤醒那些穿越罗布泊，追赶野骆驼的那些人麻木的神经呢？罗布泊的生态太脆弱了，我们面对只有600多峰野骆驼的现状怎会不痛心呢？

野骆驼在繁殖和交配的季节胆子非常小，一旦受到惊吓，便惊慌失措地奔逃。我们不要去承受救助后的尴尬与痛心，即便人类在救护的过程中能教会它们一些野外生存的本领，让它们进行一些野外训练，但是人类没有办法教会它们与狼群搏斗，没有办法教会它们寻找水源、辨识植物、识别天候的基本生存本领。

如果它们被放归后不能完全适应自然环境，那么，对野骆驼种群来说就是灾难。一只母驼如果在罗布泊自然成长，它几十年的生命里一定会繁殖很多峰小野骆驼。

即便是一次成功的救助和完美的放归，野骆驼妈妈也失去了孩子，孩子从此也见不到妈妈了。这是野生动物的悲剧，也是人类救助的悲哀。

如果你也意识到了这种情况，那就和我们一起呼吁：不要到野骆驼和其他野生动物的栖息地去惊扰它们。

守望和呼唤

近年来随着我国生态文明建设的推进，"绿水青山就是金山银山"的理念不断深入人心，人们保护野生动植物的意识在不断提高，志愿者践行的野生动植物保护精神也在不断传递。2020年3月3日，新疆野骆驼保护协会理事柴江辉老师打电话说有位志愿者在国投罗钾附近发现了一峰野骆驼。它在这个区域好几天了，大家给它喂大白菜它不吃，打来的水它也不喝。

新疆野骆驼保护协会的工作人员立即联系了这位志愿者，告知他："在发情期和繁殖季节，不管是家骆驼还是野骆驼都很凶猛。在情况不明的状况下不要接近它，暂时也不要给它投放食物。"

同时，新疆野骆驼保护协会把这个情况向新疆罗布泊野骆驼国家级自然保护区管理局报备，这个消息立刻引起了管理局和中国野生动物保护协会专家的重视。新疆野骆驼保护协会与专家、学者、工作人员及志愿者建立了一个联系小群，以便及时在群里分享信息和图片。

管理局的工作人员当即向第一线了解情况，根据发来的图片和追踪各方信息得到了准确的结论：这峰骆驼是哈密大南湖一个合作社的骆驼，是他们在1月份走丢的一峰雄性家骆驼，误入了罗布泊钾盐基地。

当时，在听到有一峰野骆驼在国投罗钾附近这个消息时，大家的反应是，在罗布泊钾盐基地附近这个区域应该没有家骆驼。因为在这个区域没有淡水，不是家骆驼生存和生活的地方，考虑可能是一峰受伤的野骆驼，否则它不会卧在那里。后来还是证实了那是一峰走失的家骆驼。通过这场关注和"救助"，我们欣喜地看到，从职能部门的管理层到中国野生动物保护协会，专家、学者、社会公众、科研人员、新疆野骆驼保护协会的会员及志愿者们快速反应，有效了解落实情况。这是一次野生动物保护的实践，也证实了全民保护野生动物的意识有了很大的提高。

如果这是一峰野骆驼，我们这次一定会把它救下。

新疆野骆驼保护协会在和志愿者互动时说："经新疆罗布泊野骆驼国家级自然保护区管理局和相关专家核实，已确认那是一峰家骆驼。但非常感谢你们对新疆野骆驼保护协会和野骆驼的关注与支持，希望今后你们一如既往地关注野生动物保护。这次实践给我们多了一次关爱野骆驼的机会，如果是一峰野骆驼也不至于丧失生命。这是我们爱护野生动物的一次生态实践，为社会公众的爱心而感动。"

志愿者赛年说："关爱野生动物，保护物种的多样性，是人类应尽的职责。我们会一起努力，织密野骆驼的保护网，让野骆驼在罗布泊家园里幸福生活。"

今后，我们要更多地向公众进行野骆驼的科普宣传，让公众更多地掌握野生动物保护的知识和自我防护意识，更科学地保护野生动物。

▶ 2020 年 6 月

野骆驼

分布在保护区内的植物——梭梭

生存在保护区的植物——分枝鸦葱

科学保护野生动物

一、关于给野生动物投食的探讨

关于给野生动物人工投食的问题，是野生动物工作者和志愿者及爱心人士一直关心的问题。有些社会人士为表达爱心，或放生、或投食，想尽自己的一点力量关心保护野生动物。而一些科学家却呼吁不要过多给野生动物以"帮助"，适当的经历灾难，淘汰一部分个体，本来就是生态学应有的结果。不是科学家们太冷血，而是事实上投食对物种的种群发展并不是好事。特别是对于一些种群数量本来就不多、数量增长缓慢、生态位狭窄的敏感物种，"善意"的人工投食可能是致命的。有些生态学问题绝不像我们想象得那样简单。

为更科学地保护野生动物，带着这个问题，我们与生态学专家和野生动植物保护专家进行了探讨。

野骆驼是在极端生态系统生存的物种，它分布的区域是世界上极度干旱、植被极度稀少、水资源极度缺乏的地区。野骆驼13个月产一胎，种群数量增长缓慢，是世界上珍稀的野生动物；它们行为神秘，远离人类视线，胆子也非常小。人类要真正科学地认识野骆驼，要解开它们的生存密码，还要经历一个漫长的过程。

野骆驼目前全球种群数量不足1 000峰，分布在新疆罗布泊野骆驼国家级自然保护区的有680峰左右，约占全球种群数量的3/5。这样一个极度濒危的物种，在如此干旱的区域内仅有这么少的种群数量，再加上外围日益加剧的生态隔离和干扰，生存的艰难是难以想象的。更由于受人类活动的影响，导致生境受到破坏和区域碎片化，使这一种群得不到可扩张的分布地。要让它们生存、繁衍下去，我们能做的，就是让公众更多地了解野骆驼的种群历史、濒危过程及演化潜力，揭示出更多影响野骆驼种群发展的限制因子，奠定野骆驼保护与种群精细化管理的科学基础。

　　为尽快使野骆驼种群数量增加，有专家提出在新疆罗布泊野骆驼国家级自然保护区内对野骆驼进行人工投食。这一观点，引起了野骆驼保护志愿者的关注。有专家预测，这一计划将在3～5年后使野骆驼的数量增加近100峰。乍一听，这是一个很好的办法，可以在短时间内提升野骆驼的种群数量，无形中还提高了野骆驼的遇见率。但是，中国林业科学研究院、新疆罗布泊野骆驼国家级自然保护区管理局等机构的多位专家讨论后认为此举不可能实施。且不说野骆驼和家骆驼的生活习性有很大的差别，野骆驼的生物学习性还有许多未解之谜，仅从物种生存繁衍这个范畴来看，如果盲目投食，对它们的影响是深远的，也许会成为针对这一种群的致命打击。

野骆驼（毕景江　摄）

如果野骆驼种群已经不再怕人甚至可以像家骆驼那样亦槽亦牧，按人类的安排，整天围绕在很小的范围内等待人类的投食。就算种群数量在短期内有所增加，但这是真的"保护"吗？造成生境破坏和种群自然竞争力丧失，这对野骆驼种群的损害将是巨大的。

野生动物行为学家研究发现，即使是在动物园，投食也会给野生动物各方面带来一系列的改变，更何况是在野生状态下，特别是自然保护区内。

野生动物专家认为：投食会导致野生动物个体之间过分争斗，群体生活的野生动物有正常的社群交流行为，激烈的打斗会造成不可避免的伤害，严重的会留下终身残疾甚至是断送性命。对于社会性动物来说，投食还会影响其社会行为的稳定性，扰乱竞争机制，打破适者生存的自然规律。另外，投食还会导致野生动物营养失衡。野生动物在野外取食是可以自由选择的，获得的食物也已经深深地影响着野生动物的消化系统，这是长期自然选择的结果，并在种群中得以传承。投食还会威胁野生动物生命安全。人工投食过程中，储存时间过久而变质的食物，或者处理食物的保鲜剂等都可能威胁野生动物的安全。还有，投食让野生动物对食物的选择能力降低，对一些非食物的识别能力降低；它们常误食人类食品外包装及小物品等，误食后造成的伤害也可能致命。此外，投食过程中人与动物的过密交流，也可能促进人畜共患病的传播，后果将会很严重。野生动物本身具有适应野外生活环境的自然行为，而投食会导致野生动物产生非自然的行为，尤其是聪明的哺乳类动物和有蹄类动物。因此，人类不要以自己的喜好来主宰野生动物的天性。

二、旅游探险活动对野骆驼的生存环境构成严重威胁

保护区工作人员在日常考察及巡护中，多次发现非法进入保护区的旅游探险团体和个人。工作人员均按照自然保护区法律法规及条例进行处理，对非法进入保护区进行旅游探险活动的行为有所扼制。

（一）旅游探险活动对保护区的影响

旅游探险活动加大了自然保护区的管理难度。新疆罗布泊野骆驼国家级自然保护区管护面积大、配套的执法管护站点多，再加上一些区域呈开放式，不能进行全范围完全监控，导致非法进入保护区的人员和车辆有机可乘。

（二）旅游探险活动带来了"三废"和噪声污染以及对野生动物的威胁

旅游探险对保护区带来了废气、废水、废物的"三废"污染和噪声污染。现代化交通工具发出的噪声可对野生动物造成危害，沿线的野生动物易受到惊吓驱赶，使野骆驼、鹅喉羚等仓皇远避逃离。废物污染已经成为恶化保护区环境的严重因素之一，而一些非法进入保护区的旅游探险人员乱扔垃圾（如废纸、塑料袋和破碎的酒瓶），有些地方随地可见，严重污染了自然保护区的环境并威胁野生动物的生存安全。丢弃的塑料袋可能被野生动物误食，导致消化系统破坏而死亡。酒瓶、铁罐头盒、易拉罐等生活垃圾随时都会割伤野生动物的蹄子。大型的哺乳类动物一旦受伤很难得到救治，伤口化脓后还会导致溃烂，最后丧失生命……

（三）旅游探险活动严重干扰野骆驼的正常活动和迁徙

旅游探险活动严重干扰了野骆驼的正常活动和迁徙。旅游探险来往的车辆会断绝部分野生动物的交流和迁徙通道，破坏生态系统地域分布的连续性，造成野生动物活动区生态隔离，破坏了区域的完整性。

（四）旅游探险活动导致荒漠区域的植物更加脆弱

车辆行驶碾压，容易破坏原始地貌和植被。罗布泊荒漠干旱的自然环境非常特殊，生态环境十分脆弱。进入保护区的车辆特别是旅游探险车辆破坏原始砾石和非常脆弱的原始地貌及植被，导致地表裸露。遇到大风天气，极易引起沙尘暴，并加速水土流失，给野生动植物的生存环境造成破坏和威胁。

三、对保护区内旅游探险活动的一些探讨

新疆罗布泊野骆驼国家级自然保护区管理局根据保护区的实际情况，组织执法人员定期或不定期地对保护区加强巡护检查，加大对保护区旅游探险活动的执法检查力度，规范旅游探险活动，最大程度减轻旅游探险活动对保护区的危害。在"黄金周"和"小长假"这两个时间段增加对保护区的巡查次数，在进入保护区的路口进行堵截，查处未经保护区管理机构审批、擅自进入保护区开展旅游探险活动的单位和个人。要求进入保护区旅游、探险的单位和个人及车辆，以书面形式提前向保护区管理局提出申请，经保护区管理局审核批准后，才能进入；否则，按非法进入处理。管理局对不服从管理、对保护区生态环境造成破坏的，根据情节进行严肃处理，特别是在阿奇克谷地、八一泉及彭加木墓地附近，旅游探险人员数量不断增加，生活垃圾如酒瓶、罐头瓶随处可见，压出来的车辙遍地都是。这些因素更加把野骆驼的活动范围逼向更艰苦的沿阿尔金山的几条沟壑，活动区域及种群空间严重缩小。

近几年，进入新疆罗布泊野骆驼国家级自然保护区的人数在不断增加。有人认为与野生动物亲密接触代表人与自然的和谐。其实真正的和谐共处是人类不去打扰大自然，不去打扰野生动物，让它们自己好好地生活。即便确实因工作原因需进入保护区，也要严格执行保护区条例。不去惊扰野生动物，在不期而遇时，也让野生动物优先通过。

新疆罗布泊野骆驼国家级自然保护区是为保护极度濒危物种野骆驼和其他野生动物而设立的。保护区面积大，部分区域为开放型区域，很多人从四面八方蜂拥至此，屡禁不止。而且进入新疆罗布泊野骆驼国家级自然保护区的车辆，都是性能非常好的越野车，执法的车辆有时甚至都追不上他们。特别是在野骆驼交配和繁殖的季节，雌性的野骆驼胆子非常小，由于受到汽车鸣笛声的惊吓，致使刚刚出生的小野骆驼与母亲失散并被迫离开家园。

旅游探险的行为无疑是野骆驼和其他野生动物的灭顶之灾。我们一直在

呼吁，不要去保护区惊扰野骆驼和其他野生动物，以免使更多的野生动物幼仔成为"孤儿"。

新疆罗布泊野骆驼国家级自然保护区位于亚欧大陆腹地中国新疆境内丝绸之路的主要通道上，是世界极度濒危物种野骆驼的主要分布区。保护区景观复杂多样，为野生动植物提供了多样的生存条件。

野骆驼主要分布和活动区域集中在阿尔金山北麓、阿奇克谷地、西湖湿地3个区域，对应3个国家级自然保护区，分别是新疆罗布泊野骆驼国家级自然保护区、甘肃安南坝野骆驼国家级自然保护区、甘肃敦煌西湖国家级自然保护区。

自然保护区是人类为野生动植物封存的生命家园，是人类文明覆盖的心灵故乡，是人类向往自然的归宿；永远是呼唤人类对纯朴生命的眷恋和追寻，也是对野生动物未来生存的深切追问。

四、千年驼道生生不息

野骆驼的一生都在迁徙的路上，祖先一定有神秘的遗传密码传递给它们，使它们能准确地通过环境恶劣的盐碱滩和沙漠及戈壁，沿着驼道跋涉去找到水源和食物。

可以观察到的已经形成且明显的驼道，有的大约宽40厘米、深20厘米，大群野骆驼来往的驼道一直向前延伸，长度有的近80千米。驼道的深浅与土壤的软硬程度有关，新疆罗布泊野骆驼国家级自然保护区周围疏松盐壳上的驼道尤为明显，在坚硬的碎石戈壁，驼道就较浅。

通常野骆驼都会选择在平坦的路面行走，在考察中发现，不少过去地质考察队留下的车辙和阿尔金山腹地315国道废弃的一部分路也成了野骆驼迁徙的便道。在罗布泊东南方向的阿奇克谷地一带，也有经年累月由野骆驼踏成的驼道向谷地深处延伸。

观察驼道可以给我们带来很多信息，这也是观察有蹄类动物的方式之一。专家们甚至可以根据野骆驼蹄印的新鲜程度判定是今天早晨野骆驼刚走过去留下的，还是几天前走过去留下的，并且根据蹄印的交叠程度判断种群大小。

驼道（牛欣意　摄）

采集野骆驼的粪便特别是新鲜粪便，可以从中观察它们采集的食物种类及种群遗传脱氧核糖核酸（DNA）等。

通过这些，我们可以了解野骆驼以及其他需要被保护的野生动物的一些基本情况。比如它们吃什么、它们是否有足够的饮水地、它们"住"在哪里、它们生活得好不好、如果出现问题怎么解决等。

其实，野骆驼也喜欢在平坦的路面行走，不管是不是人类留下来的路迹。在逃生慌不择路的时候，它们大多会奔逃到戈壁或沙丘里。但这对它们非常不利且常常伴有危险。因为野骆驼的体重并不适宜在山体上行走，而且山上常常会有狼群；野骆驼更喜欢在沙丘上行走，在沙丘上狼群无法快速追赶到野骆驼。

在延绵数百千米的库姆塔格沙漠周围、阿奇克谷地、罗布泊南岸以及罗布泊南岸与阿尔金山北麓之间的库姆塔格沙漠东西两侧和嘎顺戈壁，都能看见很多明显的驼道。野骆驼也会选择在荒漠地带的水源地、觅食地及隐蔽休息地之间形成固定的驼道。这些较窄的驼道，宽仅30厘米，深不到10厘米，显然是较小的驼群经过形成的。

罗布泊的守望

新疆拥有壮美的山川、河流、湖泊、草原，但最有特色的还是沙漠。新疆深居内陆，气候极为干燥、加上"三山夹两盆"的封闭地貌格局，形成了众多的沙漠。新疆沙漠面积占全自治区面积的1/4，占中国沙漠总面积的近60%，新疆著名沙漠依次是塔克拉玛干沙漠、古尔班通古特沙漠、库姆塔格沙漠等。

五、沙丘是野骆驼生命的乐园和死亡的归宿

有位哈萨克族牧民告诉我："它倒下的地方是它出生的地方，它知道自己快要接近死亡时，就坚持着走到了那里。野骆驼在哪里出生，死的时候就要回到哪里。"

根据专家和哈萨克族牧民长期的观察，他们认为野骆驼会选择在沙地、土丘旁自然死亡。除天敌捕杀及意外灾害死亡的野骆驼，因老、病等自然死亡的野骆驼在预感到生命将息前，多选择大沙丘和土包，卧歇于向阳和背风面以度过生命最后的时光。野外考察中可以发现，肢体较全的大野骆驼尸骨多在这种地貌上。

有一次我在阿克塞当地牧民的家中喝奶茶，牧民告诉我：哈萨克族牧民很敬畏野骆驼，它们都是精灵。他说，有一次他见到一群野骆驼在一片宽阔的沙丘转来转去，它们似是在寻找走失的一位伙伴。过了一会儿，有一峰雄性野骆驼急促地叫了一声，野驼群便一起向它围拢过去。顷刻，它们像是做了一个什么决定似的，又一起向山后急急奔去。这位牧民好奇，就骑马赶上它们想看个究竟。很快，他便发现野驼群在沙丘上的一串蹄印向前延伸着。走了一会儿，地上的蹄印变得歪歪斜斜，似乎行走者难以支撑自己的身躯。有一峰野骆驼叫了一声，驼群便显得有些慌乱。牧民猜测，被驼群找到的这只野骆驼可能受伤了。翻过一座山，果然见一峰野骆驼卧在一片草丛中。驼群奔跑过去围着它呼呼叫，但它却纹丝不动。这些野骆驼停留了很长时间，在这峰倒下的野骆驼周围转来转去，后来应是确定它已经死亡才慢慢离去。牧民跑过去仔细一看，这峰野骆驼果然已经死亡了。

牧民又说，野骆驼们知道那峰野骆驼要死亡了，就去找它。其实在路上就感知它已经死了。我问他何以见得，他说，有一峰野骆驼流泪了，那是一峰母骆驼。

7月的野骆驼领地，气温慢慢上升，热浪不断增高，干渴的植被在热风中开始凋零。动物们仰望天空，期待雨的来临……

罗布泊进入夏季后气候炎热干燥，降水量极少，也无常年地表径流形成，水资源十分缺乏。

在这炎炎的夏季，动物们有的孤注一掷冒险跋涉找水，经过艰难跋涉，有些野骆驼最终也没能走到有水源的地方就倒下了。有的在这里执着地等待，能否缓解干渴取决于今天是否有扑面而来的雨滴。

刚刚出生的小野骆驼紧紧跟在母亲身后，它们有时候对天长鸣，有时候又会落在母亲的身后。它们有时快、有时慢，但始终都在母亲的视线里。

生存在这里的野骆驼离不开风沙漫天的故乡，它们能够忍耐自野骆驼这个物种诞生以来的又一个炎炎夏季。一群野骆驼沿着崎岖的驼道走向水源地，干裂的水源开始变形，热浪无情地蒸发着仅剩的已经很浅的水源，再有一两天这里的水源也会完全干涸。

哈萨克族牧民说，有一年，在即将干枯的盐水池边，小野骆驼们无论怎样努力都无法喝上水。它们的妈妈万分焦急，因为妈妈也几乎够不到水位已经很低的水源。这时，小野骆驼们突然发出了一声声的鸣叫，因为它们的妈妈跳进了拌着泥浆的盐水池。

水位慢慢上升了，小野骆驼们喝上了水，而这些妈妈却永远留在了那个盐水池里……

动物们在充满变化的自然界生存，自然界也充满了危险、艰难和旋涡。自然界有时把能量变成残酷，而客观条件下的现实、饥饿与困顿同样残酷。

野生动物栖息地如果被人为加速破坏，仅靠自然的力量需要很久也难以恢复。如果人类生存支持系统生生切断了栖息地的连通性，野生动物即使调用趋利避害的本能也很难持续生存下去。

"捕杀野生动物、环境污染、自然灾害、生存环境的丧失或碎片化等使得生物多样性急剧减少甚至导致大量物种灭绝。生物多样性不是一个关于动物、植物的简单概念，而是一个事关人类生活质量和发展质量的重要概念。"

野生动物在自然的大地上演绎着生命的传奇故事，未来，期盼科学家能解开它们生命的密码，助力它们的自然繁衍……

六、野骆驼的食物构成

罗布泊的植物结构千姿百态。为了研究野骆驼的食性，科学家在考察中采集了6个分布区的120份野骆驼粪便及26种植物样品。科学家用400倍显微镜，采用检验粪便分析法进行了分析统计，野骆驼爱吃的食物有：芦苇、白刺、泡泡刺、沙拐枣、骆驼刺及多汁的盐柴类植物、裸果木。野骆驼的食物多种多样，沙漠中的梭梭、骆驼刺、沙拐枣等贫瘠沙漠植物都是野骆驼充饥的食粮。

它们的胃有较强的储存消化食物能力，休息时会把胃中的食物反刍咀嚼。

七、罗布荒原的精灵

2015年9月，我和中国林业科学研究院专家一行从库姆塔格沙漠返回敦煌途中，偶然与19峰野骆驼相遇。观察到的野骆驼种群是非常有"组织纪律性"的，它们也有"紧急预案"。这群野骆驼由一峰雄性野骆驼（"头驼"）带队，一头紧跟一头，在"头驼"的带领下前进。"头驼"是整个驼群的核心，中间是小野骆驼和驼群中体力比较弱的野骆驼，最后压阵的是整个驼群中比较强壮的成年野骆驼。它们在遇到危险开始奔跑时，也有分散奔跑的现象，但它们分散奔跑的目的非常明确。

驼群遇到危险时，一峰成年野骆驼向左跑，另一峰向右跑，它们跑得比较慢，主要是为了吸引"敌人"的注意力，牺牲自己以保证整个野驼群安全通过危险区域。我们不知它们从哪里来，只看见它们像精灵一样消失在茫茫的天际。大的野驼群行进时，队伍十分整齐，整个野驼群威武而又壮观。

八、野骆驼在人类社会发展中的地位

资料显示，1 000 万年前，野骆驼从白令海峡来到这里，沿着北半球的干旱地带很快扩散，开始在这片土地上繁衍生息。

每个生物的存在都维系着包括人类在内的整个地球生态链循环运转。我国从 1959 年就提出了对野骆驼的保护，新疆维吾尔自治区政府于 1986 年批准建立了阿尔金山野骆驼自然保护区[*]，对野骆驼种群的保护得到持续深入推进，野骆驼种群数量逐渐呈增长趋势。

野生动物是动物界的重要组成部分，在保持生物多样性与生态平衡中处于重要地位。野生动物更是一种宝贵的生物资源，对人类社会的持续发展具有重要的价值。

濒危动物是十分珍贵的，是不可替代的自然资源，在维护生态平衡和生物多样性方面发挥着重要作用。每个物种都是生态系统中的重要一员，通过食物链的关系，物种之间互相依存、互相牵制。一旦食物链的某一环节出现问题，整个生态系统的平衡就会受到严重影响，生态失衡的代价之大是无法估量的。

野生动物是大自然的产物，自然界是由许多复杂的生态系统构成的。有一种植物消失了，以这种植物为食的一种或多种昆虫就会消失。这一种或多种昆虫没有了，捕食这一种或多种昆虫的鸟类将会饿死，鸟类的死亡又会对其他动物产生影响。

从茹毛饮血中成长起来的人类，离不开对野生动物的利用，但过度捕杀野生动物将危及人类自身。因为每种动物都有它存在于自然界的生态地位和生态功能。它们和我们一样共同享有地球家园，真正的和平共处是各安其处、互不干扰。

---

[*]　新疆罗布泊野骆驼国家级自然保护区原为 1986 年 9 月成立的阿尔金山野骆驼自然保护区，当时面积为 1.5 万平方千米；2000 年 5 月，新疆维吾尔自治区政府批准保护区扩建至 7.8 万平方千米；2003 年 6 月，国务院批准保护区升级为国家级自然保护区，并更名为新疆罗布泊野骆驼国家级自然保护区；2013 年 7 月，保护区面积经调整变为 6.12 万平方千米。——编者注

每种野生动物都有它们天然的栖息环境，保证着它们的生息繁衍。如果栖息环境遭到破坏，动物的自然存续就面临危机，即使没有人捕食，也难以生存。保护野生动物，归根结底还是要保护它们的栖息地。

在野生动物保护工作的各个领域里，最直观、最感人，也最容易引发共鸣的，无疑是救助个体。看到一只伤愈的红隼重返蓝天，足以让每个在场者热泪盈眶。但是很容易被志愿者忽略的一点是，救助野生动物个体的价值往往并不在某个被救助个体本身，更多地体现在个体背后的整个种群，这和救助人类社会中的弱势个体是不同的。

动物和人的差异很多，按照演化生物学家理查德·道金斯等人的观点，最大的差异可能在于动物缺乏文化。但在动物无声的世界里，它们的感情是非常丰富的。在这里，文化的定义是"与遗传无关，但可以模仿和传承的行为模式"。

人类社会中，文化因素正在逐渐压倒遗传生理因素。我们对自我的改造能力越来越强，先天遗传素质的重要性也越来越小。

野生动物个体在环境中的绝大部分行为，都可以回溯到它的基因，个体间的文化传承即便存在，影响也通常微乎其微。如果两群狼面对同一场景作出了不同的反应，那是因为它们的遗传特征不同，而不是因为它们各自经历了不同的狼群历史以及有不同的狼群文化。野生动物的价值更多地承载于它们的基因之中，种群本身的延续更为关键。个体的死亡是必然的，但基因通过"种群基因库"可以长存下去，维持物种的存在。我们保护野生动物个体，更多体现的是一种保护种群的手段，单纯对于野生动物个体本身的保护并非目的。

我们应维护生物多样性和生态平衡，推进生态文明建设。野生动物(wildlife)在国际上的定义是所有非经人工饲养而生活于自然环境下的各种动物。学界一般将野生动物界定为凡是生存在天然自由状态下或者来源于天然自由状态的虽然已经过短期驯养但还没有产生进化变异的各种动物。

动物与人一样，在长期的协同进化过程中，遗传记忆也在潜意识中起着作用，是行为选择的潜在基础。让野生动物保持它们的野性，保持应有的警惕和安全距离是关键。那么，针对野骆驼种群数量少、分布地域开阔的问题，新疆罗布泊野骆驼国家级自然保护区做了大量的研究及栖息地修复与重建工作，如建立生态廊道，连接生态网络，让物种有更大的活动空间，给种群间的遗传隔离与交流留足自然空间；开发潜在栖息地，扩大分布范围等。

对于过小种群的物种，在充分尊重自然种群的同时，适当开展保护，开展人工繁殖研究也有非常重要的意义。大熊猫的例子证明，人工种群一样可以为生物多样性保护发挥作用。

建立自然保护区是为了给生物多样性保护建立一个平台，最终目的是让人与自然和谐共生，生物多样性更丰富。自然保护区绝对不是供人类观赏的动物园，也不是为简单发展经济而建立的"园区"。必须尊重自然保护区内所有物种的本来习性和生物属性，让自然保护区真正成为生态建设中持续发展的野生动植物乐园。

人也是生态系统中的一员，生态系统有很强的自修复功能，适度的人为活动并不会对生态系统造成质的改变。相反，在人为活动与环境已经形成了平衡的区域，突然完全切断人为活动，将人与自然完全割裂，即将人的行为从自然生态系统中突然去除，对生物多样性保护也是非常不利的。生态问题一定要用生态的方法去解决和应对。

自然保护区是国家生态安全的底线和生命线，是大自然的瑰宝和美丽中国的象征。理应持续开展自然保护区野生动物保护工作，助力自然保护科普宣传，为维护国家生态安全、建设美丽中国提供有力支撑。

野生动物的专家们走在野生动物研究探索的路上，相信会有更多科学保护野生动物的方式呈现在公众面前……

时光是命运之子的祖先，水源才是唯一庇佑所有生命的源泉。大自然也曾有梦，它选择了使梦想成真，并带着希望，慢慢地向着目标移动……

▶ 2019 年

野骆驼母与子之死

2014年9月24日，为拍摄《中国新疆野骆驼千里寻踪》纪录片，新疆野骆驼保护协会等5个单位一行9人来到广袤无垠的罗布泊，当晚我们在这个呈羽毛状的沙漠——库姆塔格沙漠上宿营。26日傍晚，我们在库姆塔格沙漠行进的途中遇到一大一小两堆白骨。在这两堆白骨前停下了脚步，我们仿佛听到了这样一个凄惨的故事：初夏的一个傍晚，一峰将要分娩的野骆驼想去找一个安全的地方分娩，它离开了驼群。在一个沙丘的背后这峰母驼停下了脚步，苍茫的暮色中一峰小骆驼诞生了。刚刚出生的小野骆驼还站不稳，母驼还没有来得及亲吻一下自己的孩子，弥漫在空中的血腥味已被狼群嗅到。疯狂的狼群吞食了刚刚出生的小野骆驼，然后又把刚刚分娩

野骆驼遗骸

野骆驼骸骨

极度虚弱的母驼撕扯成了碎片。顷刻，沙漠中就多了两堆骨骸。一峰野骆驼在完成了高尚的生命致礼后，又把新的生命丢失在狼群的口中。

沿着罗布泊地区的古河道继续前行，在近百千米的滩涂上，车辙密集。人类丢弃的垃圾和酒瓶随处可见。已近枯死的植被遮掩不住野骆驼的身躯。在这片荒漠中生存的600多峰野骆驼并不知道自己被列为《世界自然保护联盟濒危物种红色名录》极危物种，但它们清楚地知道，这片地球上的极端荒漠和半荒漠地区是它们最后的家园。野骆驼胆小而机警，在20千米远的地方就能嗅到人的气味，野骆驼妈妈让自己的孩子与人类文明保持应有的距离，不仅仅是为了逃避危险，也是在用生命提醒人类：窥视它们的家园，就拉响了它们亡命天涯的警报。

只要你关注野骆驼，就能感受到它们的温度，感受到它们生存的土地，你也一定能倾听到野生动物的呼唤。

▶ 2014年9月28日于罗布泊

　　罗布泊的守望

大地之约
——拍摄野生动物的实践与思考

　　精彩的生存故事，谱写着动人心弦的生命乐章！

　　我第一次看到的野骆驼图片，是袁国映先生拍摄的《母与子》。这张图片通过独特的镜头语境，再现并放大了野骆驼母与子的亲情。它们走在壮阔的大漠上，展示出沉静而又安然的自然之美。

　　从注视一张野生动物的图片开始，关注人与自然和生态关系的精神内核，捕捉野生动物生存的精彩瞬间，抓取野生动物在光与影中的生存状况，在时光里的生与死以及它们之间的爱与温馨、残酷与搏斗，记录并永远留住它们的身影……

母与子（袁国映　摄）

我们可以看到，一方面是公众对自然、对荒漠渴望了解但又非常不了解，另一方面是野生动物的处境非常艰难。全世界的生物多样性正在快速减少，野生动物的种群数量近40年来减少超过一半。我国的情况也差不多，野生华南虎与生活在长江里的白鳍豚的灭绝敲击着我们的心扉……

如果公众不了解自己国家的野生动物，甚至连野生动植物的名字都一点不知，又怎么关心它们，何谈保护它们呢？

镜头下记录到的影像、图片，可以让大家直观地了解野生动物，看清它们的真实面目，进而产生积极的关注和行动。影像资料还可以在科研、保护、公众和政府之间架起纽带和桥梁。这正是野生动物生态摄影工作者在我们这个时代的重要价值和意义。

图片是具有精神魅力的，2017年6月5日是第46个"世界环境日"，中国林业科学研究院、新疆野骆驼保护协会、北纬38度食品有限公司等单位在广州举办了一场以"野骆驼的呼唤"为主题的科普宣传图片展，迎来了10万公众参观浏览。其中有一对来自新疆库尔勒的父女，爸爸抱着5岁的孩子指着图片中的野骆驼说："这是来自我们家乡的野生动物，野骆驼就生长在我们的家乡。"这不仅仅是对家乡，而是对生命、对故土的眷恋。

野骆驼又称双峰驼，是生存在亚洲腹地的大型哺乳类动物之一。经数次综合科考调查显示，已知目前全世界野骆驼的数量不足1 000峰，数量比大熊猫还要少。野骆驼的种群数量在我国境内为800峰左右，分布在新疆罗布泊野骆驼国家级自然保护区和甘肃安南坝野骆驼国家级自然保护区。另外在蒙古国境内也有分布。

野骆驼种群在我国主要分布在新疆罗布泊北部的嘎顺戈壁、东部的阿奇克谷地、南部的阿尔金山北坡以及塔克拉玛干沙漠一带，罗布泊地区是野骆驼血统最纯的标本模式产地之一。

广袤的罗布泊被称为中国四大无人区之一，也被称作"死亡之海"。这里植被极度稀少、水资源极度匮乏、土地极度贫瘠、气候极度炎热与寒冷，基本上是人类生存的生命禁区。

野骆驼生性机警，能在20多千米以外嗅到人的气息，并以每小时40～60

千米的速度奔逃，这为拍摄和研究这一极度濒危物种带来了极大的困难。时至今日，一张在自然环境下拍摄到的清晰的野骆驼照片十分难得，每一张照片都让生态摄影师付出了极大的努力和代价。

野骆驼在罗布泊的旷野里，经过夏季和秋季的不断采食，秋末冬初时便膘肥体壮，驼峰变得丰满，毛色会更加润泽。新疆野骆驼保护协会特约生态摄影师毕景江老师，在罗布荒原上拍摄到野骆驼时恰好是在深秋，野骆驼与身后金黄色的沙丘和枯黄的骆驼刺仿佛组成了一幅油画。这些图片充分展示了罗布荒原上野骆驼精灵般的生命之美及库姆塔格沙漠的地貌之美、自然之美，弥足珍贵。

一个纯粹的生态摄影师是以保护生态为拍摄目标的，他们可以一年四季不畏酷暑严寒，让深藏于无人之境的野生动物得以通过镜头呈现，从而使公众心中的生态保护理念从抽象的口号落实到影像、图片的现实之上。我们欣喜地看到，我国越来越多的摄影爱好者受到生态摄影理念的影响加入这个行列。自然保护区为中国生态摄影师走向世界搭建了舞台，也为世界了解中国野生动植物保护打开了窗口。

弱肉强食是动物生存的法则，真实反映野生动植物自然的生存状态是生态摄影师追求的目标。每种野生动物都有自己生存的方式和法则，任何人为的干扰和侵犯，都会导致不可预料的后果。

动物世界里孤独的沙漠精灵野骆驼，它们善良的眼神有股神奇的力量，和它们的目光对视会有种佛性的平静，难怪哈萨克族牧民在形容姑娘有双漂亮的眼睛时会说"你有双骆驼的眼睛"，这种人与野生动物的对比，直抵人心。

在自然界里拍摄野生动植物极具挑战，野生动物不会摆拍，也不会配合。在罗布泊拍摄野生动物更是异常的艰难，还会遇到意想不到的危险。有这样一幅画面——倒在黑风暴中的小野骆驼，用尽最后一丝力气在生命的尽头挣扎，最后死去。狼群围捕野骆驼，攻击的主要目标是老、弱、小的野骆驼。狼群团队合作的力量非常强大，野骆驼被撕裂肢解分食，血腥味弥漫在罗布泊的旷野……

在新疆罗布泊野骆驼国家级自然保护区内，狼是野骆驼的天敌，已列为国家二级重点保护野生动物。大自然的食物链就是这样，弱肉强食的法则在野生动物的世界体现得淋漓尽致。

2016年1月1日，为拍摄《中国新疆野骆驼千里寻踪》纪录片，为在镜头下记录野骆驼真实的生存状况，我们经过3个月的筹备，冒着大雪和刺骨的寒风，从乌鲁木齐出发，经甘肃安南坝野骆驼国家级自然保护区进入罗布荒原。

我们在安南坝将两辆越野车的油箱和油桶全部加满，还带了一辆给养车。采购了足够12天的饮用淡水，还有其他物资装备，两辆车都已超载了。原先我们计划分为两个拍摄组，因考虑到安全问题、给养问题、费用问题而被迫放弃，只能重点在野骆驼出没概率比较高的罗布泊南部和阿尔金山旁的一条峡谷蹲守。那条峡谷有长年不断流淌的涓涓细流，但经过长长的峡谷后都成了矿化度很高的盐碱水。

在罗布泊的12天，车和帐篷就是我们的家。夜晚寂静的旷野，让我们能清晰地听到风穿过白骨的"哨声"，能记住狂风撕裂帐篷的声音。我们在这样的时候会有种强烈的归属感袭上心头——兴许上辈子我们也是沙漠里的野骆驼，仿佛回到了上一世的家园，能感受凛冽的寒风和大片的鹅毛大雪，那么熟悉和亲切，更能感到祖国自然山川的壮美和伟大。

进入无人区，有近1 000千米的行程。罗布泊有让人进去就出不来的流沙，有昼夜温差极大的恶劣天气，还有陷入其中触不到底也拔不出脚的沙丘。黑风暴一刮就是好几天，冰雹有时候也来得莫名其妙，敲打着帐篷发出碎裂的声音直至心底。十级以上的风，能瞬间把帐篷齐齐撕裂，此时人和野生动物都是自然中的一分子，只是我们比它们多一顶破旧的帐篷而已。这里冬季的寒冷让未在冬季来这里的人无法想象，在极致的低温中，矿泉水很快就被冻成了坚硬的冰疙瘩。口渴了，就咬上一块放在嘴里慢慢地融化。但凡可以想象到的自然界危险环境在罗布泊随处可见。

此时，在大自然面前你无处可逃，也不必惊慌，只有坚强面对。当然，你可以把头蒙在睡袋里好好地睡一觉，等待暴风雪过后太阳高高升起……

为了确保成功拍摄到野骆驼，我们在距离野骆驼经常迁徙的驼道旁200多

罗布泊的守望

米处隐蔽起来，等待了6天。但我们的运气不太好，始终没有等到野骆驼从这里经过。

原打算到阿金山旁的那条大峡谷里去，但因为大雪，考虑那边的路途会更加危险，所以放弃了。

天色阴冷，连夏季都难有降水的罗布泊下起了鹅毛大雪，这对我们的拍摄行程极为不利。

摄影师几天都不让打开肉罐头，甚至找来野骆驼的粪便涂抹全身，期盼野骆驼能从这里通过。我们计划再蹲守两天，如果再拍不到野骆驼，就准备撤离了。因为随着冬季的来临加上降雪，气温也不断下降，野骆驼可能不会路过这里去水源地了。每10天左右的饮水周期间，它们可以吃散在四周沟壑里的雪来补充水分，而我们的水和食品也快耗尽了，就这样带着希冀和惴惴不安的复杂心情等待两天的期限。

如果我们去水源地等候，可能就不用吃这么多的苦了。但那样的话，我们就惊扰到了野骆驼和其他野生动物，它们就会很长时间不敢来水源地饮水。所以，我们想在不打扰的情形下和它们相遇。

第二天气温骤降，风卷着雪，人几乎都快被冻僵了，体力也被消耗得差不多了，很难再坚持下去，我们准备撤离了。

下午4点多，车从隐蔽的沟壑里开出来，我们卸掉了所有的隐蔽伪装，向着回去的路出发。这时，幸运悄悄地降临了。走在最前面的一辆车突然停下来了，并在对讲机里呼叫让我们停止前进，安静等待，不要发出任何声音。过了几分钟，前方有十几峰野骆驼正朝着我们奔来，这个冬季我们在库姆塔格沙漠上不期而遇了……

这时我们和野骆驼大概也只有50多米的距离。幸运来得太突然，摄影师抓住机会，拍下了精彩的瞬间……

不知道它们从哪里来，也不知此刻它们要向哪里去。它们很快消失在茫茫的沙漠之中……

天空有朵吉祥的云，裹挟着时间的碎片依然温暖心灵。在这种不打扰的相逢里，所有的美好都是用语言无法形容的。每个人顺着脸颊流出的热泪，在寒冷的风中被冻成了冰，眼睛上厚厚的冰压着睫毛，一睁一合之间仿佛都迟滞了时间。但我们清楚地看到了野骆驼，看到了它们高高的驼峰、它们的眼睛、它们奔跑的姿势，这一切全部都被深深地印在了心里。

2016年的新年我们在罗布泊度过，看到了无比湛蓝的天空和最耀眼的星星，沐浴着罗布泊洁白的雪片，在罗布泊的大地上拍摄到了野骆驼……

启程返回的路依然坎坷，但充满了喜悦和快乐。经过十几个小时的风雪考验，我们终于到达了距罗布泊最近的、唯一能加油和补充给养的新疆生产建设兵团三十六团团部所在地——米兰。我们住在团部的小招待所里，新年刚过，我们是这里唯一的客人。三十六团办公室的易主任给我们安排了热气腾腾的面条，还有馕饼。那天的面条特别好吃，一锅面条大家很快就吃完了，最后又下了一锅。其实就是平时的挂面，但那天，里面放的白菜也比平时好吃许多。

目前，各种转发在网络平台上的野骆驼图片九成都是新疆野骆驼保护协会近年来所拍，我们寄希望于更多、更广泛的公益传播，但对于将图片用于商业使用的个人或团体，新疆野骆驼保护协会将维护协会的合法权益。

资料显示，早在19世纪，国外探险家就对中亚地区很多新发现的大型哺乳动物进行了猎捕。1887年，俄国探险家普尔热瓦尔斯基来到罗布荒原，这位曾在中亚地区多次探险考察的俄国军官此行的目的，就是要捕获到一峰野骆驼。他曾因在新疆准噶尔盆地发现地球上唯一的野马而扬名世界。但以他的名字命名的普氏野马却因此招来灭顶之灾，在不足百年的时间里，就被世界各国纷至沓来的考察捕猎队在原生地捕杀殆尽，致使今天我们不得不从外国的动物园引回种群，让这一物种重新回归故乡。

普尔热瓦尔斯基在捉捕野骆驼时没有像捉捕野马那么交好运。他只得花了100多卢布从两个罗布猎人那里买到两峰完整的标本，其中一只是母驼，腹中有即将出生的幼驼。这3个标本被送到了俄国，使俄国成为当时全世界唯一在博物馆中拥有野骆驼标本的国家。

在我国，中国科学院新疆生态与地理研究所的新疆自然博物馆里有一具科考队20世纪80年代在罗布泊东部阿奇克谷地考察时拾到的野骆驼骨骼标

罗布泊的守望

本，被誉为新疆自然博物馆的镇馆之宝。

目前，在新疆罗布泊野骆驼国家级自然保护区管理局和甘肃安南坝野骆驼国家级自然保护区管理局展厅，都有 1 ：1 的野骆驼标本。

一幅优秀野生动物作品的诞生非常不易，摄影师要有专业的知识、丰富的经验、精良的器材、扎实的功底以及绝佳的好运和坚持不懈的吃苦精神。摄影师的情感和人文的关怀是野生动物摄影作品的核心力量，在生动的画面中渗透出深沉的哲思，更容易引起观赏者的情感共鸣，进而增强作品的感染力。

人类喜欢从一些事物中挖掘新意，也喜欢从一些平淡无奇的场景中发现惊奇。一幅大自然中的野生动植物摄影作品，除了是摄影者自己的一种精神寄托与追忆形式，也是一种文明和时代精神的展现。

有热爱，才有自然的情怀，才会去拍摄野生动物。小故事大题材，小中见大，于细微处显精神，于平凡中露真情。通过独特的镜头语言，面对无言的野生动植物，留下了一个物种的真实。今天的记录，就是明天的历史。

大众去野外接触野生动物的机会很少，生态摄影师的工作就是把这些生活在野外的野生动物的生存状态如实地展现给公众。一张图片要告诉世人野生动物是如何生存的、如何繁衍的、在自然界会遇到什么天敌、栖息的环境是否受到人类活动的影响、受到的影响达到何种程度。这些都是生态摄影师需要去关注、记录、思考的东西。期望通过影像的力量传达人与自然，天人合一的生态理念。

拍摄野生动物，通常需要与野生动物保持一定的距离，过于靠近野生动物，可能会引起它们的警觉。不仅会导致拍摄失败，还会给自身带来生命危险。想要拍出一张出色的野生动物照片，生态摄影师需要时刻关注野生动物的动态，尤其是它们的眼神。如果没有眼神交流，没有突出它们的面部特征，图片就会苍白无力，就不会动人心魄。

总之，希望热爱野生动物的生态摄影师们，敬畏自然，不惊扰野生动物，这是成为合格生态摄影师最基本的准则。人如何接近野生动物是一种挑战，接近野生动物这种经历能促使人坚定并全身心地投入。

野骆驼（毕景江 摄）

也特别希望生态摄影师们的镜头下记录的不仅仅是多姿多彩的生灵，还有野生动物生命中最真实的残酷与坚强。

我想起一位生态摄影师，他曾连续6天默默等待着拍摄目标的出现，在帐篷里守候，只为拍到一张野生动物的真实照片。由于照相机失温不能工作了，他把照相机放在自己的胸口上。手被冻僵了就把手放在肚子上捂一捂，他在帐篷中的几天里都垫着厚厚的尿不湿，只是为了一瞬间的抓取。光线和某个动物的行为碰撞到一起，并产生一幅具有情绪的画面，快门定格的成败在一瞬间，但坚持等待的时间却绵长。

我走在保护野生动物的路上近10年，走过罗布泊的沙丘戈壁，随着越来越多的野生动物保护的经历和知识的增加，越是感到野生动物保护的重要性，人类应珍视并敬畏它们。经历罗布泊的两次生死之后，内心想要保护野生动

物的声音也愈加坚定。

最后，让我们来记住一个娇小而又勇敢的可可西里申遗特邀摄影师、企业摄影家自然基金（EPNF）首席野生动物摄影师顾莹，她说："现在我拍摄野生动物，传达保护野生动物的理念，我觉得这更加有意义。如果有一天，我因为野外摄影而不幸失去生命，我也对此早就有心理准备。因为这是我热爱的事情，付出一切我都觉得值得。生命非常可贵，也非常脆弱。每个人都会有走的一天，关键是你要怎么样精彩地活着。"

地球上裸露的植物、动物以及岩石，每一天都在讲述着生命的故事，每一天都记录着生与死的篇章。太阳下每一种生命都充满着勃勃的动力，这是大自然进步的法则，天地哺育了万物生灵。

保护野生动植物将会使人类从良好生态环境中获益，野生动植物蕴含了助力人类发展的科学宝藏。如果影像能让更多人体会感动，了解并遵循自然本来的秩序来热爱大自然，就能让人从内心自发地去保护自然！

用图片解说，用情怀引领。保护野骆驼这个新疆野生动物中的"旗舰物种"，通过我们共同的努力，希望它们和人类一样共同生活在地球壮美的土地上！

▶ 2019年冬

野骆驼的故事

一、讲讲野骆驼

野骆驼是一种大型的哺乳类动物，它生活在地球的极旱荒漠区域，在我国新疆罗布泊地区和甘肃安南坝地区以及蒙古国有分布。

它们对亚洲中部极端干旱环境具有高度适应性，是世界上仅有的可以靠喝盐碱水和吃盐碱性植物生存的珍稀物种之一。

目前，全球野骆驼种群数量不足 1 000 峰，其中有 680 峰左右生存在新疆罗布泊野骆驼国家级自然保护区。

野骆驼在我国被列为国家一级重点保护野生动物。在《世界自然保护联盟濒危物种红色名录》中被列为极危物种。在《濒危野生动植物种国际贸易公约》（CITES）中被列为附录 I 物种。

（一）野骆驼和家骆驼的不同点

多年来，新疆罗布泊野骆驼国家级自然保护区管理局和相关科研单位对保护区的气象、水文、土壤、动物、植物、文化古迹、旅游资源、人类活动影响、野骆驼的历史与进化史、野骆驼与家骆驼的遗传差异分类、野骆驼的

罗布泊的守望

分布与数量，以及各种生态习性进行了综合科学考察。

　　野骆驼和家骆驼在外形上虽然极其相似，但它们却不是"一家人"。科研人员通过对比分析它们的基因发现，野骆驼和家骆驼的遗传基因存在1.9%～3%的巨大差异，比人类与黑猩猩的基因差异还要高0.5%～1.4%。这一结果说明，野骆驼和家骆驼并非同一物种，而是两个完全不同的物种。

　　野骆驼不是家骆驼逃跑后变"野"的，家骆驼也不是野骆驼在数千年前经过驯化而成的，它们在80万年前就已经分化为不同的两个种。野骆驼比家骆驼的体型小而轻捷，它们的驼峰显著地小且更接近圆锥形，皮毛也较薄。背部的毛比家骆驼短，但密度大、绒毛多。野骆驼的头顶无长毛，家骆驼的头顶有较长粗毛。野骆驼的嗉毛、鬃毛和肘部的毛都比较短，而家骆驼这些部位的毛长得又长又粗。

　　野骆驼能嗅到3千米以外的水源，能预感到大风暴的来临，在20千米以外就能嗅到人的气息，并以40～60千米的时速奔逃，而家骆驼则不会躲避人类。2000年，兰州大学韩建林完成了《旧世界驼属动物的起源、演

野骆驼（毕景江　摄）

家骆驼（志愿者　摄）

化及遗传多样性》博士论文，在论文的结论中有"应将现存的双峰驼视为旧世界驼属中的一个独立的种"的说法。2000年2月，联合国环境规划署对世界宣布，"在中国新疆罗布泊盐土荒漠地区发现了双峰驼这一新物种"。

（二）野骆驼的形体生理特征

与家骆驼相比，野骆驼的体型瘦且更高，四肢更长，蹄更小，颈更细长；野骆驼比家骆驼毛短，且毛色为单一的淡棕色；野骆驼的驼峰呈圆锥形，小而尖，坚实硬挺，没有家骆驼那样高大；野骆驼头小而鼻孔大，颅较长，特别是牙齿因粗食而长得粗壮不齐，形态上两者有着明显的区别。成年雄性野骆驼的肩高1.8～1.9米，体长3米，重达1.5吨。雌性野骆驼稍小，体重也在1吨以上。

科学家在野生动物园中对一峰野骆驼的测量数据为例：体高185～190厘米，体长264厘米。前峰高15厘米，前峰基底宽24厘米；后峰高12厘米，后峰基底宽16厘米。两峰顶部间距64厘米。后足迹规格19厘米×17.5厘米。

野骆驼是典型的沙漠动物，特别能耐干旱。野骆驼的耐饥能力很强，它们背上长有能储藏脂肪的双峰，即便一个月吃不到草，仅吃一点地上的盐土，也不影响它们四处奔走，奔走速度每小时可达到40～60千米。野骆驼不怕风沙，因为它们长有双重的眼睑和睫毛保护眼睛。鼻孔长，有可活动的瓣膜，能在风沙中关闭，从而阻拦和过滤吸入鼻腔的空气中的沙子。

（三）野骆驼四季的选择

单独活动的野骆驼多为雄驼，偶尔也可看到十几峰左右的小群活动。驼群由雌驼和未成年的幼驼组成；在繁殖期，一头成年的雄驼带领多峰雌驼聚结成群。

春季是野骆驼繁衍的季节，刚刚长出的盐碱草是它们最喜爱的食物，有时也会采食梭梭、芦苇等。春天，红柳也露出了嫩绿的枝头，大地一片生机。雌性野骆驼经过13个月的孕期开始寻找土地松软、背风向阳的地方分娩，生命的延续悄悄开始。

夏季酷热，罗布泊最高温度可达70摄氏度。地表炙热，野骆驼躲进阿尔金山的沟谷里，这里有阿尔金山融化的雪水，源源不断的雪水让野骆驼焕发勃勃生机。

秋季来临，野骆驼对一年生或多年生草本植物的采食量增加，虽然各种植物已经开始凋谢。此时野骆驼需摄食大量食物储备脂肪，以备迎接即将到来的冬季。

罗布泊的冬季非常寒冷，寒流袭来时气温可下降到零下40至零下30摄氏度，野骆驼秋季积累的脂肪在冬季派上了用场。野骆驼整个冬季都在设法寻找食物，它们多采食干枯的沙蓬。整个冬季都生活在地球上最荒凉最贫瘠的荒漠，对哺乳动物来说是一个巨大的挑战，它们能寻找到的食物少得可怜，很多区域没有地表植被。野骆驼在冬季大部分的水分来源是积雪，这样会使身体核心温度降低，这样能抵御宝贵的热量被刺骨的严寒吞噬。

二、罗布泊——野骆驼的栖息地

罗布泊以中国西部的"大耳朵"闻名于世界，而新疆罗布泊野骆驼国家级自然保护区以保护了地球上3/5数量的野骆驼为世界所瞩目。

新疆罗布泊野骆驼国家级自然保护区位于新疆的东南部，包括罗布泊北部的嘎顺戈壁、库鲁克塔格山东段，罗布泊东部的阿奇克谷地，罗布泊东南部的阿尔金山、若羌库姆塔格沙漠。是新疆面积最大的极度干旱、植被极度稀少的半荒漠类自然保护区。其区域跨哈密市、吐鲁番市和巴音郭楞蒙古自治州与甘肃省和青海省的部分地区毗邻。保护区分为核心区、实验区、缓冲区，总面积为6.12万平方千米。

保护区在地貌上简单可看作"两山一洼"，即北部南天山支脉——库鲁克塔格山、南部的阿尔金山、中部的罗布泊洼地。包括库鲁克塔格山的低山残蚀丘陵区、罗布泊干涸湖盆及湖周平原、阿奇克谷地、北山断块低山丘陵区、若羌库姆塔格沙漠区、阿尔金山北麓山前冲积扇带倾斜平原区、罗布泊雅丹地貌区、库姆塔格沙漠羽状沙垄分布区。

裸果木

开花的肉苁蓉

保护区干旱缺水、植被稀疏、自然条件恶劣，是辽阔的无人区，这也为野生动物提供了少受人类干扰的生存环境。保护区是野骆驼的主要分布区之一，也是世界上野骆驼的标本模式产地和纯血统种群分布区。

保护区属于极端干旱的温带大陆性气候区，生态环境非常脆弱。具有冬季严寒、夏季酷热、干燥少降水、昼夜温差大、蒸发强烈、风沙肆虐等气候特点。夏季地表温度可达60～70摄氏度，冬季降至零下40到零下30摄氏度。再加上水资源稀少、土地极端贫瘠、植被稀疏，野骆驼以外的动物很难在这样的环境生存。特别是罗布泊湖干涸的湖盆区域无地表水，地下水位不高，年降水量仅有10～20毫米，蒸发量则在4000毫米以上。空气中的水分很少，相对湿度在夏季几乎为零。

保护区内植物以旱生植物和盐生植物为主，水生植物种类稀少。主要分布在戈壁、沙漠、盐渍化土地及一些零星分布的盐泉周围。

保护区内有国家二级保护植物两种（裸果木、肉苁蓉），国家三级保护植物5种，即胡杨、塔里木沙拐枣、梭梭、白梭梭、柽柳等。

罗布泊的守望

保护区生态系统结构脆弱，受水资源的制约及强风沙的危害，生态系统如遭破坏难以恢复。保护区内的野生动物大部分都生活在十分严酷的荒漠生态环境中，多为食草动物，有的野生动物仅靠一种或少数几种植物来维持生存。植物和动物之间的生态平衡关系十分脆弱，特别是单一食性的动物，可能因某种植物受损面临濒危境地。

植物对裸露的地表有保护作用，可避免土层由于干燥被风直接吹袭。高大的胡杨可以降低风速，减弱风力，同时可以调节空气中的温度和湿度。

三、水——野骆驼的生命之源

罗布泊地处塔里木盆地的最低端，在过去两千多年的历史中，一直是众多河流的汇集之所。随着时间的流逝，现在的罗布泊已是一片荒漠。

罗布泊过去的水源主要来自塔里木河，其次为孔雀河。历史上的车尔臣河也有补充，目前3条河流均无法流向罗布泊。但因南部的阿尔金山和北部的

野骆驼走在"驼道"上（牛欣意　摄）

嘎顺戈壁低山丘陵有少量水体补给湖盆的地下水，使罗布泊湖盆南岸一带形成盐泉和沼泽；只是水位逐年下降，已有不少泉眼临近干涸。整个野骆驼分布区地表水源很少，而且水质差异很大，野骆驼饮水常需要跋涉上百千米。

野骆驼一般结成群体生活，夏季多呈家庭散居，秋季开始聚群。它们在沙漠中迤逦行走，成年的野骆驼走在队伍的前面和后面，幼仔被夹在中间，一般是沿着固定的几条线路去饮水，这些线路被称为"驼道"。

野骆驼对水源的依赖程度与食物的可获取程度及食物含水量密切相关。春夏秋3个季节的植物中，水分足够野骆驼生存所需，因而它们很少饮水；冬季的枯草干枯无汁，野骆驼一般3～7天饮水一次。盐泉是野骆驼饮水的主要去处。保护区内许多盐泉因过量蒸发正在萎缩。保护区管理人员正在逐步建立更多的生态水源地和半永久性生态水源地，确保野骆驼和其他野生动物有更多的饮水点。

那么野骆驼到底是喜欢喝咸水还是喜欢喝淡水呢？

野骆驼生态水源地

罗布泊的守望

为了证实这个问题，蒙古国野骆驼繁育场做了一个试验：将一盆苦咸水和一盆淡水放在地上，赶来一头数天没有喝水的野骆驼，只见它在两个盆中嗅了嗅，最后选择饮用淡水。这说明野骆驼还是喜欢喝淡水，而不是天生就喜欢喝苦咸水的。野骆驼为了逃避人类的猎杀，只得远离人类占据的淡水区域，到人类不能生活的咸水荒漠区生存，被迫饮用苦咸水。

爱喝淡水是野骆驼的本性，但它们生存的数百千米内基本上没有淡水分布的区域，这些地区位于极端干旱区，降水极少而蒸发量很大，形成了产生苦咸水的必然条件。科学家采集了4个分布区不同类型野骆驼的饮用水样本，分析结果表明：在野骆驼分布区，大多数盐泉的含盐量都很高，人类和其他家畜都不能饮用，而野骆驼则靠这些盐泉水满足身体对于水分的需求，度过冬、春缺水的季节。

科学家在野外考察中观察到，在含盐较重的盐泉边有幼驼的尸体，分析认为，刚出生的野骆驼幼仔开始饮水时需饮淡水，身体稍弱的幼仔若饮苦咸水后就会腹泻致死。这些盐泉边的幼驼尸体可能就是由于这个原因死亡的，这也说明野骆驼的祖先是适应淡水生存的动物。

对野生动物而言有地下水、矿化度小、人类活动少的地段，可以满足它们对水资源的需求。

据普尔热瓦尔斯基记载，在1878年前后，野骆驼还分布在准噶尔盆地的奇台县和玛纳斯县一带，这些地方至今均为淡水分布区。但因人类活动频繁而使野骆驼不再生存于此地。

野骆驼饮水是有规律的。

水源、植被和人为干扰是影响野骆驼分布和迁徙的3个重要环境因子。水源和植被的季节性变化，决定了野骆驼在不同水源点和觅食地之间的迁徙活动。

大多数有蹄类动物具有晨昏活动的行为，一天中的觅食活动高峰期出现在日出和日落前后。

野骆驼在一天的不同时段的饮水有一定规律，白天和夜间都有一次饮水高峰。有研究指出，野骆驼可以在不饮水的情况下生存14～17天，也可在无水时维持生命数周，并能从尿中排出浓缩的盐分。

野骆驼水源利用的高峰是春、秋季节，相对活动强度高于冬、夏季节，这是因为处于季节的过渡期时，野骆驼对水分的需求较大。冬季的日水源利用高峰时间要晚于夏季，这是因为受气温影响，冬季水源结冰，一天里中午气温达到最高，水源才会有所消融；野骆驼在冬季会选择一天中的下午1点至下午2点这个时间段来饮水。冬季野骆驼在一天中上午的活动强度低于夏季一天中同一时段的活动强度；在一天中下午的活动强度则要高于夏季一天中同时段的活动强度。夏季炎热，野骆驼选择比较凉爽的早晨去水源地饮水，冬季则会选择比较暖和的下午进行。野骆驼不同季节水源利用模式和相应的变化是它们对环境条件的一种适应策略。

野骆驼冬季饮水量要高于夏季，因为夏季各种植物含水量较高；冬季草木枯黄更增加了野骆驼的饮水量。

雪水也是野骆驼的生命之水。夏季为避炎热，大部分野骆驼活动在阿尔金山的山前沟谷，那里流淌的雪水创造着野骆驼生命的奇迹。

野骆驼是保护区内体型最大的食草动物。从分布上看，野骆驼是唯一在所有水源地都能被观察到的物种，这与野骆驼超强的迁徙能力有关。

野骆驼的血液具有储水的特殊功能，红细胞能储存数倍的水分，20多天不饮水也可以照常活动。

它们还会"自我调节体温"。为适应沙漠生活，野骆驼白天体温可升到40摄氏度，夜间又可降到34摄氏度。

野骆驼在罗布泊承受着最严酷的干旱，但雨水一来，很快恢复生机；可雨水在本身干燥炎热的环境中又会很快蒸发消失。这里的沙漠热浪势不可挡，但雨水也在拯救生命。在地球最热的地方，狂风能把野骆驼群吹散、把人类的帐篷掀翻，沙尘暴能横扫一切，但野骆驼在这生命的家园却能够世代繁衍生息。

四、科学研究——野骆驼的生存繁衍

野骆驼是体型最大的荒漠野生动物，是世界上仅存的真驼属野生种。

一般雄性野骆驼的体格较雌性魁伟，骨骼也更为发达；雄性野骆驼头短而宽，雌性的头狭长，骨骼较小，皮薄毛细。

雄性野骆驼的颈部较雌性的颈部粗长而厚密，雌性野骆驼在怀孕期前后，由于生理变化，嗉毛会变得和雄性野骆驼一样长。

雄性野骆驼平时与雌性野骆驼差异不大，只是在发情季节里由于性激素的刺激变得比较凶猛。

野骆驼以雄性为主结群生活，成年的雄性野骆驼带领若干峰雌性野骆驼和未成年的幼驼结群，它们有固定的活动地带。雄性的小幼驼到了两岁就会被逐出群，它们会去别的群争夺统治权；当然，这要经过打斗优胜劣汰，胜者取得交配权。强壮地存活下来才能适应严酷的生存环境。

罗布泊在秋季狂风的肆虐下很快进入了冬季，又到了野骆驼交配的季节。在遥远的罗布荒原，那里的雄性野骆驼正展示着自己雄性的魅力。雌性野骆驼被深深地吸引，新的生命在这个过程中即将诞生。随着气温逐步降低，一个沉默的季节、一个沸腾的季节，也是一个繁衍生命的季节将要来到。

雄性野骆驼为了拥有交配权，开始发起争斗。它将头部伸到对方的两腿之间，绊倒对方后再用嘴撕咬，这是一场野性的争夺。失败者并不甘于失败，随时会向霸占了一群雌性野骆驼的首领发起挑战。交配的季节，雄性野骆驼的性情显得极其暴躁，驼群中只能有一峰雄驼，其他雄性野骆驼都被打败赶跑了。如果两个驼群偶然相遇，双方绝不相容。一般的情况下，各自驼群的"头驼"会立刻冲出来张着大嘴一边嘶叫，一边喷吐出渣物，接着相互撕咬，四蹄乱踢，直到一方的"头驼"遍体鳞伤、筋疲力尽才散去。

有时，愤怒的失败者一声声向天咆哮，冲入驼群和"霸占者"再次厮打起来。"霸占者"会感觉到自己的地位受到了威胁，如果不全力把对手彻底打败，自己将败走他乡，成为沙漠的"流浪汉"。双方根本不把对方放在眼里，失败者望着眼前的"情敌"，腾空而起，又和"霸占者"撕咬在一起。夜幕降临时，两峰雄性野骆驼停熄了战火。"霸占者"回到驼群，以胜利者的姿态在驼群里对它所有的"妻妾"发出高傲的长啸——取得胜利的首领将独享和所有雌性野骆驼的交配权。

新的一天，野骆驼群又踏上了沙丘，它们无所畏惧地漫步在荒原上，又开始了一段艰苦的迁徙之路。而此时雌性野骆驼的艰难之旅才刚刚开始。在接下来是更为严酷的漫漫冬季；雌性野骆驼要在未来的一年多中更艰难地生存。

野骆驼在荒漠地区活动，在不同季节的活动群体差异很大。在非繁殖季节成群活动的为雌性野骆驼、仔驼和未成年幼驼，大的群体有十余峰，小的群体有两三峰；单个活动的多为成年雄性野骆驼。

成年的雄性野骆驼习性较为特殊。在非发情季节，它们多独来独往拼命吃喝，长得高大魁梧。脖颈、前胸、腿部的鬃毛长得十分浓密，又黑又长；驼峰高竖，十分威武。到11月下旬的发情期，则变得十分凶猛，可长距离的奔跑，在上百千米外到处找寻发情的雌性野骆驼。一旦发现便将雌性野骆驼裹挟在自己身旁，作为自己的"妻妾"。有时一峰身体特别强壮的发情雄性野骆驼能"抢"到30多个"妻妾"，弱者则一个配偶也得不到。而那些不愿跟随的雌性野骆驼，则会被雄性野骆驼用前肩扛倒，迫使就范，看来野骆驼群中也存在"强迫婚姻"。在发情期，雄性野骆驼变得特别凶狠，当一峰雄性野骆驼裹挟到一群雌性野骆驼时，它会逐个检查，发现怀有其他雄性野骆驼后代的雌性野骆驼，便将其逐出驼群，以保证这一驼群延续的都是自己的后代。当然没有成年的雄性幼驼也会被逐出驼群，这些幼驼只得远远地跟在母驼身后，等待母亲获得自由再相聚。

在整个繁殖期，为了防止自己的"妻妾"逃跑，有时雄性野骆驼会把"妻妾"们全部赶到一个没有出口的山谷中，自己守在谷口。可怜的雌性野骆驼们只能依靠沟谷中仅存的干草充饥，甚至啃光了山谷中所有的草茎。而雄性野骆驼则可在长达两个月的交配期内不吃不喝，好像天赋的任务就是保护"妻妾"和传宗接代，直到两个月后满意地完成任务，才丢掉"妻妾"扬长而去！

野骆驼在11月偶尔的打斗即为发情期的开始，发情期可持续到翌年4月。

野骆驼生育率很低，孕期为13个月。一胎产一仔，约两年产一胎。一般产仔期在3—4月。幼驼出生后2小时便能站立，当天便能跟随母驼行走。幼驼跟随在母驼身边待3～5年，4～5岁时性成熟。野骆驼的寿命为35～40年。

五、生与死的考验

沙漠中的雅丹是野骆驼避开阳光辐射的高温用来休憩的场所，在雅丹的背阴处可以看到大量的野骆驼粪便。

疯长的草丛可以为它们提供掩护，雨水有时多有时少。稀少的雨水也能让荒漠和草地交替出现，大地给野生动植物带来生机。

山前的沟谷和平原都是野骆驼最好的栖息地。选择安全避风而又有松软细沙铺垫的卧息地，是野骆驼短距离迁徙的重要原因之一。卧息地对野骆驼夜晚休息并反刍消化食物极为重要，这些地方常与水源地和觅食地有一定距离。野骆驼卧息地的出现频率与其对某块生境的利用程度呈正相关，在卧息地发现的野骆驼蹄印及粪便都比较多。野骆驼也喜欢选择高大灌丛的背风一侧地表细沙较多的柔软干燥之地作为卧息地。

野骆驼的生活就是沿着千年的驼道不停地迁徙。它们很善于奔走，并有极强的耐力，每天最少奔走上百千米。

野骆驼从夏到冬，在沙漠及戈壁都有固定通道，且易形成明显的驼道。驼道在40厘米宽、20厘米深，有的驼道长达80千米，都是大型驼群多年来往的道路。当然，驼道的深浅与土壤的松紧程度有关，在罗布泊周围的疏松驼道尤为明显，显得更深；在坚硬的碎石戈壁，驼道就较浅。

在阿奇克谷地、罗布泊南岸以及罗布泊与阿尔金山北麓之间地带、库姆塔格沙漠东西两侧、嘎顺戈壁都有明显的驼道。荒漠地带的野骆驼也常在水源地、觅食地及隐蔽休息地之间形成固定的驼道，那些驼道宽仅30厘米，深不到10厘米，显然是规模较小的驼群经过形成的。

成群的野骆驼都有"头驼"带领迁徙。途中若不受惊吓，多是一头紧跟一头，在"头驼"带领下前进。大的驼群行进时，驼队十分整齐威武且壮观。大群的野骆驼在受到惊吓后，奔跑时也有分散奔跑的现象，这样就不可能形成明显驼道。

野骆驼很少出汗，它能"守口如瓶"——绝不轻易张嘴，以免水分蒸发造成浪费。

野骆驼的体温上下波动幅度很大，当它们的体温达到40摄氏度时也不会感到发烧，不需排汗降低体温。

野骆驼全身有细密而柔软的绒毛，既可保温，又可防暑。尽管野骆驼每年夏季都脱毛，但依然会留下乱蓬蓬的毛层，蓬松的毛层能抵挡阳光直射，有利于防止出汗和水分蒸发。

食肉兽类控制着野驼种群数量。野骆驼在自然界的天敌主要是食肉动物，分布在罗布泊的食肉兽类主要有狼、豺、雪豹、棕熊等，100多年前还有新疆虎。

狼群袭击雄性野骆驼的机会还是很少的，它们把目光放在雌性野骆驼和野骆驼幼仔身上，这比较容易得手。面对饥饿的狼群，野骆驼幼仔很无助，有时只能听天由命。

野骆驼和狼（红外相机拍摄）

罗布泊的守望

狼和雪豹是野骆驼的主要天敌。1999年春，科学家在阿尔金山北麓考察时，就观察到一峰2岁的母驼被3～4只狼捕杀致死的现象。在库鲁克塔格山也有狼群的分布。在中蒙边境的野骆驼分布区，狼群危害是野骆驼数量下降的主要原因，在蒙古国境内的戈壁公园保护区中，狼对野骆驼的危害十分严重。由于狼害严重，野骆驼幼仔成活率很低，特别是在严寒的冬季，食物非常匮乏，狼群不但捕食的小野骆驼，成年野骆驼也会受到围攻。

在考察中发现，已死亡的野骆驼有被狐狸啃食的痕迹，但狐狸不可能有能力直接攻击野骆驼。保护区还分布有猞猁，它可能有直接攻击野骆驼和杀死野骆驼的能力，但没有发现这种案例。

在阿尔金山、外阿尔泰戈壁及库鲁克塔格山区分布有胡兀鹫、秃鹫等猛禽。这些猛禽有吃腐尸的习惯，也有攻击中、小型野生动物的能力。特别是胡兀鹫，十分凶猛。它们的视力极好，在天上盘旋时，数千米之外的动物都能看清，老弱病残者是它们攻击的目标。虽然我们没有这些猛禽直接攻击野骆驼的记载，但却见到过它们围食野骆驼尸体的情景。科学家研究认为猛禽对控制野骆驼种群数量、促进野驼种群健康发育，有重要的正向生态作用。

由于自古以来人类的猎杀，致使野骆驼警惕性很高，它们把人类看作头号敌人。它们看到人或是在下风处嗅到人的气味，远在数千米外就会逃不择道，飞奔而去。这一点成了在野外区分野骆驼和家骆驼的有效方法，因为家骆驼是不怕人的。

自然气候的变化严重影响着野骆驼的种群数量。风调雨顺的年份，荒漠中的野生植物生长茂盛，盐泉水量丰沛，野骆驼因食物充足，生长发育正常，这对繁殖幼仔十分有利，这样的年份种群数量会保持稳定并呈增长趋势。在干旱年份，水资源与食物缺乏，野骆驼的繁殖受到限制，幼驼的成活率也大为降低。遇上连续数年的干旱，泉水就会枯竭，导致野骆驼处境困难。1995年，保护区管理局人员在嘎顺戈壁考察时就发现，原来有过水的盐泉出现了干涸现象。1999年秋季，蒙古国的野骆驼分布区有15个泉源干涸，迫使蒙古国的野骆驼分布区明显缩小。在干旱年份，由于荒漠区可食植物的严重缺乏，就会逼迫野骆驼集中到有泉水的绿洲采食，这样也导致野骆驼被狼捕杀的概率增加，会使野驼种群数量下降。

人类几千年来都把野骆驼作为主要狩猎对象之一，捕杀导致野骆驼种群数量下降，分布区缩小。除自然界的天敌与恶劣的自然环境因素，人类的捕杀是主要的原因。

1988年的冬天，一个名叫沙迪克的猎人，在狩猎时一枪就打倒了一峰大的雄性野骆驼，只见雄驼随着枪声跌倒在地上。猎人以为野骆驼已被打死了，便拿了一把刀走过去，他在雄驼的脖子上割了一刀，想把血放出来。不料，雄驼却爬了起来。急中生智，沙迪克猛地跳上了驼背，紧紧地抱住了驼峰。原来这一枪并没有把这峰雄性野骆驼打死，只是土枪的威力把野骆驼震晕倒在地面上，一刀下去使它痛醒，便爬起来就跑，也不顾背上趴着杀它的猎人。雄驼开始跑得很快，以后逐渐慢了下来，至少跑了10多千米，才因流血过多而倒了下来。见雄驼已死，沙迪克才返回去把毛驴车赶来，拉上"战利品"回村。

野骆驼为躲避人类而远涉荒漠深处，在那些人类极难进入的地方栖息。随着《中华人民共和国野生动物保护法》的颁布及生态文明建设的不断推进，这里已很少发现有猎人捕杀野骆驼了。科考人员偶尔会在保护区发现有鹅喉羚等野生动物残余的骨头。保护区在加强巡护检查过程中如发现盗猎者和盗猎行为，会依照保护区的条例严肃处理，如有情节严重的则会报上级部门核准查处。

科研工作者观察到，野骆驼会选择在沙地或者土丘旁自然死亡。除天敌捕杀及意外灾害死亡的野骆驼，还有因老、弱、病自然死亡的野骆驼。野骆驼在预感到生命将息前，多选择大沙丘、土包或及向阳背风处卧歇，以度过生命的最后时光。野外考察中可以发现，肢体较全的大野骆驼尸骨多在这种地貌部位上。

在6.12万平方千米的保护区内，大地每天都在讲述着生命变化的故事，每一天都在记录着生与死的篇章。

六、野骆驼的生活规律

野骆驼为满足生存需求，会选择特定的生境栖息。由于干旱荒漠地区水源稀缺，气候非常干燥，也许一年都没有一场降雨，野骆驼饮水需选择位于阿尔金山常年有水的山谷，觅食则主要选择植被丰富度较好的山前戈壁，卧息时会选择视野较好且地面松软的沙地，而为了躲避人类的干扰，它们会随时逃入沙漠。

野骆驼在日常生活中有几种行为，一是休息：侧卧或跪卧在地面上，眼睛睁开、闭上或半闭；二是警戒：站立并注视一定方向；三是运动：通过四肢的运动完成身体的走动、奔跑和跳跃；四是采食：站立或行走状态下，头部低于肩部水平线，具有觅食意图或动作；五是反刍：对食物进行逆呕、咀嚼然后吞咽的行为，可观察到食物在它的食道里上下运动；另外还有排遗、调温（荒漠和沙漠动物对于高温作出的一系列调节自身体温的行为）、发情、交配、冲突、亲和、聚群等行为。

野骆驼能以稀少的植被中最粗糙的植物为食，能吃其他动物不吃的多刺植物、灌木枝叶和干草。但如果有更好的食物，它们也乐意取食。食物丰富时，野骆驼将脂肪储存在两个驼峰里，条件恶劣时即利用这些脂肪储备，驼峰内的脂肪可以用作营养来源，脂肪氧化后又可产生水分，水分则分布在围绕胃的小室中，野骆驼可在无水时坚持数周。

可见，野骆驼的食谱较广，能最大限度地通过生境中生长的植物种类作出选择。

在野骆驼的分布区，首选食用的植物为芦苇、白刺、泡泡刺、沙拐枣、骆驼刺、驼绒藜、梭梭、红砂、柽柳等荒漠植物及多汁植物。

大部分野骆驼拒绝食用的植物有草麻黄、合头藜、霸王、假本贼等。

遇到晴朗的天气，科研人员用望远镜观察到，清晨野骆驼已开始觅食活动，在白天大部分时间都忙于进食。四周平静时，野骆驼觅食比较专注，偶尔抬头四处观望，食草时停留的时间短，基本上是边吃草边前行。它们取食时对每株植物只吃少部分，虽然植物利用率不高，但却避免了因过度啃食而导致植物体生长不良或死亡。这样的取食方法有利于极端干旱和特殊条件下，食物资源保持稳定，这也是野骆驼祖先遗传下来的科学合理持续利用植物资源的本能。

在罗布泊南岸有一个驼群，群体觅食时，幼体或亚成体一般跟随其中一峰成年雌性野骆驼。有雄性领"头驼"的群体在觅食时，"头驼"一般走在最前面，它停止觅食和抬头观望的次数和时长要领先于群体的其他个体，这便于及时发现敌害，保护驼群。

生活在恶劣的自然环境中，野骆驼惊人的适应能力让科学家们着迷。科学家们认为，深入研究野骆驼或有望帮助人类找到治疗肿瘤、糖尿病、心血管疾病等多种疾病的治疗方法。

在多年进化中，大自然赋予了野骆驼许多特殊的能力，例如：它有超强耐饥渴能力；体温能在34摄氏度至40摄氏度之间调节；血糖浓度比其他反刍动物高两倍，却没有糖尿病的任何症状；盐的摄入量是牛的8倍；同时自身还有解毒能力，有一种狼毒草，牛和马吃下去就中毒，而野骆驼食用后却安然无恙，这与野骆驼嗜盐和耐毒素的功能有关。

七、野骆驼和它的邻居们

在罗布泊起伏的旷野和沟壑，野骆驼三五成群地觅食、饮水，小野骆驼会一起嬉戏玩耍；在广袤的保护区内还生活着其他野生动物，它们是野骆驼的邻居。

罗布泊区域内分布的脊椎动物有30科78种，保护区分布着国家一级重点保护野生动物野骆驼、雪豹、藏野驴，国家二级重点保护野生动物草原斑猫、猞猁、鹅喉羚、盘羊、岩羊、北山羊、塔里木兔、兀鹫、红隼、燕隼、藏雪鸡等。这些动物大部分生活在十分严酷的荒漠生态环境中，这样环境的生物多样性组成简单。

藏野驴和狼（红外相机拍摄）

保护区内主要的野生动物有如下几种：

雪豹又名草豹，艾叶豹。终年生活在雪线附近。头小而圆，尾粗长，尾毛长而柔。体长约为110～130厘米，尾长80～90厘米，体重20～52千克。全身灰白色，布满黑斑。与平原豹不同的是，雪豹前掌比较发达，因为它是一种崖生性动物，前肢主要用于攀爬。雪豹是高山动物，栖于新疆的高山地带，在海拔2 500～6 000米的森林、草原、高山灌丛中活动，偶尔也跑到盆地平原荒漠中活动。夜行性，主要以野羊类为食，也吃兔、鼠。

藏野驴是青藏高原特有种，体型酷似骡子，因尾似马尾，所以有人称其为"野马"。保护区内藏野驴主要分布在海拔1 500～4 000米的阿尔金山中、高山荒漠带和山前荒野戈壁带，主要采食驼绒藜、梭梭、红砂、柽柳等荒漠植物。

鹅喉羚又名长尾黄羊，俗称黄羊、粗颈羚。鹅喉羚体型中等，体长约1米，肩高63～73厘米，尾长12～16厘米。毛色黄棕。体矫健，四肢细长，善于奔跑。雄兽具角，繁殖期雄兽颈下甲状腺肿大，形似鹅喉，故名"鹅喉羚"。鹅喉羚为典型的荒漠、半荒漠栖居动物，以多种荒漠植物为食。鹅喉羚分布较广，保护区由北至南均有分布。

鹅喉羚

　　盘羊俗称大头羊、盘角羊。躯体肥壮，体长150～180厘米，肩高50～70厘米，体重110千克左右。体色一般为褐灰色或污灰色。保护区内盘羊主要分布在阿尔金山的中高山带，库姆苏水源地周边山地分布数量较多。

　　岩羊因喜攀登山岩而得名，又名石羊。保护区内在阿尔金山的低、中、高山地都有分布，数量较多。

　　狼身体强健，四肢有力，耳直竖，尾稍短，形似狼狗。狼栖息范围很广，适应性很强，在山地、林区、草原、荒漠半荒漠甚至冻原，无论是高山还是平原，均有狼群生存。主要以鹿类、羚羊、兔为食，在保护区是野骆驼的主要天敌。

八、人与野生动物和谐共生

　　随着经济的发展，生物多样性的丧失是当今世界生态危机重大表现之一。现存于地球的物种是过去数十亿年进化的结晶，它们已经形成了一个互相制约的生态系统。自然界的物种更新是缓慢的，生态系统调节也是缓慢的。维护生物的多样性是保持生态平衡的重要举措，是建立生命共同体的共识。

　　人与自然、人与野生动物的和谐共生，始终是人类追求的目标。

罗布泊的守望

罗布泊地区一个多世纪以来，从普尔热瓦尔斯基推开罗布泊的大门开始，这里始终是中外考古旅游探险者仰望的地方之一。罗布泊以北废弃的丝绸之路是野骆驼的主要活动区域，而沿丝绸之路的探险活动，必然会惊吓驱赶野骆驼，从而影响到野骆驼的正常生存。

岩羊

在罗布泊浩瀚无垠的沙漠里，680峰左右的沙漠精灵在罗布泊的沙丘里踏歌起舞，给空旷的罗布泊以生命的呼唤。但它们的生存环境依然恶劣，在新疆罗布泊野骆驼国家级自然保护区所属区域，经常可以看到多批次的探险旅游车辆与保护区的工作人员"捉迷藏"。他们驾驶的越野车性能非常好，保护区工作人员的车根本追不上他们，翻几个沙丘就把保护区工作人员的车甩在身后。这些人在保护区里安营扎寨、狂奔、疯狂追赶野骆驼。丢弃的酒瓶、罐头瓶、生活垃圾等严重污染了保护区的生态环境。废弃的酒瓶割伤了野骆驼的双蹄，惨不忍睹。每到春季，在野骆驼繁殖的季节，严重侵扰野骆驼领地的行为就更加触目惊心，尤其是旅游探险。来往的人群及车辆增多，这些都使野骆驼栖息地的完整性遭到破坏，让野骆驼受到惊吓的同时这些人与车辆也切割了野骆驼的迁徙路线。

塔里木兔

人类曾经把野骆驼作为狩猎对象进行

猞猁

狼

藏野驴

雪豹

捕杀，一直持续不断。过去人们难以到达保护区核心区，捕杀野骆驼的多是分布在周围边缘的一些居民，并且基本只在保护区边缘地带进行捕杀。但随着交通工具及现代化盗猎工具的升级，出现了闯入者保护区周围边缘向纵深处扩展的情况，导致野骆驼种群数量锐减。人类的破坏性侵袭，破坏的不仅是自然风景和地貌，真正的悲剧是自然生态体系被逐步瓦解。

随着国家一系列生态环境保护政策得到推进，近年来保护区的环境有了明显的改善，生态环境持续得到了恢复。"绿水青山，就是金山银山"的生态理念不断鼓舞人心，哈拉奇近年出现了5平方千米的水域。沙鸥翔集，百鸟啼鸣，来这里饮水的野生动物也逐渐多了起来，一片欣欣向荣的景色。

新疆野骆驼保护协会在过去的8年里，通过"野骆驼科普宣传进校园、进地州、进社区、进企业、进保护区的最前沿"等具体的工作，唤起了更多人对保护野生动物、保护野骆驼的关注和参与。

▶ 2019年冬

罗布泊的守望

读斯文·赫定《新疆沙漠游记》
——野骆驼的乡土

在野骆驼的乡土，我们很想去追溯历史，看看100年前野骆驼的数量有多少。我们也想知道猎人是怎样下手猎杀野骆驼的。史料记载，罗布泊的远古先民确实猎杀过野骆驼，但没有详细记载猎杀的过程。我在新疆生产建设兵团三十六团采访罗布人后裔的时候，他们只是说他们的祖辈以猎杀野骆驼数量多为荣，这样的人会被称为英雄。

在《新疆沙漠游记》这本书里，斯文·赫定说："我好久就想要剥一张野骆驼的皮，现在，我们走进野骆驼的乡土，这是沙漠中心最无人的部分了，这愿望应该可以实现的。但读者不要幻想以为我是强暴的猎人，我自己没有射杀一只野骆驼。我眼睛太近视，不能打猎，而且不忍开枪打一只如此高贵的动物。"

斯文·赫定（网络图）

在斯文·赫定的笔下，他自己是如此的善良，但他的两个猎手就不那么善良了，还是遵循了他"善良"的意志，我不得而知。那个叫伊士南拜的猎手及叫和阗河的猎人都是顶好的射手，他们慢慢等待，一见到野骆驼就要开枪射杀野骆驼。他们的目标是一峰雄性成年野骆驼、一峰雌性成年野骆驼和一峰小野骆驼。

斯文·赫定和他的同伴射杀了3峰野骆驼。他对野骆驼是这样描述的："它们都有发达的肥肉块，虽然没有家骆驼那么坚硬，但下游的牧人常常看见野骆驼，五六只一群来来去去的 ……据说，野骆驼胆子很小，被人追赶往往奔跑两三天不停，最害怕火烟或烧焦的木材。那位邻居老头子穆罕默德·拜，是我们沿河遇见的最后的牧人，他最熟悉这类与他为邻的野兽的习惯，同熟悉他的羊一样。"

斯文·赫定从牧人这里了解到，他一年前居然捕到了一峰小野骆驼，小野骆驼刚出生一星期左右。由于野骆驼刚出生并不怕人，也就和人慢慢地厮混熟了。

斯文·赫定这样描述这峰小野骆驼："有点不甚可爱的脾气，始终顽固，不同马一样驯良。人若去抚摸它，它就闪开，若挠它的头，它就悲鸣起来，而且吐出恶臭的黏液。"

他还向牧人们打听到"野骆驼总是停歇在沙漠内部的丘谷之间，那里只长着零碎的胡杨和柽柳。它们不到密林中去，怕受袭击，而爱在没遮挡的沙面上，容易觉知危险"。

斯文·赫定通过牧人们了解到一些情况后，一行人继续深入这一区域。他描述到，"经过这一带的地方，那里河床看不清楚，树林终止了，柽柳很少，沙高起来了，那你就能看见无数的野骆驼足迹。下午我们又到了这一带地方，那里河床又比较清晰可见，柽柳更多些。猎人忽然做了一个手势，要我们站住，他自己低下身，同猫一般不动声息地在柽柳中间行进。在我们前面200步远近，一群野骆驼在吃草。枪响了，这些动物吓了一跳，起初，它们心惊地向左右

罗布泊的守望

看了几分钟，后来就转身向北奔去。但并不十分快，显然被吓得一半麻木了，还不知道究竟发生了什么事情。其中一只中了枪，一步一拐地慢慢跟在后面走，以至我们不久就赶上了，在颈上一刀，了结了它的性命。"

斯文·赫定看到这是一峰雄性野骆驼，大概有12岁。经过观察他这样描述野骆驼："同家骆驼一般大小，除了几处毛是短的，其他与家骆驼相比，可以说裸体不生毛；蹄子比较长些，而且有点像爪一样钩曲。所以足迹显得比家骆驼尖锐些；上唇短些，眼光也比较野些；驼峰比较小，成为有规则的直立的圆锥形。而家骆驼，这因为劳动和肥块较大的缘故，已变为倾斜，而且摇来晃去。身体是红褐色的，更浅明些，毛非常细、柔软，未曾洗过。"这是100多年前斯文·赫定对野骆驼最详尽的描述。

斯文·赫定说："我无论如何，要将皮带走。"而后他们在沙漠对野骆驼进行了处理。"这工作耽搁了几个钟头。以后，我们将它展开在地上，用热沙撒在上面，一夜换了好几次沙，为的是吸收水分和减少重量。"从这段描述，我们可以看到，当时的野骆驼数量还是非常多的。

一行人离开河床之后，斯文·赫定说："我们又看见了一群野骆驼，伊士南拜绕了一个弯儿，行止落步之处，野骆驼接到了危险信号，那只躺着的奋力起来，带着3只母驼和两只小驼向东北方向逃遁。刚横过我们的道路，枪声响了，公骆驼走了3步就倒地了。我们到它跟前时它已经死了，这是一峰好看的野骆驼。家骆驼们早已看到这些野骆驼，它们大叫起来，翘起尾巴，在背脊上、嘴里流出一团一团的泡沫，看见那峰被杀死的母骆驼，它们简直发疯了，只得将它们拴缚起来。以后几天，我们也屡屡碰见成群的甚至是单只的野骆驼，但现在我的知识欲已经满足了，我已经见惯了这类野兽，现在不十分去注意了。"

他们应该不会太注意了。因为他们在杀了一峰雄骆驼后又枪杀了3峰野骆驼，并将后来的3峰野骆驼制成了标本。

通过斯文·赫定在野骆驼乡土里的描述，以及他画的一张张素描就可以看出，那时，斯文·赫定坐在高高的沙丘上，眼前不停有野骆驼奔过……

斯文·赫定不但像强盗一样掠夺文物，甚至还下令开枪杀了3峰野骆驼，他还堂而皇之说不想杀戮，但是，一峰成年雄驼、一峰成年雌驼，还有一峰小野骆驼，在他下令后失去了生命。斯文·赫定目的很明确，就是把它们制作成标本带回去。这3峰野骆驼以这种方式告别了自己的乡土，到达了遥远的斯德哥尔摩。

标本是僵硬的，但野骆驼在旷野的沙丘里发出的悲鸣，一直震撼着斯文·赫定的一生。他在生命中的最后几年里，又多次到过罗布泊的这些区域，他没有再枪杀过野骆驼。

从此，在斯文·赫定的笔下，他把野骆驼称为高贵的动物，呼为神兽。

▶ 2019年5月去往阿尔金山途中

罗布泊的守望

读杨镰*《最后的罗布人》

今夜，窗外风刮得更加肆虐。越堆越高的书在时间里泛黄，执手翻阅的是杨镰《最后的罗布人》这本书。20多年来，他47次深入新疆腹地，足迹遍布罗布泊、楼兰古城、小河墓地……

《最后的罗布人》是杨镰的探险手记，他用自己的亲身经历揭开了罗布泊腹地的罗布人及他们居住的村寨阿不旦的神秘面纱，这个村寨是一个年代久远的渔村。

杨镰用各自独立又相互有内在联系的篇章，记录了新疆探险考察过程，将新疆的人文地理作为大背景，追溯百年以来的西部探险热和一个多世纪的重大人文地理发现。书中讲述了一个多世纪以来一支世代逐水而居的罗布人在罗布泊发生的真实故事。100多年前，在环

《最后的罗布人》封面

---

* 杨镰　中国社会科学院文学研究所研究员，探险家、西域文化专家、作家。

境逐渐恶化的重压下，罗布人举族撤离了他们心中最美的家园——阿不旦。

《最后的罗布人》一书从罗布人的历史命运、罗布泊是否"游移"、古国楼兰的兴衰，揭开了百年来罗布人在罗布泊生存的命运，揭示了生态环境保护的重要性。身兼作家、学者、探险家三重身份的杨镰在十几年间，沿罗布人退却的足迹一次次深入到已是大漠腹地的阿不旦，一步步走进历史遗忘的角落，以牵系古今的视野和自己的丰富经历，讲述了一个多世纪以来发生在罗布荒原的真实故事，发现失去罗布泊家园的罗布人……

我和杨镰先生不认识，但很多次听到他的名字，也看过他的《黑戈壁》和《守望绿洲》等作品。恰巧有一次朋友谈到西部，自然而然就谈到杨镰先生，朋友说杨镰先生一直都很关注野骆驼，并有一些研究。我听后很感动，当即朋友就接通了杨镰先生的电话。在和杨镰先生对话的时候，我邀请他在我们举办的野骆驼科普宣传活动上给我们讲一课，讲讲罗布人、讲讲老阿不旦、讲讲野骆驼，他欣然答应。

2016年初春的一天，这位朋友突然在微信上告知我，杨镰先生3月31日下午6点左右在新疆维吾尔自治区昌吉回族自治州木垒哈萨克自治县境内的路上遭遇车祸……

生命，在时间的石板上潜然刻下的千种忧伤，会给人留下刻骨铭心的痛。风轻轻敲打着心扉，缓缓吞噬着时光。悲伤难以抑制，找不到眼泪的堤岸；呐喊声嘶力竭，寻不到《黑戈壁》生命的尽头。内心迷惘又伤感，相约幻灭了，期待变成了永远的遗憾和哀伤。

夜已很深了，拨打了作家雅楠女士和新疆野骆驼保护协会副秘书长李刚的电话，相约一起去参加杨镰先生的葬礼。

2016年4月4日上午11时许，我们3个人来到杨镰先生的追悼会上。乌鲁木齐市殡仪馆(燕尔窝)松鹤厅庄严肃穆，中国社会科学院领导在主持杨镰先生的葬礼。

杨镰先生的儿子杨超这样总结父亲的一生："父亲常说他把青春、爱情和事业都献给了新疆，没想到这一次，他把生命也献给了新疆……"

没有人记得杨镰先生在生前写过多少关于新疆的著作，人们只知道在过去30多年里，这个身材高大、头发慢慢花白的老头一直行走在新疆的戈壁和沙漠，探寻清朝时被安置在乌鲁木齐的越南王族存在的证据，寻访斯文·赫定记述的"中蒙边界第496号界桩"和谢别斯廷……

他的文字向人们解密一个个埋藏在新疆地下的古老传说。杨镰先生曾发表文章指出，废弃于20世纪20年代的阿不旦渔村，便是古代"楼兰遗民"的最后聚集地。杨镰先生认为，在罗布泊湖畔始终生活着一支以渔猎为生的民族，他们是随着罗布泊的不断"飘移"而转到这里定居的；他们在此至少生活了200年，是"楼兰古国"的最后遗民。

杨镰在《最后的罗布人》中这样写道："那具木乃伊是个年轻美丽的姑娘，就像是着了魔法而刚刚睡去，面容所浮现出的神秘会心的微笑，使人忘记从她睡着到现今已有几千年的光阴逝去。由于她气质的高雅和她栖身之地的高贵，人们可以称她为'楼兰公主'或'罗布女王'。就是这个'楼兰公主'激发了探险家对未知世界的关心，而'楼兰公主'本身已经成为楼兰王国神秘诱人的话题。在感悟了岁月时光，凝聚了雨露、风沙、春晓之后，她的微笑也具有了感染力。一年又一年，浮沙不愿遮掩她本色的面容；一天又一天，太阳就在她的头顶照耀；一次又一次，朔风就在她的头顶呼啸。她的'灵魂'早已在无垠的天际飘渺……"

杨镰先生曾告诉媒体记者，其实他痴迷新疆的另外一个重要原因，始于斯文·赫定的自传《我的探险生涯》。这本书是杨镰先生的挚友、著名诗人冯至，在杨镰先生来新疆插队时悄悄塞给他的。这本书被他从新翻到旧，从旧到翻破几乎能倒背如流。斯文·赫定在书中描述的那些新发现，撩起杨镰先生对新疆古老文明的探索兴趣。很多人知道小河墓地发现的过程，却很少有人知道，小河墓地这一重大发现，杨镰曾立下大功。他曾说，早在1996年，他就着手确认小河墓地的经纬度，并取得了决定性突破。1998年，他准备进行第一次考察时，沙漠车突然出了故障。2001年1月4日，杨镰做了充分准备后，带领中国社会科学院科考队的考察人员又进入罗布泊荒漠。当时，罗布泊荒漠零下20多摄氏度，他们在荒原中找了很久，一些考察队员开始体力不支，杨镰不停地鼓励大家。后来，他们遇到一个在沙漠中作业的石油工程队，工程队队长向他们抱怨，在路上作业时遇到一个大沙包阻挡了他们的工作。听到"大沙包"几个字，杨镰凭借多年的实地考察经验判断，那不是一般的沙包，他连忙带着考察队向大沙包方向奔去。果然，一座插满木柱的硕大沙丘呈现在他们面前，就是令他魂牵梦萦6年的小河墓地。

据了解，新疆若羌罗布泊小河墓地于2003年10月启动正式的全面发掘，后被评为"2004年度全国十大考古新发现"。其间，"小河公主"、小河人的生殖崇拜等重大发现，曾在全球学术界引起轰动。

如今，杨镰先生永远地走了，也许他留在沙丘的脚印还没有完全被风沙掩埋，也许他挂在树杈上的军用水壶里还有水，也许他的一次次科考之旅还没有开启……

在这个清明时节，再读《最后的罗布人》，还能听到杨镰先生依稀的脚步，他探索六十泉*的心愿又有谁能知晓？

此时，我想，他一定并不寂寞地还在和斯文·赫定、奥尔得克、托克塔阿洪交谈吧？

今夜用笔来抒怀、抚慰忧伤，怀念那个静静行走在西部，"走向地平线"**的杨镰先生……

▶ 2017年4月清明

---

* 六十泉在罗布泊当地称"阿西米提布拉克"，不特指60处泉水，指很多成片水域。——编者注
** 指杨镰的中篇小说《走向地平线》。——编者注

在迪坎
——寻找迷失的野骆驼

迪坎，一个洒落了一地珍珠的村庄。迪坎，位于吐鲁番市鄯善县南部，西接吐鄯托盆地，东临库姆塔格沙漠，北眺火焰山，南望罗布荒原。迪坎是古代进入楼兰古国的要道。

这里是从吐鲁番进入罗布泊的最后一个村庄。乡村公路的路旁立着一个硕大的宣传标牌，上面写着"新疆罗布泊野骆驼国家级自然保护区"。在这个远古的野骆驼乡土里，仍然能寻到野骆驼的气息。

从迪坎往南行几十千米，就进入了罗布泊荒漠地带。这是一个被沙漠裹挟的村庄，又被称为"最后的村庄"。整个村庄坐落在洼地里，海拔为零，所以又被人称为"零的村庄"。

这是一个移民村，据说这里的村民都是1950年从辛格尔迁过来。从广义上讲，这些村民属于楼兰人的后裔。

据说迪坎村的村民是楼兰一脉相承的遗民，在楼兰消亡后他们陆续迁居于此。

楼兰，这个曾经在丝绸之路上显赫一时的古国，在一千五百年前忽然消失了。距今一百多年前，斯文·赫定和他的向导——罗布人奥尔得克在罗布泊探险时发现了楼兰，但楼兰已是一片荒芜。干枯的胡杨摇曳着沧桑的树枝，散落破碎的陶片和残垣断壁在风中追问着时光。楼兰是怎样消失的？楼兰人的语言、文字、风俗又是怎样的？楼兰消失后楼兰人去了哪里？罗布人是楼兰人的后裔吗？他们是居住在迪坎的村民吗？这些疑问在时光的延续中终会得到解答……

失落的文明，失落的楼兰之谜，考古学家、史学家多年来在文明的碎片里寻找着楼兰的密码，拼接断层的历史。楼兰的神秘充满魅力，吸引着人们探索的目光。

打开地图，楼兰故城向北是已经干涸的罗布泊，再向北是库姆塔格沙漠漫天飞舞的黄沙，继续向北，便是鄯善县迪坎镇的迪坎村，这是一路荒凉的旅途中令人惊喜的一片绿洲。

约翰·海尔在《迷失的骆驼》一书中详细记述了楼兰人的最后一批后裔于20世纪60年代迁徙到迪坎村的情况。

杨镰在代序中说："从最初读到这本书以来已经有半年时间了，至今我还沉浸在时而激动人心、时而掩卷沉思的阅读感受之中。"

楼兰古城、米兰古城*、小河墓地、太阳墓地，以及对文化和生殖的崇拜，对罗布泊的水域、船、桨的敬畏，有多少生存的秘密和文明密码在待后人探索？

出土的那具"楼兰美女"头戴毡帽，帽上插雁翎，上身用一块粗糙的毛毡裹身，毛毡在胸前交裹处用木别针别住，下身裹一件加工处理过的羊皮，脚上穿着一双毛皮外翻的皮靴，靴面和底用粗毛线缝接，这一切都在述说着那些远古的生存信息……

罗布泊唯一有泉水的地方——辛格尔，为什么能唤起楼兰后裔藏在心中最深处的回忆？水，是罗布淖尔的灵魂，没有水，罗布淖尔便成了没有生命气息的荒原。楼兰人，也是在失去水的过程中一点点失去了自己的家园，并且，永远无法返回的吗？

历史也不过是人类脚下一条流去的小河……

---

* 米兰古城遗址是全国重点文物保护单位，由汉朝时楼兰国的伊循古城、汉朝屯田水利设施、魏晋时期古建筑群遗址、唐朝时吐蕃修建的古戍堡等组成，是一个不同年代的跨文化遗址群。——编者注

ناھىيە دەرىجىلىك قوغدىلىدىغان مەدەنىيەت يادىكارلىق ئورنى

县级文物保护单位

دىغا تۇر

迪坎烽火台

پىچان ناھىيەلىك خەلق ھۆكۈمىتى2006 ـ يىلى 2 ـ ئاينىڭ 15 ـ كۈنى ئىلان قىلدى

鄯善县人民政府2006年2月15日公布

پىچان ناھىيەلىك خەلق ھۆكۈمىتى 2017 ـ يىلى 4 ـ ئايدا تۇرغۇزدى

鄯善县人民政府2017年4月立

迪坎烽火台

深秋的一个下午，我们应邀到了迪坎村白克力的家，白克力约来了镇上和村里几个罗布人与我们一起座谈。冬暖夏凉的屋内，布置整洁、典雅，四壁呈白色，悬挂壁毯；靠墙置床，长长的炕上被褥铺在毛毯下面，床上摆着一对对绣花方枕；长桌上摆设着图案精美的铜壶，每个门上都遮盖着钩花图案的装饰巾；门窗挂着丝绒的绸类落地式垂帘；壁挂四周的挂毯花色艳丽。

我们询问他们是否了解祖辈与野骆驼相关的故事，还记得哪些和捕鱼有关的往事……

傍晚，天边的斜阳落在大地，炊烟缕缕飘来。白克力和家人们已准备好了抓饭和羊肉，香味从女主人忙碌的灶台传来，又仿佛是从远古传来……

生活在迪坎村的村民，房屋延续了祖辈的记忆，平顶、方形，墙壁是由泥土夯筑的，有较深且带护栏的前廊。庭院中种着花卉、果树和葡萄，这里是弹唱、休息、餐饮之所，他们喜欢在庭院或外廊摆设茶具来接待客人。房前屋后种植西瓜、哈密瓜等香甜的瓜果，待到盛夏之时，人们便在郁郁葱葱长势茂密的葡萄架下铺上地毯，摘食新鲜的葡萄和瓜果纳凉，一家人在葡萄藤下的地毯上载歌载舞，其乐融融。

这种民居常常与欧式建筑进行了有机交融，它们造型美观、豪华气派，堪称中华民族建筑史上的一朵奇葩。

白克力说迪坎的每户人家都知道野骆驼。他们的祖上猎捕过野骆驼，野骆驼伴着他们生命的记忆在罗布泊延续。白克力的爷爷当年曾给斯文·赫定带过路。我们问他有没有留下照片和他知道的故事，白克力说有，他小时候也看过照片，但照片没能保存到现在。

白克力说：罗布人向导完全可以凭借对沙漠戈壁特有的感知力和记忆力，在地貌被风沙不断改变的茫茫罗布荒原，能准确判断方向并定位，进出万无一失。这种超人的技能，是否与他们祖先神秘的遗传密码相关呢？

如今白克力仍然喜欢去罗布泊，闲来无事时一个人也要进去转转。他说有时偶然会遇到野骆驼，他觉得那是一种福气和幸运。

迪坎村代代都有百岁老人。这些罗布人的后裔一直在沙漠戈壁中安然地生活，是什么造就了他们的长寿基因，又是什么力量使他们终生都对这片荒凉的故土不离不弃呢？我想，应该是罗布人坚强的精神以及对故土家园的热爱和依依不舍的眷恋吧。

迪坎村有一条温泉形成的小河，发源地在沙丘的下面。河水一年四季都冒着热气，即便在三九天，仍有超过10摄氏度的水温，河里有小鱼在游来游去，顺着小河一直向前。错落有致的房屋，一缕缕炊烟轻轻地离开屋顶，摇曳着曾经的牵挂慢慢飘向天空。

村子周围有许多废弃的坎儿井，述说着远古时期这里地下暗河水系的发达和无影无踪消失的苍凉。

如今，迪坎村的村民还在这里生生不息地守望着野骆驼的乡土。这里民风淳朴，村民夜不闭户，路不拾遗。敦厚、勤劳、热情的村民，既独特又简单。原始的民居以及平和、安宁、质朴无华的乡村气息，都给每个走进迪坎村的人一种心灵深处的呼应，这种感觉是生活在喧嚣城市里的人们所无法体会的。

长长的乡村公路伸向远方，两旁的树木在秋色里渐渐泛黄，迪坎村沉浸在深秋的宁静中。家家户户房前屋后的晾房里挂满了即将晾晒好的葡萄干，空气里散发出甜甜的味道。任意推开一户人家虚掩的门，神态平和的主人正在准备餐食，孩子们在无忧无虑地打着秋千。

罗布泊的守望

迪坎村有500多个村民。勤劳的村民以种植棉花、高粱、豆类、葡萄以及养殖牛羊为主要经济来源。

迪坎村南面是罗布泊荒漠，东西环绕库姆塔格沙漠。作为通往古代楼兰神秘地标罗布泊的最后村落，生生不息的种子仍在延续。

迪坎村现在挂的是乡（镇）的牌子，但这个乡就这一个村。村子被一望无际的沙漠包围着，除了黄沙就是胡杨树，还有错落有致的房屋和葡萄架。

这里是离沙漠最近的村庄，抬脚就能爬上沙丘，家家户户房前屋后都种满了桑树。水从门前潺潺流过，院落里飘满了手抓肉的香气，围坐在这里，一切都变得简单。这里是一个闻着风就能让你心底深藏的梦苏醒并慢慢盛开的地方。

如果你能来迪坎，请一定怀揣来野骆驼乡土的梦想，这里有最纯的山羊奶做的奶茶、最甜的哈密瓜、最沁人心脾的葡萄在等你。其实，不管这里的村民是罗布人还是楼兰人或维吾尔族人，他们都是在中华大地繁衍生息的中国人。那些来自罗布泊、来自楼兰的密码终会在人们探索的路上被揭开……

▶ 2020年9月19日于迪坎村

在迪坎的合影

丝绸之路与野骆驼

走进丝绸之路

大自然的皱褶里总会沉淀神秘，历史最精彩的笺页总会记录生命的呼啸。

沿着疏勒河古道，残垣废墟在风中狂野地呐喊，这里正是丝绸之路的中段。风中的楼兰古城、太阳墓地、小河墓地、伊循古城，以灿烂的文明，向世界散发着熠熠光辉。

提到丝绸之路，我们就会想到丝绸。丝绸之路以丝绸为名，以丝绸为缘起。那织纹华丽、色彩鲜艳、质地轻薄的丝绸，带着来自生命的温度，在千年的丝绸之路上飘舞。

丝绸的厚重来自历史，丝绸本身则五颜六色轻如蝉翼。那细致的纹路、那鲜艳夺目的提花、那华丽奔放的色彩仍然历历在目。是时光、是岁月，把生命一丝一丝地织进了丝绸的经纬之中，也织进了长长的丝绸之路。

漫漫黄沙，茫茫古道，清脆响亮的驼铃在丝绸之路上回响。万里山川与沙漠、河流与戈壁连绵不绝。

丝绸之路最初由费迪南·冯·李希霍芬（1833—1905年）提出，他是一位德国地理学家、地质学家。1868—1872年，他对中国进行了7次考察活动，是近代中国地质学的奠基之人，最先提出了"丝绸之路"的概念，在时间的长河里，"丝绸之路"逐渐为大众所接受并迅速在世界传播。

博大精深、源远流长的中华文明与世界其他文明交流汇聚，在漫长的岁月里留下了数不清的瑰宝，绚烂绮丽。但在这其中唯有丝绸与众不同，它是中国历史的印证，是中华民族勤劳勇敢智慧的见证。

丝绸是属于中国的，也是属于世界的文化遗产。丝绸做工精美，轻如蝉翼，穿着舒适，从蚕丝的延展中体现了中华民族亲近自然的精神。蚕的培养、蚕丝的提取、独特的设计，以及纯手工的制作，每一个流程都承载着文化的厚重及心灵与精神的富足，它是中国古代劳动人民智慧的结晶。

早在两千多年前，张骞率领使节团出使西域时就携带了大量的丝绸。丝绸的温暖与光泽成为外交的纽带，打开了丝绸之路的大门。

从大雁鸣啼的长安出发，到飞沙走石的罗布泊两岸，从荒漠戈壁到热浪滚滚的沙丘，从白雪皑皑的高山到西行的驼队，在风餐露宿中有多少人毙于沙漠或葬身于冰川？张骞第一次出使西域共被匈奴囚禁十一年之久，但他终不辱使命，不失汉节。他率领使节团历经艰辛，穿越塔里木盆地，跨越昆仑山脉，耗时13年，全程7 000千米，最终荣归长安。

张骞为汉朝开辟了从"大漠孤烟直"的敦煌到"西出阳关无故人"的阳关，再到壮美的远至中亚、西亚地区的丝绸之路，丝绸之路闪耀的光辉像一颗永不疲倦的星辰，光照绵长。

丝绸在丝绸之路上留下了壮阔的画卷，这些画卷掩埋在历史中。1995年，在塔里木盆地尼雅遗址中，考古人员发掘出一块汉代的锦护臂，它被戴在一具木棺中男性尸体的右臂上，一戴就是两千多年。在它天蓝色的背景上，分布着青龙、白虎、朱雀、玄武，在太阳和星空之间出现了8个汉隶："五星出东方利中国"。这块锦护臂不但印证了《史记》记述的真实性，而且也成为丝绸之路东西方文化交流的重要物证。这块锦护臂被誉为20世纪中国考古学最伟大的发现之一，为国家一级文物。

丝绸之路已经超越了它最初被定义的时代，如今一条东方巨龙已站在了世界的潮头，"一带一路"交流的内容扩大到丝绸以外的东西，"一带一路"

交易中蕴藏着的文化交流，才是丝绸之路上永恒的主角。丝绸之路的灵魂是多元文化的碰撞和整合，和平通商一直是丝绸之路的主题。

丝绸之路的开辟是人类文明史上的一个伟大创举，也是古代世界连接东西方最长的国际交通线路，它是丝绸之路沿线多民族共同创造的。所以它是文化之路、友谊之路。

三千年的时光里，一个又一个世纪向着未来延伸。丝绸的红色飘带，把中国、古印度、古希腊、古罗马和古波斯连接起来，向未来实现着更伟大的使命。

丝绸之路——这条沉寂已久的欧亚文化长廊、经济动脉，将被时代赋予新的生命力。

骆驼——丝绸之路的象征符号

历史上，被誉为"沙漠之舟"的骆驼曾是丝绸之路上的重要交通工具。

骆驼在汉代时主要活跃于阿拉伯、中亚细亚等地区。成年骆驼体长可达 3 米，高度达到 2 米。对于这样健壮的体型，一开始人们只是单纯地认为骆驼的形象很适合作为骑乘工具或运输工具，它的两个驼峰既能作为扶手给人支撑，又能使货物牢牢地固定在其身上，不至于让货物被风沙吹走。

骆驼是丝绸之路上的一个重要的、醒目的文化符号。骆驼文化不仅是牧人在长期游牧生活中形成的文化积淀，也是在丝绸之路上经过历史考验的文化精华。丝绸之路的伟大，有骆驼贡献的一份力量，繁荣的贸易路上也有它们留下的脚印，这是历史的奇迹。

相比于马来说，骆驼体型更为高大。对于酷暑环境的适应能力更是远远强于马，而且在长期的实践中，人们发现，即便没有水和食物的补给，骆驼也能够在缺少食物和水的环境中生活 7 天甚至更久，所以骆驼逐渐成为生活在干旱地区人们的首选交通工具。

随着丝绸之路的繁荣，商人们也发现了更多的商机。面对丝绸之路干燥少雨的自然环境，骆驼自然而然成为商人运输货物的首选。于是骆驼就随着

罗布泊的守望

丝绸之路上不断来往的商人们，进入了中国古代百姓的生活中。

7 000多千米的丝绸之路险阻重重，骆驼是重要的交通运输工具。那些驮载物品的骆驼在崇山峻岭与茫茫戈壁中穿行，在千年的丝绸古道上，不知成就了多少商贾贵胄，也不知救过多少来往穿行的客商，但骆驼永远是丝绸之路不朽的标志性文化符号。

早在我国周朝时就有关于骆驼的记载。当时的骆驼主要作为其他国家来访的礼物而出现，属于一种比较罕见的物种。

在我国的柴达木盆地等地区也早就有了驯养骆驼的记录，甚至考古发掘过程中还发现过骆驼的粪便。因为骆驼的生活环境是干燥少雨的沙漠，而我国历代王朝建都一般都会选择水源充足、人口众多的地方，这样的地方并不适合骆驼的生长，所以大部分人没有见过骆驼。当时驯养骆驼的人大部分生活在我国的西北部，对于当时的中国人来说，因路途遥远也就没有太多的机会看到骆驼。在当时的外交使节中，骆驼就成为其他国家向中国进献的稀奇物种。

人类驯养的骆驼大致有两种，即一个驼峰的单峰骆驼和两个驼峰的双峰骆驼。单峰骆驼比较高大，在沙漠中能走能跑，可以运货，也可以驮人；双峰骆驼四肢粗短，更适合在沙砾和雪地上行走。骆驼和其他动物不一样，骆驼特别耐饥耐渴。骆驼的驼峰里储存着脂肪，这些脂肪在骆驼得不到食物的时候，经过分解可以成为身体所需要的养分，保证骆驼生存。骆驼能够连续数天不进食，靠的就是驼峰里的脂肪。

骆驼在汉代以前一直都是稀有物种，直到丝绸之路的繁荣才让骆驼走进了更多人的视野之中，骆驼也慢慢进入了中原。丝绸之路带给我们的不止经济上的繁荣，还有政治上的联系以及开阔的眼界。因为丝绸之路，我们才和世界有了接轨的机会。

丝绸之路是一条横贯亚洲、连接亚欧大陆的著名古代陆上商贸通道，东起长安（今西安），经陕西、甘肃、宁夏、青海、新疆，跨越葱岭(今帕米尔高原)，经中亚部分国家及阿富汗、伊朗、伊拉克、叙利亚等国直达地中海东岸，全长7 000多千米，中国境内的丝绸之路总长4 000多千米。

骆驼通过丝绸之路进入中原，西方的文化也从丝绸之路渗透进中原。中西方文化有冲突、有差异、有碰撞，但文明也正是在这种文化的碰撞之中得到了更好的发展。

如今丝绸之路再一次开启，远古的驼铃还依旧在耳畔回荡。在通向未来的路上，骆驼用坚韧的精神和叮当的驼铃声向我们讲述丝绸之路过去的那段繁华。

丝绸之路与野骆驼

人们提到的丝绸之路上的骆驼，是经过人类千年驯化的家骆驼。科学家研究得出结论，野骆驼和家骆驼不是同一物种，它们之间有1.9%～3%的基因差别。野骆驼是一种大型哺乳动物，生活在地球极旱区域，在新疆罗布泊地区有分布。它们对亚洲中部极端干旱环境具有高度适应性，是世界上仅有的靠喝盐水和吃盐碱性植物生存的珍稀濒危物种之一。

野骆驼生活在极端贫瘠的荒漠地区，这里夏季地表温度可达60～70摄氏度，冬季又降至零下30摄氏度。再加上水源少、植物稀疏，其他动物很难在这样的环境生存。只有野骆驼具备了特殊的生理机能，并历经长期的适应过程，才能在戈壁荒滩繁衍下来。它们的胆子非常小，在距离人类20千米的时候就能嗅到气息逃跑。

有关专家考证，百年前斯文·赫定来新疆罗布泊时野骆驼大约还有3 000多峰。

斯文·赫定在20世纪来到罗布泊，他坐在高高的沙丘，看到成群的野骆驼从眼前奔过……

在罗布泊一次次望着奔驰的驼群，不管是在清晨的霞光里还是在落日的余晖里，它们都是那么从容地在这片土地上自由自在地生活。

在地球村，大自然不再抽象，而是用恣肆奔涌的生命浪潮表达人与自然、人与野生动植物相互依存的澎湃心声。大地会慷慨地奉献出它的礼物，人与自然也会和谐地走过春夏秋冬。

　　　　　　　　　　　　　　　　　　　　　　罗布泊的守望

在罗布泊四季的荒漠中遇见植物和动物，在大漠中领悟与想象野生动物的世界，像潮水瞬间冲破堤岸一样，人类的思想超越了过去对自然对人、对事的固有认知，爆发出对自然的热爱和对生命终极意义的思考。

　　眺望驼群越过大漠的背影，罗布泊向人类呈现出了瑰丽的惊世之美，野生动物与万千众生平等地在它怀抱中享受阳光。

　　在推进开展生态保护、科普宣传和生态体验传播保护区文化的过程中，我们每个人都是参与者。这将增强公众的使命感和自豪感，增加生态保护获得的幸福感，让我们为保护野骆驼一起努力吧！

▶ 2020 年 8 月

荒野的呼唤

荒凉的罗布泊携着奔腾的时光，拥抱夯土碾压的大地，散发着荒野的光芒，抒发着野性的呼唤，展示着自然的篇章。

阳光下有裸露的植物，有奔跑的野生动物，生命在罗布泊的苍穹下浩浩荡荡。

星星、雷电、风雨，在自然的光线中追逐时光无常的造型，或惨烈悲怆，或如佛光、人形、野兽，依傍如血的残阳……

风把崖壁磨成反光的镜子，任由岁月记录荣光。

霜挂在胡杨树上，任时光书写沧桑。土地的呼吸有了震裂的急促，穿过松软的孔隙，越过弯弯曲曲的沙丘，走过荆棘编成的树桩，遇到了修剪过的羽毛和新鲜的泥土……

野骆驼的足迹像图章印满罗布泊的大地，奔腾的野性蒸发在阳光里、溶化在粗犷的风暴里。

植物刺破了地表，紫红色的红柳丛中隐匿着3只红色的狐狸，红柳丛是它们栖息的家园。

古代兵戎相见的战场和马蹄声碎的古道，留下沉积的史书、浓烈的壁画、被风吹蚀的佛塔和经过时光洗礼的木桩……

微弱的呐喊在空旷而辽阔的土地上呈现。生命的浓烈与大地深深浅浅的折痕，汇聚沟谷中的小溪、崖顶的空巢，留下大片的空白……

荒芜的千年沙海，坚定、从容、挺立，任风霜雨雪洗礼。

土地被风梳理，而色彩在描画山的形状和骨骼、勾画水的繁而有序、表现时间最伟大的伫立。

汹涌流淌过的河流只剩下嘶哑枯水的河床，盐碱侵蚀着芦苇、骆驼刺和刚刚出土的枝芽……

植被吸吮大地的血液让细草生长，在湿地的入口，万朵罗布花正在悄悄盛开。

风轻轻敲响罗布泊的晨钟，城郭和墩台隐在沙丘里，从古至今，多少人循着大地的鼓声在万朵花里发现了罗布泊的春天。

虔诚地看向历史的时钟，滚滚激荡的野骆驼保护区最美的画卷在风中展开……

鸟儿舒展翅膀、蝴蝶在树隙间盘旋、野骆驼在荒原呼唤、鹅喉羚在草丛中跃动，罗布泊是野生动物生命奔腾的家园……

▶ 2019年6月于罗布泊

罗布泊地貌

战胜带状疱疹

初夏，天气逐渐炎热起来。在一次次错位的诊断和各种检查后，医生们面对已经遮掩不住的像烫伤一样的疱，才给了我一个结论性的诊断——带状疱疹。得到这个诊断，时间已经又过去了3天，依照病情，我之前一直是按腰椎间盘突出被收治住院的，这时才给我转了科室。

第一次听说这个病，据说这种病在民间叫"火龙缠腰"。到了第四天，疱疹终于全部露面了，像被沸水烫伤一样的疱狰狞地狂笑。如粟粒和黄豆般大小的疱疹，继之迅速变为水疱，疱壁紧实发亮，疱液澄清。我开始整夜都在与时空无语的对峙，疼痛感好像与电击、针扎、撕扯和割裂带来的感觉类似，我一时无法形容……

顷刻间如住进了魔鬼的帐篷，腰上缠满了大大小小形态各异的疱疹。病魔像诅咒的鞭子，我已遍体鳞伤。翻开伤口的深处，肌肉仿佛被切开了无数条口子，疼痛传遍全身。此刻，所有的时间都是拿来煎熬的。

有人说，带状疱疹好像把人变成了一根被剥了皮的电线，把人体的神经裸露在外面，一触碰到就会非常疼痛。

我脑海中翻滚着一件事：由中国林业科学研究院森林生态环境与保护研究所、新疆野骆驼保护协会、北纬38度纯净食品、广州友谊商店、广州国际金融中心、广州市天河区工商业联合会（总商会）及纳拾探索共同举办的

在广州《野骆驼的呼唤》科普宣传活动启动仪式上

《野骆驼的呼唤》公益图片展及科普宣传活动，将在6月5日"世界环境日"拉开帷幕。按前期计划时间，2017年6月4日我前往广州，6月7日返回乌鲁木齐。为了《野骆驼的呼唤》这场活动，各主办、协办单位前期做了大量的准备工作，积极筹备了近两个月的时间。

距离《野骆驼的呼唤》公益图片展及科普宣传活动的时间已经越来越近了，我特别珍惜这次科普活动，更不想因为我的病使活动受影响。

北纬38度纯净食品的梁总在得知我生病住院的情况后表示这种病听说会让人感到非常疼痛，如果不能参加活动，也特别能理解。

在医院住了5天，我决定出院，如约前往广州参加《野骆驼的呼唤》公益图片展及科普宣传活动。我相信自己能坚持住，能克服病痛的折磨，我想讲好这30分钟的野骆驼科普宣传讲座，把野骆驼呼唤的声音带到广州。

初夏的羊城，珠江里洋溢着满江的柔波，流淌着夏季的欢乐。每一个小小的漩涡，都是热情羊城人的一片笑意。映着蓝天白云和两岸树木的嫩绿，流动着柔美和欢快的节奏，似乎这座城市倾听到了罗布泊旷野里野骆驼的呼唤。哗啦啦流淌着的声音，仿佛在为这场来之不易的活动唱着一首首赞歌。

2017年6月5日是"世界环境日"，《野骆驼的呼唤》公益图片展首次走进广州。活动场地在广州国际金融中心（西塔）M层，其中野骆驼科普宣传图片有百余幅，还有图片与影视资料。新疆野骆驼保护协会《中国新疆野骆驼千里寻踪》纪录片让全场沸腾；2014年毕景江老师和新疆野骆驼保护协会拍摄的一组6张的野骆驼图片，让参观的人无不为之动容并感到震撼。

广州市有超十万人参观了本次展览，图片展览持续至6月17日。

爱心企业和志愿者践行野生动物保护的行动是一次爱心的倡议和引领，

是对社会的一种承诺和担当。企业通过热爱自然的方式参与野生动植物资源的保护，是推动人与人、人与社会、人与自然和谐发展的实践，这非常难能可贵。

野生动植物保护需要更多这样的爱心人士，生命更需要多样性的文化。羊城的夏夜细雨，清晰地留下了野骆驼呼唤的声音。在《野骆驼的呼唤》科普宣传中，虽然我的手臂抬不起来，但一定传递了最坚定的呼唤。

我往返广州的4天是带状疱疹暴发的顶峰日子，我感受了羊城的火热天气和疱疹被磨破的残酷折磨。在返回乌鲁木齐的飞机上，疼痛使我坐立不安，时不时会站起来。因为这几天的奔波，那些疱疹基本上都被磨破了，粘在衣服上撕扯得我很疼。大颗的汗珠顺着脸流淌下来，打湿了头发和衣服……

这时，空姐过来问我是不是刚做了手术？我把情况跟她说了一下，她热心地帮我调换了座位……

熬过了往返行程中的艰难时光，但也得到了深深的启迪和感动。

我应该感恩，感恩我遇见的每一位朋友。中国林业科学研究院的李迪强教授因刚好从云南出差到广州而参加了科普活动讲座，顺便带给我一瓶云南普洱产的药，这瓶药减轻了我的疼痛，疱疹也渐渐消了。后来，每遇到患这种病的人我都赶紧向他们推荐此药。梁总也一直忙前忙后地给我找药，特别让我感动。我们能够在生命中相遇本身就是奇迹，我感恩他们，在我和带状疱疹斗争的日子里，他们给予了我亲切的关怀和鼓励。每一种尝试的药品、每一个小小的药方、每一个亲切的问候，让我有勇气树立信心战胜病魔，完成了《野骆驼的呼唤》科普讲座和图片讲解。我期待在未来的日子里，在野生动物保护的路上再次和他们相遇。

我们像是一万年前生命洒落的种子，在黑风暴穿越的罗布泊沙地里发芽生根。穿越时空的沙地，一点点发芽、一点点生根、一点点承受风沙肆虐、一点点经历生命的历程。我想，这就是我们坚持的野骆驼精神吧。

▶ 2017年6月

我的老师　我的野骆驼

　　我的初中时代让我难忘，但最让我难忘的是我初中时代的语文老师沈秋君女士。此刻，我的脑海里正浮现出她青春洋溢的样子。那时她大概也只有20多岁，美丽又和蔼。

　　记得沈老师给我批改过一篇作文，老师在作文的一段话下面进行了特别标注，画了很多很多连续的红色圈圈……

　　今天想来，这些鼓励对我更多地接近文字、接近文学、体会文字之美以及爱好读书，有着深刻的影响和无限的启迪……

　　记得那时，老师在作业下给我批个"好"字，我会默默地把这"好"字练习很多遍。有时候看着她，体味她的性格和处事方式，甚至连她握笔的姿势都急于模仿。我会很努力地去争取，希望一整本作业的批注都是"好"字，有一次老师给了我一个"良好"，我的心里不知有多少遗憾……

沈秋君老师

有一次班里搞文艺活动，老师挑选了几位女同学一起跳舞，老师优美的舞姿应该是我这一生觉得最美好的事情，那模样深深地刻在了我的心里……

后来听说老师工作变动去了上海，我好多年都没有见过老师。每次从同学那里知道一些老师的消息，就会一直在心里默默地想，什么时候才能再见到我心心念念的沈老师呢？

2018年深秋，在同学分别40周年的聚会上我和老师不期而遇，我欣喜40年后的相逢，感怀这无情的岁月，时光依然有情。我的沈老师依然年轻，还是我心中的模样。40年后我们的热泪相聚，禁不住高声致敬那无悔的青春，致敬我敬爱的老师，而此时，我们已不是少年。

通过这次的相聚，我重新定义了老师的新身份、新坐标。我的老师沈秋君女士现在是一名律师，居住在上海。老师至今仍然活跃在职场，优雅从容不减当年。

当了解到我们正在从事新疆"旗舰物种"野骆驼的保护工作时，老师立即询问野骆驼保护及野骆驼生存的相关情况。

当了解到野骆驼是国家一级重点保护野生动物，被列为极度濒危物种，全球种群数量不足1 000峰，生活在世界上极度干旱、植被极度稀少、环境极度恶劣的罗布泊地区，目前在新疆罗布泊野骆驼国家级自然保护区的种群数量只有680峰时，沈老师说："谁有几千万元我都不羡慕，但是我的学生们能有做公益的情怀、关注野生动植物保护，令我羡慕，非常敬佩！"

老师对野骆驼这个物种和新疆野骆驼保护协会进行了解后，立即加入成为新疆野骆驼保护协会的会员。当老师得知协会个人会员每年的会费是200元时，老师交了第一次会费5 000元。自2018年起，老师每年都按时交纳5 000 ~ 10 000元会费。老师说："新疆是我的第二故乡，不管在哪里，时时都会想念这里。"她希望自己多了解一些野骆驼相关的知识，多支持野骆驼科普宣传及保护活动，为野骆驼保护多贡献些力量。

为了更多地了解野骆驼的保护情况，老师说："野骆驼保护对我是一个新课题，我需要更多的时间了解和学习。"老师开始搜集与野骆驼相关的资料，并在网上进行查阅，为投身野骆驼保护增加更多的知识储备。

光阴如梭，即将迎来我和老师分别后的第二次相聚，我们相约敦煌，然后前往三垄沙保护站看望被救助的小野骆驼"壮壮"。

2019年初冬将至，老师不顾自己身体有恙，从上海来到敦煌，从这里前往新疆罗布泊野骆驼国家级自然保护区的最前沿——三垄沙保护站，去看望被救助的小野骆驼"壮壮"。老师对"壮壮"说："壮壮，我们以后会更多地关注小野骆驼的成长及放归自然的消息。"听说"壮壮"爱吃玉米和豆子，老师立即安排并再三嘱咐我要在入冬前给"壮壮"安顿好过冬的食物，让"壮壮"吃上玉米和豆子。

老师住在三垄沙保护站的那个夜晚，睡觉时只有一个薄薄的睡袋，我很担心她晚上睡不好。起床的第一件事就是来到老师面前，我问老师昨晚是否休息好，老师说："睡得相当好！比睡在五星级宾馆都踏实。"

清晨，阳光洒在远方的雅丹群上，光与光的折射让在光影里的雅丹像一座座神秘的古堡，映着三垄沙3座巨大的沙丘，罗布泊的早晨无比壮丽。

我们在三垄沙保护站的早餐非常简单，但老师一直夸面条好吃，是一顿难忘的早餐……

早餐过后就要和老师分别了，老师要经敦煌乘飞机返回上海，我们也将启程前往罗布泊腹地，大家依依不舍地在三垄沙保护站的风中告别……

在老师关注野骆驼的整个过程中，她的一言一行都深深感染着我和我的同学们。相信有了老师的关注，会有更多的社会精英参与到野生动物保护的工作中来。

后来老师对我说："新艾，我回到上海后很长一段时间都在回忆在保护站度过的那一天，虽然时间很短，但是咱们保护区的工作人员，还有新疆野骆驼保护协会的会员和志愿者都让我非常难忘，这群人这么能吃苦，不计得失，勇于奉献，很有精气神……""这次得知野骆驼种群数量在持续增加，这真的令人深受鼓舞。要让它们永续生存下去，仍然需要做大量的工作来保护它们。野骆驼保护工作虽然很艰苦，但非常有意义。野骆驼保护工作有利于种群数量得到持续恢复，希望对该物种进行更多的科学调查，以充分了解野骆驼更多的生存密码……"

老师成为新疆野骆驼保护协会的会员后，在她的引领下，更多的社会精英、爱心人士及同学加入协会，为新疆野骆驼保护协会注入了新的活力。

新疆野骆驼保护协会全体同仁对沈秋君女士几年来关注野生动物的爱心奉献非常感动，协会理事会研究决定聘请沈秋君女士为新疆野骆驼保护协会名誉会长，协会副会长关勇为沈秋君女士颁发了证书。

敦煌，这个闪耀着佛光的城市，我和老师因野骆驼在这里又一次短暂相聚。通过这次相聚，我再次感受到沈老师身上熠熠生辉的朴实品质，老师的这种品质引导我们心存大爱之心。老师再三告诉我们，不管做大事还是小事，都要把事做好。当老师得知有位同学生病手术，还有位同学出了车祸住在养老院，立即拿出了5 000元钱委托我们3位同学组织其他同学去看望两位生病的同学。老师说："谁有困难，大家都伸出援手做一点点自己力所能及的事，互相帮助。"老师给我们作出了榜样。她还说，争取把所有同学都凝聚到一起，多做些对社会有益的事情。

甘肃敦煌西湖国家级自然保护区管理局原局长吴三雄在2018年和我们一同去看望被救助的小野骆驼"壮壮"时说："我从事野生动植物保护这么多年，还是第一次看到师生共同关注野生动植物保护的。沈律师这个年龄能从近3 000千米以外的上海赶到这里，这是一种精神、是一段佳话，令我非常感动和敬佩。"

野生动植物保护是社会公益事业，公众参与野生动植物保护是维护生物多样性、实现中华民族伟大复兴的必然要求。保护野生动植物要凝聚更多的社会力量，公众参与野生动植物保护具有重要意义。

我爱我的老师，我爱我的野骆驼。让我们每个人都积极行动起来，尽一份责任，关爱野生动植物保护，关爱美好家园，为构建人与自然和谐共生的美丽中国作出积极的贡献！

▶2020年10月

罗布泊的守望

心中的罗布泊

傍晚，天边的晚霞落在沙丘上，仿佛是一首歌在沙漠上流淌。茫茫戈壁，辽阔沙海，那曾经乘风的羌笛和金戈铁马的烟尘已经随风远去。但丝绸之路上传唱的悠扬旋律恰似起伏的沙丘，用它夏日的金黄和冬日的洁白，千百年里，滋养土地、传递文明，用一种无与伦比的姿态带着丝绸之路上的文明飞翔。

风霜雪雨，荡气回肠的气魄和精神是罗布泊独有的，它属于罗布泊。有一种词语是绝美的，它属于楼兰。有一种坚韧和不屈是野生动物独有的，它属于野骆驼。

地球的"大耳朵"——罗布泊，以它特殊的地域滋养着丝绸之路中段辉煌的千年史诗。以它不朽的气魄雄浑居于阿尔金山山麓，辽阔神秘名扬千年沧桑古道。仰望茫茫旷野，大漠像决堤的江水，汹涌澎湃，荡涤时光的潮水和年轮，救赎失修的灵魂。

红尘阡陌，罗布花开。大漠孤烟，寒露凝霜。属于人类生存极限环境的罗布泊，却是野生动植物生存的天堂。越过沙丘，可以看到成群的野骆驼和鹅喉羚从眼前奔过。在这自然的荒原，野生动植物的生命力如此旺盛。食草动物间对于食物类别也各有所属，但它们互不抵触。它们自然地进行食物互补和群体互助，相互依存、相互争夺、相互成全，相互制约和平衡，绮丽的生命生生不息。

野生动物间没有绝对的强者，也没有绝对的弱者。生态平衡也需要天敌的制约，经过自然环境中的调节。

在罗布泊，无论如何你也看不到时光的幽怨和人生的得失。罗布泊用它的博大和苍茫、悠远和绵长、宽厚与粗犷以及四季的风雨，剥离所有的负赘和虚无，只留下筋骨和脉动。罗布泊经纬上的盐壳，书写着沧海桑田、湖泊游移的千年传说。

在这里，人的身心瞬间安静、透明、轻松，有了要做一棵胡杨、一枝芦苇、一株红柳、一峰野骆驼，哪怕是做一株小草的冲动，只要是在罗布泊……

此时，你仿佛就是罗布泊旷野的一部分了。遥远的风沙能卷起千回百转的向往，阿尔金山那一幅墨迹未干的油画，在四季里任意涂抹着色彩，变换着画面的乐章。风儿衔来楼兰姑娘额头的鸟羽，用楼兰语系里最神秘的歌声打开丝绸之路芳香的篇章。

用一轮明月拥抱山水离愁，感知罗布泊的千山万壑，触摸台特玛湖婉转低回的柔情，颂一曲悠扬羌笛惊醒梦中的飞鸟。

俯身低语，向一株草致敬，向它永不开花的命运致敬！昂首仰望，向荒漠中挺立的楼兰致敬，向千年萦绕的乐章致敬！向雅丹致敬，致敬它不朽的耸立！向野生动植物致敬，致敬它们让这里汇成了一个生物多样性的生态家园！向步履坚定走在人间炊烟和大漠里的守望者致敬，是他们在沙线齐肩的晨曦里绽放自己的梦想，是他们从观察一株草开始、从救助一峰野骆驼开始、从饱尝第一场落雪开始，用情感支撑根基，谱写了生命的赞歌！

草干枯了，野骆驼在迁移的驼道旁永远能找寻到食物。这是它们的家园。荒漠植物与野生动物种群在这自然的天地生存繁衍，每天都在发生奇迹，每天都在书写生与死的篇章。

荒漠戈壁留下最耀眼的野性之美，这种美带着自然的温度可平复心灵，可烧毁贪婪。自然的野地是智慧的人类无法创造的，它蕴藏着无限生机，蕴藏着烙在野生动植物部落的遗传记忆。

在山谷与沙丘、沟壑与戈壁，这是每个生命的地平线，永远绵延于大地。极目远眺阿尔金山，即使费尽气力，视线也无法越过天际。在这有水的罗布泊，在这只有5平方千米水域的哈拉奇，粼粼波光柔情妩媚，已有天鹅栖息徜徉、已有野麻鸭越过花草把头伸出水面、隐伏在绿色之中的其他野生动物若隐若现。

巩固延续生命的绿色植物，繁复的微生物，以及那些微小而不起眼的动植物，它们用微小的身躯支撑这个自然界，缤纷的生命历经择汰而来，生态改善的罗布泊托着整个春天的梦想。

遥望沙尘掩盖的丝绸古道，这是中西文化和人类文明交融的见证。这里演绎过多少惊心动魄的人间悲喜，也许只有漫漫黄沙知道。明月初照的惊心动魄、战争的硝烟与烽火、光怪陆离的瞬间，以及糊涂与精明、善良与邪恶、忠诚与背叛，都消隐在滚滚的历史长河……

一曲楼兰，如江河般汹涌奔流不息的历史，总是充满了生命的血泪与悲怆、铁骑与战马的回荡。

在罗布泊，总有一段飞逝的时光让你惦记，总有一段节奏惊心动魄，总有离别的不舍和牵挂。自然、动物、植物、土地、盐壳，抚摸它们，如此依依不舍、缱绻缠绵。也只有在罗布泊，才能找到我们品格的柔美与粗犷、细腻与奔放、勇敢与坚强。

罗布泊掩映在暮色中，巍峨的山和茫茫的荒原是上苍和大地联袂绘制的一幅刚柔相济的山水长卷。

罗布泊，有湛蓝的天空和洁白的雪峰、有四季轮回的雨后彩虹、有奔跑跳跃的高山之子——雪豹、有奔腾不息的驼群、有俯视大地的苍鹰和展翅的大鹏，还有磨砺我们的风雨和寒霜。

罗布泊是充满生物多样性的博物馆，是孕育生命的阳光宝地。春去夏临，冬至秋离，寒暑往来，黄绿交替，10多次进入罗布泊腹地，见证了野生动植物保护和生物多样性的蓬勃生机。

罗布泊因自身的生物多样性丰富、独特而典型的自然生态系统之美，成为我国生物多样性保护的优先区域，也是新疆地区重要的生态种质资源库和野生动物迁徙的重要廊道。罗布泊的自然野性美、生命律动美、生态和谐美，在区域生物多样性保护中具有重要的示范意义。

要保护这庞大生态系统的原真性和完整性，探寻跌宕起伏的生命演化过程，需要生命的力量，我们每个人都是其中的一部分。

随着"绿水青山就是金山银山"生态理念不断深入人心，足以激发人们了解自然和亲近自然而产生的自豪感及对于土地和国家热爱的情怀。相信随着野生动物保护法不断得到完善，会有更多的野生动物的守望者走在保护野生动物的路上。相信罗布泊一定能成为一片生态良好的沃土，而这一切才刚刚开始……

罗布泊四季潜然写下的各种沧桑，让我们满含泪光，千秋明月让我们的心在罗布泊荡漾……

在罗布泊的科考活动不仅丰富了我对罗布泊荒原的认识，也让我对历史和生物多样性及"沙漠精灵"野骆驼的命运等问题有了深刻的思考。

公益的种子带着我们心中炽烈的火焰，为野骆驼保护、为自然生态文明建设、为绿水青山的愿景，在保护野骆驼的路上让我们再次相遇！

▶ 2022 年 6 月

第二部分

仰望
楼兰

楼兰
阡陌相连　历史一脉相传

仰望樓蘭

常時珞书

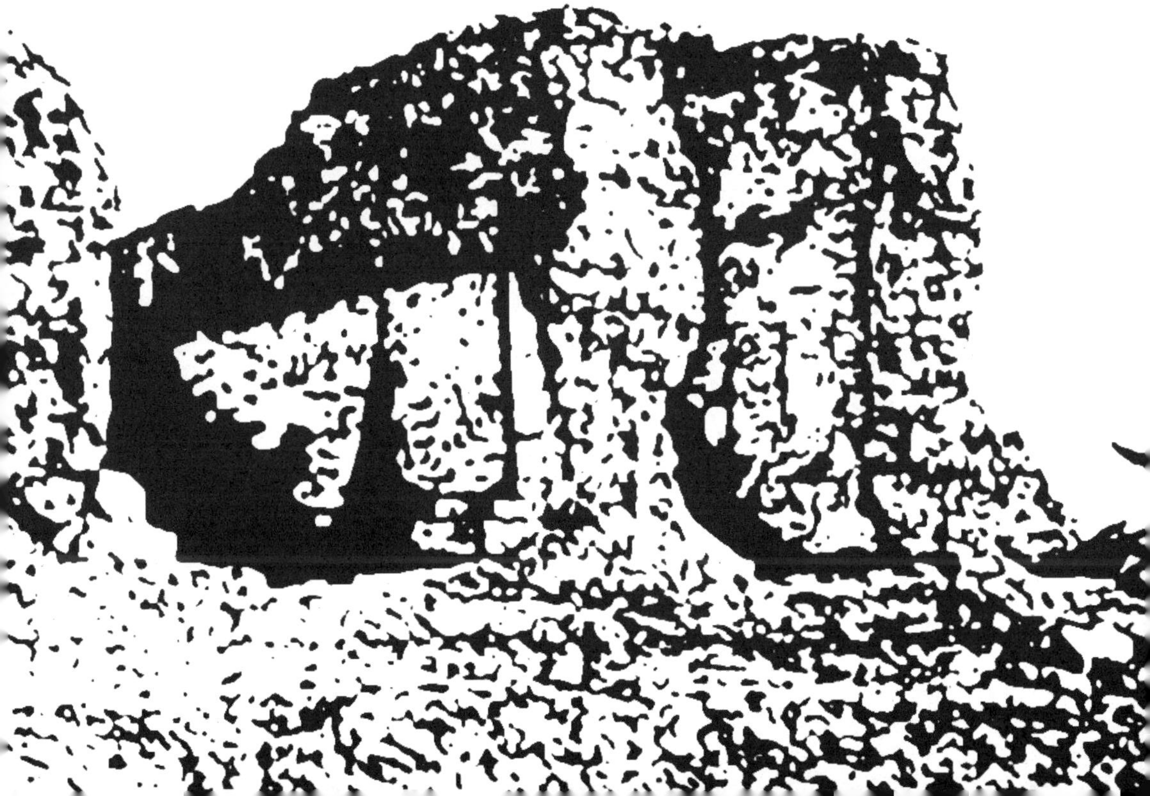

仰望楼兰

星空下
我仰望你——楼兰

天际间
你苍茫遥远辽阔浩瀚

夕阳里
我俯瞰你——楼兰

大漠上
塔河*奔腾为你梳洗容颜

楼兰
西域东陲　欧亚文明史篇

楼兰
阡陌相连　历史一脉相传

沧桑古地
山河变迁

一段段的历史像火焰
数千年延绵不断

苍穹下佛塔斑痕累累
记录了多少历史的尊严

巍巍的殿宇孤悬野外
抵挡千年的风寒

---

　*　塔河指塔里木河。——编者注

罗布泊的守望

风中的楼兰依然在簇拥着千年灿烂的时光

丝绸之路　驼道悠远
中华民族一脉相连

楼兰
我的楼兰

沉睡的沙丘下
你炽热的胸膛里是岩浆　是烈焰

更是西域城郭
那酩醉的楼兰三千年！

红柳映红了瀚海
一如你的笑脸

野骆驼踏过大漠
惊起沉寂的狼烟

时光
在为你编织着花环

狂风
在哨声中翻阅过诗篇

河道犁开土地流沙飞溅
光芒划出戈壁幻影连连

在光阴的界线中
诉说辉煌与苦难

芦苇是镀金的花朵
弯成弓似的木船是相依的伙伴

楼兰王家的马车驰过昨天
碾过的车辙仍然炫耀地在星光下延展

酒杯碰出的声音
在王帐外传得悠远

苍老的胡杨用干裂的枝节
将咆哮的狂风阻拦

用苍劲的舞姿在诉说
星光辉映的小河咏叹

丝绸古道上
永远不灭的楼兰

▶ 2016 年秋

罗布泊的守望

楼兰的月光

寻找楼兰姑娘

楼兰姑娘（楼兰博物馆）

我要去寻找我的楼兰姑娘
为她抚平千年的忧伤

我要去沉睡的小河
为她送上塔河红柳的馨香

在她如缎的发丝上插上鸟羽
为她弹奏婚礼的乐章

我要去寻找我的楼兰姑娘
在孔雀河旁为她搭起新的毡房

罗布荒原亘古的阳光
用桑麻包裹你飘香的长发

罗布泊的守望

我要在干涸的小河等你　　　　　　　我要去寻找我的楼兰姑娘
为你铺满芦苇编织的盛装　　　　　　用粗犷的大手为你赶走黑夜的风暴

用阳光为你赶走　　　　　　　　　　我的小河　我的姑娘
死神闪动的狡黠目光　　　　　　　　罗布泊的骄阳为你披上盛装

让你纤巧的红唇露出微笑　　　　　　我要在宇宙恢弘的"大耳朵"里等你
让罗布花为你遮掩黄沙飞扬　　　　　秋天的金笛吹奏罗布荒原又一季时光

沙丘上一千株不朽的胡杨　　　　　　用记忆和遗忘的颜料涂抹成悲与欢的浓雾
被热风吹黄挂在年轮的丰碑上　　　　典祭埋藏了千年不朽的小河辉煌

一道道热泪打湿你的衣裳　　　　　　太阳已劈开泪水和苦难裹挟的云雾
泪洗过的脸庞　谁为你画上红妆?　　请你掀起浓纱
　　　　　　　　　　　　　　　　　露出最美的小河荣光

千古风沙滤时光
是谁惊醒了我的新娘

弹奏你怀中燃烧的琴弦
打破生命的魔咒
在塔河上舞动霓裳

高高的佛塔已升起耀眼的光芒
祭典的鼓号响彻殿宇罗帐

罗布淖尔生命的密码
脉动楼兰千年流沙的金黄

干涸苍凉的小河
必定写下凌驾于人类兴衰的河床

我的楼兰　我的姑娘
眉心的红痣是塔里木河的泪珠呀

尖尖的小帽挡住了死神金色的魔杖
温柔冰凉的手掌数着岁月时光

马车终于载满了新衣
罗布荒原在布施新的阳光

孔雀河　车尔臣河　塔里木河
仍按照血脉流动的方向喷涌出光芒

我要去寻找我的楼兰姑娘
让她再回罗布泊那绿色的家乡

▶ 2018年9月19日于罗布泊

罗布泊的守望

楼兰最后的村庄

在黑风暴舞动的罗布荒原
在碎金般的光影中

缠绕着起伏的黄色沙线
楼兰最后的村庄开着浅紫色的花

撷取一片楼兰的落叶
看岁月烟尘中黑风暴的疯狂

在眼睛里寻找皎洁的云朵
让大地盛满金色的月光

无法阻挡的滚滚热浪
吞噬着沙丘和水源

废墟里的呼唤
低沉而又苍凉

曾经的战马
刻下英雄的柔情和刚强

门前流淌的小溪
带着历史的尘雾和忧伤

湖泊流干了眼泪
忠贞的天鹅死在淤泥里

植物在挣扎中苦苦喘息
从根茎到花蕊
把生的荣耀埋在大地里

千古楼兰的坍塌
埋葬了喷涌的鼓点
火焰烧红了塔顶的裂裳

楼兰古城三间房遗址

天空下起了倾盆大雨　　　　　　　老阿不旦　新阿不旦
为楼兰写下苦难与辉煌　　　　　　记录着生的归宿与死的过往

那是生的眷恋　　　　　　　　　　从废墟升华
那是死的叹息！　　　　　　　　　成为金灿灿的文明

旷野露出低低的浓雾　　　　　　　楼兰　锻造着历史
岁月舔舐着落地的风霜　　　　　　楼兰　延续着图腾

楼兰　文明腾跃的丰碑　　　　　　流动的沙丘和烈风
楼兰　三千年不死的乐章　　　　　传递着历史不朽的呼唤

这不是死了千年的标本　　　　　　残断的丝绸
这是活了千年的生命　　　　　　　舞动着楼兰生命的辉煌

　　　　　　　　　　　　　　　罗布泊的守望

帛锦　木刻　残卷　　　　　　致敬远去的楼兰
是历史奔流的沧桑　　　　　　致敬远方的阿西米提布拉克

低凹的谷地——迪坎　　　　　先祖饮水的六十泉
时光延续着梳妆的彩衣　　　　卷着时光还在滚滚流淌

楼兰最后的村庄　　　　　　　丝绸之路千年的驼道
藏着生的密码和死的张望　　　用火红作别金色的夕阳

一朵粉红色的罗布花　　　　　舞动的绿色绸带
咯出带血的火焰　　　　　　　带着风雨绵延流长

风暴和热血紧紧凝在一起　　　让历史见证
用生命亲吻风中低矮的红柳　　楼兰的苍凉和孤独

千万次血脉的喷涌　　　　　　让河道见证
必将是一次绮丽的涅槃与重生　楼兰的美丽和温柔

舟影点点
渔歌袅袅

万顷波光粼粼的罗布泊
永远是梦的故乡

渔舟干涸在岸边
渔网封尘了远古的惆怅

在黄沙漫漫的驼道
在盐壳高耸的荒丘

楼兰最后的村庄
是沃土　是喘息
是生命　是不朽　是传奇
是血脉相连的故土家园

东边如血的霞光
照在生命繁衍的谷地上

天鹅又飞过大地
用翅膀拥抱壮阔的罗布泊

楼兰最后的村庄
用阳光延续着生命的乐章

▶ 2019年10月

罗布泊的守望

大漠楼兰

我将秋天的行囊背在身上
牵一只骆驼去寻那大漠佛光
踏着丝绸之路千年的古道
迎着殷红鲜血亲吻过的大漠残阳

头顶是阿尔金山的飞雪
脚下是罗布荒原的金黄
用红柳点一只火把
看是否能寻到
独木舟驶向罗布淖尔的星光

天空拥抱着细腻的忧愁
汲取着大地粗犷进取的力量
我遇见了长着翅膀的"有翼天使"
还有美丽的楼兰姑娘
那一树胡杨装点了千年时光
牛羊成群伴着我的新娘

我望见了金戈铁马滚滚激荡
羌笛萦绕哀怨悠扬
我望见了大漠楼兰的晓月寒光
中华文明的火炬把夜空划亮

我望见了人类文明退潮后的大漠
古桑　杏树　核桃树
还在等待着主人归来
摇着梦的时光

我望见出使大漠的驼队
锦缎铺地　热血悲壮
星光错落　照在塔里木河上
一路叩拜而来的是生命的曙光

我看见马背上卷曲变形的躯体
带着曾经文明的悲怆

我站在竖立着一千根胡杨的小河旁
任狂风诉说生命的滚烫

我的大漠　我的楼兰啊
你晃动着时光
用智慧把花开的季节刻在大漠上

我的大漠　我的楼兰啊
你记下战马嘶鸣的悲壮
你连接欧亚　你连接大唐

生命冲破了漆黑夜晚的幽暗
缭绕于大地身旁
注视着大漠残阳

我循着塔顶的佛光
青褐色的袈裟在大漠上飘扬

我望着天空的云彩
看万佛护佑楼兰的光芒

魔鬼打开了楼兰的大门
强盗夺走了麦子一样堆积的宝藏

篝火惊动了亘古的时光
中华瑰宝流落他乡

沧桑的楼兰啊
你孕育着历史精神的经纬
你注定书写夺目的荣光

罗布泊的守望

楼兰姑娘复原图

大地渴望《李柏文书》*回归中华
让残断的丝绸飘着历史的馨香

我多想乘上"有翼天使"的翅膀
舞动楼兰千年的霓裳

我多想让湖泊游移在大漠上种满胡杨
让心中的莲花在净土中开放

我多想让雕梁画栋的宫殿
再续写中华历史的辉煌

千古的楼兰　飘散着迷人的光芒
阡陌青翠　月亮仍挂在枝上

骆驼踏着古道　把身躯嵌入岩画
记录着生与死的篇章

---

　　* 《李柏文书》是328年时前凉西域长史李柏写给焉耆王信函的草稿，是前凉简牍资料里最为集中、内涵最为丰富的文书资料，1908—1909年被日本西本愿寺探险队发掘于楼兰古城，现存于日本京都龙谷大学图书馆。——编者注

狂风带着哨声　　　　　　　　你是大地的潮声

叫嚣着　缠绕着　怒吼着　　　你是残阳中的飞雁

震撼着魔鬼呆滞的目光　　　　你是塔里木河骄傲的公主

攥着楼兰的热土　　　　　　　你是河床最深的静潭

揉捏着放进炊烟里　　　　　　你是千年风雨中的呐喊和阳光

照着陶器的碎片　　　　　　　你的脚步

把愤怒扎进血色的泥土里　　　拍打着征擎的鼓号

燃烧　沸腾　　　　　　　　　拍打着脉动天地的节奏

　　　　　　　　　　　　　　抒写着史诗般的辉煌

我的大漠　我的楼兰啊

你是沙的流动　　　　　　　　沧桑的楼兰啊

你是海的归舟　　　　　　　　佛塔会托住太阳

你是人类荣耀历史的骨骼和火焰　大漠将释放来自大地生命的强光

▶ 2018年10月于楼兰

　　　　　　　　　　　　　　　　罗布泊的守望

在楼兰

傍晚，风中的楼兰被厚厚的历史尘埃覆盖，被夕阳覆盖，被寂静覆盖，沉寂的土地下是瓦解人心的痛……

风吹在树枝上冷笑着，狂野地追问楼兰那缭绕的佛光，楼兰用最后的眼泪滋润干枯的胡杨。凄美的霜凝结在胡杨的树梢上，而胡杨把所有生的挣扎都定在了自己扭曲的枝干上。带着来自楼兰的记忆，带着伤疤的束缚，用浴满鲜血的歌喉歌唱！

佛塔裸露着被挖伤的痕迹，这是掠夺者赋予楼兰的伤痕。历史被时光里的罪恶逼上了悬崖，发出了急促又绝望的吼叫，楼兰破灭而又重生……

楼兰不屈地、长久地、无与伦比地存在着。那些还在楼兰沉默、跳跃、奔跑的碎片，无论你是否与它们谋面，都会记下历史的悲怆。楼兰是罗布泊荒漠中古丝绸之路上繁荣的商旅驿站和贸易中心之一，在其灿若星河和更加久远的历史中，这个丝绸古道上的重要交通要塞，像明珠一样闪烁。残存的遗址，见证了昔日这条古道所拥有的璀璨与辉煌。

楼兰古城遗址位于罗布泊西北角的塔里木河冲积平原上，地理坐标为89° 55′ 22″ E，40° 29′ 55″ N。

古代丝绸之路上楼兰所处的位置（库尔勒楼兰博物馆　供）

尽管楼兰古城经历了一千六百余年风沙的摧残，但古城的城墙在若干地段仍依稀可辨，据考古复原实测，楼兰应有正方形的城垣，总面积为10.8万平方米。

当年的楼兰城周围，生长着许多原始胡杨林，至今尚可见到直径50厘米以上直立的枯株。周围布满的木料残柱及城内房屋构架大部分为胡杨材质，从墓地到祭坛用的材料也大部分都是胡杨。

沧海桑田，曾经的楼兰在历史的舞台上只活跃了四五百年，便在公元4世纪神秘消亡。是什么原因使得这座曾经光芒夺目的古城突然神秘消失呢？时至今日，专家、学者依然说法不一。

楼兰在古丝绸之路的中段汇聚了灿烂的文化。有汇聚就会有碰撞，有碰撞就会有融合，有融合就会有升华。于是，这片土地不仅成为东西方贸易的要道，亦成为连接东西方文明的桥梁。

淹没于沙海中的楼兰，20世纪初被瑞典探险家斯文·赫定惊醒，他首先打开了掠夺楼兰的大门。随后的每一次掠夺都给楼兰增加一块"伤疤"，每一次掠夺都惊心动魄，每一次都有人目睹……

现在，我们无法将被带到大英博物馆、被带到斯德哥尔摩的那些历史遗迹全部拿回拼接，恢复楼兰原来完美的样子，但我们从楼

罗布泊的守望

兰无数的"疤痕"中见证了一个又一个历史的细节。

狂风飞扬，湛蓝的天空下飘扬起彩色的光环，那是楼兰向上升腾起舞的云雾。黑色的风暴夺走了佛塔丰硕的彩衣，把三千年相伴的辉煌埋进了泥土里。为着神祇的不朽，楼兰袅袅的香气和奏着雷鸣般的乐章，伴着塔里木河的怒吼，乘着狂风，飘向无垠的天空。

她必将遇见伸展双翅的"有翼天使"，邂逅那承愿小河的美女，把东方文化的精神灌注。飞越高原，穿过沙漠，最终在丝绸之路上与每一个善良的旅人神奇地相遇。楼兰，终有如初开时的灿烂、欢喜。

骆驼从古道上带来深层激烈的火焰，沉静吞吐丝绸之路神思飘逸的花朵，映照出楼兰的光影。夕阳中，佛塔带着赤红的晚霞像起舞的新娘，身影越发瘦弱纤细，向着三千年的火焰起舞，惊动了卷曲的流云和天空。

我站在罗布泊的沙丘上，站在楼兰被掠夺的盗洞前，双眼涌出一串冰冷的泪水。楼兰灿烂的阳光像一柄利剑刺进漆黑的墓穴，神秘的力量带着岁月的怒吼，打碎掠夺者的美梦并揭示他们的罪恶。

王新艾在楼兰

那些珍贵的雕像与壁画，其中就有著名的"有翼天使"，它们被迫离开了故土家园……

也许每一个正在腐朽的历史残片，都将带着生命成为历史的记忆。

在过去的一百多年，在斯文·赫定及斯坦因之后，楼兰又被一次次践踏，佛塔见证了楼兰一次次的苦难。

如今国家的考古工作者对楼兰展开了一次次的保护性发掘，深埋于废墟的文明密码也一次次地在我们面前跳动。相信在不久的将来，楼兰的神秘面纱和深藏的秘密将会被一一揭开……

在过去很长的时光里，楼兰之于我，只是脑海中闪现的一个神秘的文化密码。读王昌龄那首《从军行》"青海长云暗雪山，孤城遥望玉门关。黄沙百战穿金甲，不破楼兰终不还"的诗句，曾给我留下了无数向往楼兰的深深记忆。

如今楼兰之于我，更添沧桑壮美。一系列无法复制的伟大包围着我、征服着我、粉碎着我，楼兰仍然是生命密码的寄存之地，生灵梦境中的家园故土。

在楼兰，我感觉到自己身体里的一部分在死亡，另一部分正在生长。我想去追问每一根承载过楼兰宫殿的胡杨，追问那一株株有生命的红柳，还有已经在风中高度越来越低的佛塔，它们一定能告诉我，那闪着光芒的中华灿烂文化，饱经沧桑又在空间交错流转中，仍然随大漠的风传递着中华民族古老的文明，岁岁年年，生生不息……

▶2018年9月19日于楼兰

罗布泊的守望

一曲楼兰

　　一曲楼兰，是历史，是苦难，是荣耀，是钻进地心掘开的井水；是天空滚落的热泪，是雨露浇开的花朵，是红柳不死的隐芽，是历史辉煌的青藤！

　　岁月的烟尘在这里凝滞，丝绸之路的文明在这里延伸，野骆驼的呼唤在这里回响，远古的神话在这里延续，远古的钟声在这里回响，因为这里是楼兰。

　　寻一曲楼兰，三千年冷暖，几多浓抹，几许风霜？

　　楼兰置身于华夏千年的文明，却脱离不了战火的杀戮。那隐藏在边塞风沙里的白骨，镌刻在石壁上。傲骨柔情的禅意，在死去的过程中重生！在落寞中凸显出勇者的奔腾、信者的坚守、智者的从容和仁者的慈祥。

　　历史的长河滚滚流淌，陌上千里，红尘落于何处？斗转星移，长长的丝绸古道款款生香。胡杨落叶，任漫天黄沙；栖息在荒野的菩提，还在滋养大漠荒野的情缘。

翘首时空交点，补缀燧岩中苏醒的沙砾，点燃结冰的血液，追一曲楼兰，询问被狂风掩埋的倒影，任年华斑驳。风霜雨雪扯断大漠黑色音符的嘶吼，挣脱土地的束缚，熄灭低回的炊烟。

太阳把胡杨七色的叶投在成千上万的枝条上，成千上万的叶将在枝条上重新出发。生而不死，死而不倒，倒而不朽！

每一段时光的皱纹，都浸透在潮湿的记忆里。山脉耸起，阳光投进胡杨稠密的枝叶缝隙，发出金属一般的鸣响。

捧着激荡历史的文书，忍着尖锐的刺痛，把那一切不能原谅的掠夺，用鲜红的血浆记在震颤的岩壁上。

岁月的风，把楼兰塑造成一层层波涛澎湃的年轮。一根根曾经支撑楼兰宫殿的胡杨，从它们方形榫卯的孔中发出了震颤的嘶鸣。黄沙中缥缈而出的楼兰姑娘，在梦幻的轮回中从时光深处走来……

寻一曲楼兰，在风沙易逝的往昔中看沉甸甸的落幕，在夜空深邃中耳闻瞬间的通透与彻悟，如穿越楼兰千年历史的浮沉。

三千年，时光交错。

三千年，辉煌与沉默。

胡杨制成的小船驶向了沙漠，却涨满了绿色的帆，喷吐着鲜红火焰的种子和所有的矿藏一同亲吻着大地！

苍老的壁画在风沙抚摸中褪色，青铜的文明，被一层层剥落。前人写在壁画上的神圣誓言被狂风掠走，丝绸织出的星星开始启航。

雄伟的佛塔没有疲倦，晃动着千年沉重的枷锁，挥舞着阳光，要向绸缎一样华贵的天空宣布，每一个文明都被镀上了金子。

感悟楼兰，掩埋痛苦，在头颅深处，把黑色瞳仁里凝结的泪，化成无与伦比的钻石，在伤逝的时光里溢出楼兰最美的佛光。

感悟楼兰，像金子一样的文明，书写了历史骨骼的结构。佛光普照，滋养岁月的寒来暑往。风雪载途，岩石、风沙、木船、伤口、血液以美而代表永恒。

罗布泊的守望

一曲楼兰，一座佛殿，在怒吼的风中仍威严多姿。旷世盛典，让每一抹红霞聚散升腾。湛蓝的天空之上彩虹托着白云飘向远方，似有一袭红衣独舞醉于千年的辋川。

在楼兰，历史与现实交融，时间与空间链接，吐纳审视生命不朽的图腾，带着楼兰精心描绘的涅槃，呼唤回归自然的冲动，颂一曲对大漠楼兰的深深眷恋……

黄沙万里，交织日光春雨。碎片与瓦砾诉说着寒冷交替、荣耀与伤痕，用胡杨枝上的寒霜勾画飞越千古的翅膀。

天涯相伴，红颜不老。一曲楼兰，把梦留在罗布荒原……

▶ 2017年秋于罗布泊

风中的楼兰（王新艾　摄）

第三部分

叩问
罗布泊

千年轮回
时光遗落在罗布泊的沙丘上

叩问罗布泊

生命的力量——致罗布泊

千年轮回
时光遗落在罗布泊的沙丘上
古道哽咽　沧海沉浮
传说着追梦的吟殇

生命的力量
勇士的疆场
野骆驼悲壮的脚步踏进苍茫
割舍不下回眸泪眼的凝望

爱你
千年不倒的胡杨
恋你
楼兰承载的洪荒

男儿挺直的脊梁
女儿舞动的霓裳

鬼斧神工的雅丹地貌
让生命有了别样的雄壮
小河墓地
有多少传说回响

罗布人不屈的臂膀
挡不住流沙的猖狂
枯枝修剪过的栅栏
护佑千年的沧桑

烈烈篝火　荧荧灯光
照亮了罗布泊古老的村庄

可汗遗落的古币
重复着雷电的梦呓
天鹅在干涸的鹅卵石上
孵化出月亮

罗布泊的守望

雅丹地貌（韩栓柱　摄）

狼群踩着自己的影子　　　　　曾经的张狂
将图腾印在地上　　　　　　　被时空的流沙埋葬

罗布泊湖心深处　　　　　　　罗布泊的胸怀
孕育了喷薄的盐浆　　　　　　涌动不羁的阳光
游移之湖　　　　　　　　　　沙漠是野骆驼孕育生命的产房
点缀着斯坦因的渴望　　　　　盐壳汇聚着宇宙的芬芳
强盗的脚步渐远
古道又凝结了一层薄霜　　　　罗布泊
　　　　　　　　　　　　　　你永远是人类拷问灵魂的地方
母亲忧伤的泪水　　　　　　　一步步走近
洒落在罗布泊的胸膛　　　　　一回回守望
晨曦的长髯
尽是深深的创伤　　　　　　　独木舟上倚坐的新娘
　　　　　　　　　　　　　　可是楼兰姑娘？
鼓声乍起的山脉上　　　　　　串结麻绳
昨天的耻辱　　　　　　　　　在夕阳下缝补着时光

岁月的金线
将胡杨黄叶点缀了裙裳

罗布泊
把高山托在天上
罗布泊
让河流绵绵延长

野骆驼
这是你生生不息的家园
野骆驼
请你们尽情地放声歌唱

罗布泊
这是你们生命繁衍的地方
闯入者一次次
用车轮碾压母亲的胸膛

红柳颤抖
芦苇被殃
顽强的骆驼刺倒在车旁
发芽的盐碱草遍体鳞伤
更有那闯入者遗弃的酒瓶
割伤了野骆驼的双蹄

使它们不能奔向远方
在喘息中无助地张望

时光飞梭
聚集着力量
风沙中守望再守望
建立保护区
野骆驼悠悠徜徉
播撒希望的种子
巡护的足迹很长很长

爬冰卧雪三九天
风餐露宿不彷徨
守望着信念
生命一次次蹒跚上岸
在罗布泊
把人与动物和谐共生的旋律弹唱

罗布泊年轻
年轻得让人向往
生命的祭坛上
必将赋予苍穹辉煌的神圣和光芒

▶ 2016年11月19日于罗布泊

罗布泊的守望

罗布泊的星空

罗布泊深邃的星空下
今夜这里就是我们的家

帐篷里的灯
一些灭了
一些还亮着

帐篷连着帐篷
像一座座神秘的城堡

厚厚帽子下映出的剪影
让你我都像城堡里的国王

天上的星星倾泻而下
带着远古圣洁的光芒

在千年星光的注视下
询问罗布泊万年的沧桑

这个夜晚
在野骆驼的领地

月光给沙漠层层的波纹
风抚摸着干裂荒芜的土地

芦花飘散过来
草在风中狂野地歌唱

仰望星空　询问
"地球之耳"里的野骆驼
今夜你在哪里

月光与人类生命之光
覆盖着野骆驼甜美的梦乡

我们紧贴着沙漠
沙漠温暖得像母亲的怀抱

那被风吹走的红围巾
已悄悄地飘上了红柳的枝头

红得火热温暖
点燃了金黄色的沙丘

星空下的罗布泊
宁静苍凉而又悠远多情

缥缈的歌声从远处的雅丹传来
罗布泊在深秋的风中轻轻荡漾

▶ 2015年9月28日宿于库姆塔格沙漠

罗布泊的守望

罗布泊的雨如此多情*

罗布泊的云压得很低

在那带电的天边

雨渐渐由远而近

大雨敲打着罗布泊湖盆的心

倾盆而下的雨

不是在别处

而是在初夏时节

落在了罗布泊的戈壁和沙丘

天空降下了甘露

干涸的沙漠

像个孩子似的顷刻安静了

雨似玉珠般越来越急

地上却没有一滴积水

罗布泊用壮美的胸怀

为所有生命吸纳这场暴雨

有些植物已等了一个世纪

这一夜雨浸透了罗布泊干涸的土地

再过几天你若能来

所有的沙丘

将长满绿绿的盐碱草

那是野骆驼最喜爱的食物

也是野生动物对生命的传递

罗布泊大地狂野的黄沙

在雨后竟是如此多情

▶ 2015年5月27日于罗布泊

---

* 有关气象资料显示，这场雨产生了以往罗布泊两年的降水量。

罗布泊冬天的盛宴

库姆塔格起伏的沙丘被雪覆盖了
这是一场白色的盛宴

这个冬天
野生动物在罗布泊起舞
脚印深深浅浅

水源地厚厚的冰层
昨夜还是动物们遥望的圣地

今天苍天赐下的盛宴
格外甘甜

我们也如眺望远方的孩子
捧住每朵玲珑的雪花

忘记了昨夜狂风吹打帐篷
那碎裂的声音和不安的梦

太阳出来了
雪花融化挂在干枯的枝上像支鼓槌
敲打着神秘的节奏
如同野骆驼走来的蹄声

风揭开雪花的粉盒
裹着沙粒
在罗布泊大地上狂野地涂抹
像一个笨拙的泥瓦匠
不停地修补着沙漠的颜色

从库姆塔格向南
狂风吹散的雪
堆在沟壑铺满沙丘

冬季的盛宴带着我们的祝福
洒满金色的罗布泊

▶ 2016 年 1 月于罗布泊

万朵罗布花盛开

就生长在这里
最广袤的罗布泊

以草的名义生长
以花的娇美盛开

清晨的风携阳光起舞
光芒用色彩涂抹罗布泊的大地

不等蜜蜂来采花授粉
早有风儿传情

不用期盼谁来浇水
罗布泊大漠微量的雨就为我飘落

冬天狂风凛冽
极度低温中

罗布泊的土地
拥抱着我的根

春天你若能来
我已准备悄悄发芽

浩瀚的罗布泊
万朵罗布花为你盛开

▶ 2016年1月6日于罗布泊

罗布泊的雪花

落下的雪片像晶莹的羽毛
给大地换上了新衣
让洁白的大漠连接天际

野骆驼的蹄印清晰而又神秘
把生命的呼啸广布大地

罗布泊最寒冷的季节来了
风切割着岁月和土地

野骆驼用体温融化了积雪
把生存的密码传递

鬓须斑白的芦苇
是野骆驼生命的食物

风中摇曳的骆驼刺
吟诵冬天的记忆

雪覆盖了沉睡于泥土里的种子
在雪中静谧　　在雪中苏醒

春弦的芽藏在泥土里
迎着阳光将出现奇迹

编织一个花篮吧
将与野骆驼相遇的喜悦放进心里

在雪地里留一串脚印吧
来记录征程中的风雨

在生命中积累小小的善举
就能留住铜鼓和太阳光

▶ 2018年冬

罗布泊的守望

大地的欢喜

你是沙漠中的精灵
我是一束守望你的骆驼刺
在你慌不择路逃生的道边
我已注视你千年
黑风暴猛烈吹过的驼道
守在这里等你

一场春雨刚刚洒下
向上生长的枝芽已经翠绿
这一季风吹过的土地
漫漫驼道
又变得坚硬无比

狂风会带来你的消息
蹄声拍打着沙漠
清晨传来的脚步很急
你的驼群又有新的生机
列队而来尘土飞扬

铺天盖地
生命的延续生生不息
新的水源地水流湍急
大地生灵何其欢喜

▶ 2019年于罗布泊

大地丝带

你是我回眸的三千年
你是我渴望的绿水青山

你描绘丝绸之路的经卷
你是大义无边的诗篇

你重复着祖先的誓言
你寻觅宇宙无边的明天

你是罗布泊浩瀚的星海
你是麦田上永不败落的经典

你是最美的楼兰姑娘
诉说沧海桑田的红颜

你是罗布淖尔的星光点点
你是令人难忘的大漠荒原

你是雅丹最美的呼唤
你是大漠不朽的誓言

你是大地起伏的丝带
你是罗布泊苍茫的瞬间

你是历史的画卷
你是我心中永远的罗布家园

▶ 2020 年秋

我多么爱你——罗布泊

我多么爱你　　　　　　　　　但我仍然伸出裸露的手臂
那幅大地的油画　　　　　　　捧一掌炽热的心跳
　　　　　　　　　　　　　　匍匐向你
在罗布荒原辽阔的苍穹下
绿色的动力覆盖野生动物的家　我是多么爱你
　　　　　　　　　　　　　　罗布泊是大自然的传奇
峰峦叠嶂的山峰云雾缭绕　　　野骆驼和自然的生灵栖息在这里
淡泊层层连着山崖千里
　　　　　　　　　　　　　　自然的土地
河流山谷　　　　　　　　　　荒野戈壁　　布满荆棘
连接宽阔的大地
　　　　　　　　　　　　　　野骆驼
植物在松软的土地里扎根　　　用沸腾的蹄声击打苦难
连绵起伏　　一片生机　　　　奔赴水源地

没有星星的夜晚　　　　　　　天空也有黑夜
和雷电的视角碰撞在一起　　　驼道冰封雪雨

相信阳光会与你同行

绿色正一层一层铺向大地

滋养干瘪的血管

支撑孱弱的脚步

我是多么爱你

罗布泊那片深情的土地

那些花朵　那些湿地

那些沙丘绵延千里

我是多么爱你

爱你生生不息的新绿

金黄的胡杨　洁白的雪域

爱你不屈的成长和傲视摧残的豪气

我是多么爱你

尽管你的翅膀满是残垣断壁

因为你的四季

是生命与死亡的并蒂

荒漠的边缘

星星正在穿透夜色

浇铸沉厚得像青铜一般的光亮

抚摸茂盛与贫瘠

我是多么爱你

罗布泊的天空　罗布泊的四季

握紧你滚烫的流沙

沿着高耸的希望为你歌唱

把风雪燃成火炬

把荒漠的律动奏成一曲羌笛

伴着鸟儿的翅膀

和鸣大漠生长的新绿

我是多么爱你

罗布泊的天空　罗布泊的四季

▶ 2018年秋

罗布泊的守望

壮美的库姆塔格

天空飘着吉祥的云朵
引来无数飞翔的白鸽

沙丘舞动起伏的旋律
赞颂美丽的库姆塔格

壮美的库姆塔格
包含沙海的浩瀚

依偎着绿洲
涌动着大海般的歌

沙漠触摸着蓝天
鸟儿在古树上架窝

壮美的库姆塔格
潺潺的流水从门前流过

葡萄的藤蔓如江南景色
骆驼带你爬上高坡

壮美的库姆塔格
绿色的雨点在空中洒落

月光映着沙漠的泉水
大地广布颗颗白银

时光落下了精致的羽毛
为库姆塔格唱一曲赞歌

芦苇绕着沙丘
跳跃着生命的蓬勃

美丽的库姆塔格
心中燃烧着高炉的火热

这里描绘着大地的颜色
这里颤动着丝绸之路的脉搏

哈密瓜之乡
塞外桑葚之乡

这里有大漠的残阳
也有大漠的火热

这里有沙漠之美
古道之美

这里有孤傲的月光
也有葡萄酿酒的笑颜

这里是沙漠的文化标尺
是丝绸之路的通道

四周是丰饶的绿洲
流传生命的欢乐

岁月浸润的历史印记
静谧在这沟壑梁峁的漫漫沙丘

追问历史的馨芳
这里是葡萄之乡

燃烧和颤动的人间烟火
炙热地升腾在热土之中

▶ 2019年9月

罗布泊的守望

让我们记住永远的罗布泊

米兰古城遗址中有一座内圆外方的土坯佛塔，它就是米兰佛塔。在米兰佛塔下，观者很容易将它与西方的罗马城甚至与《荷马史诗》里的特洛伊城联系起来。关于新疆"圆形的城"的起源问题，目前学界仍没有定论。但是有一个信息提示我们，西方世界有营造圆形城的传统，罗马城是圆的，据说特洛伊城也是圆的。米兰古城这座圆形古城在建造时很有可能受西方这一传统影响，而在那里还生活着永远的罗布人。

楼兰位于罗布泊的北岸，地理坐标为89°55′22″E、40°29′55″N。1871年，一个英国人在伦敦出版了一本书，书中说他在塔里木盆地的西部做了一次有意义的旅行。他把听到的塔里木河下游情况记载了下来：有一个或深或浅的湖泊，据传说附近住着一个以鱼为食、以树皮为衣的部落，另外还有大

米兰佛塔遗址

群的羚羊和野骆驼。

如今，米兰城下罗布人的家园——老阿不旦，已经永远消失在历史的烟尘之中了。生活在阿不旦新村的罗布人仰望先祖使用的渔船，记录着对生命的祭拜。那一串串用鱼骨制成的饰物，承载着祖先生命的温度在岁月中传递。记忆，可能在时光中被磨砺得晶莹如玉，可能在岁月里被掩埋在历史的泥土中。但罗布人总能记起先祖生命中鱼的盛宴。那是罗布人对生命的追寻，对罗布泊的深情。

2017年9月，我们一行来到了距新疆生产建设兵团三十六团60多千米的老阿不旦。车在荒原上疾驰，道路非常难行。路的两边随处可见稀稀疏疏的芦苇和红柳。随行的三十六团易主任告诉我们："以前这里水草丰美，老阿不旦的罗布人主要靠狩猎和打鱼为生，他们春天时划着独木舟来到这里，在平坦的土地上撒些种子，到秋天的时候划着独木舟再来收获，收获多少全靠天气，任作物自然生长。"

沿途我们经过了很多起伏的沙丘，易主任说："这些沙丘所在地曾经是一个城池，是设在米兰的一个军事要地。当年，这里有大片密集的胡杨、红柳，为了满足作战需要，这里建立了一个制作兵器的营地。锻造兵器需要大量的燃料，驻守的将士们不断砍伐胡杨和红柳为燃料。经过常年的砍伐，自然环境被严重破坏，再加上连年的风沙和严重的水土流失，以及极度缺水，罗布人不得不搬出老阿不旦，离开昆其康伯克*'守护的家园'。"

汽车颠簸了一个多小时后我们到达了老阿不旦，一片残垣废墟高高低低地撒落在大地上，满目苍凉。一间间还没有完全倒塌的房屋也见证着罗布人曾经的家园。有的房屋门前还放着劳动工具，好像主人刚刚离开，也许马上还会回来。站在这没有窗棂的窗户前，又怎样能看懂消失在历史烟尘中的罗布家园呢？风沙将埋藏这片土地上演绎过的无数个无法被记录的动人故事和未解开的文明密码。

风中的芦苇摇曳着，房屋倒下来的土坯好像还带着罗布人生活的气息。

---

* 伯克是新疆地区1884年设行省前的一种世袭官职，这位名叫昆其康的伯克受清朝政府册封，管辖罗布泊地区，曾在19世纪后期先后见过来罗布泊的俄国探险家普尔热瓦尔斯基和瑞典探险家·赫定。——编者注

仿佛在千年后，对我们诉说着罗布淖尔家乡的远古和未来。这里还有一段塔里木河的古河道，当我们沿着这个古河道前行的时候，车开下去就很难再开上来了。扬沙漫天，一脚踩下去几乎能把鞋子全部淹没，那些细细的绵沙，在风的研磨下变成了土，粘在鞋和身上无法抖落，此时的衣服与裤子仿佛组成了一套穿越时空的铠甲。

我在老阿不旦捡到了一片很小的青花瓷碎片，颜色非常清晰，这是罗布人生活的碎片，青花瓷也印证了他们当年使用过这样的生活用品，也许是一尊花瓶，也许是一把茶壶，也许是一个小碗。虽然我们已不得而知，但可以看到生活在老阿不丹的罗布人非常热爱生活，青花瓷已沿着丝绸之路被带到罗布人的生活中。由此也可以证实，几千年来中华文明一直生生不息，通过丝绸之路影响着远方。

提到老阿不旦的罗布人，一定会同时想到那个叫普尔热瓦尔斯基的人。那年，他来到罗布泊，他说，这里居住着一支死也不愿离开的古老部落，他们的首府称阿不旦。由于环境太闭塞，清廷曾安排他们迁居河西走廊的安西，但他们拒绝离开唇齿相依的河湖水域——罗布泊。

清廷任命罗布人的首领昆其康为五品伯克，自此罗布人在昆其康伯克的治理之下，过着捕鱼打猎的生活。第一个探访老阿不旦，见过昆其康伯克的外来人就是"大老爷"普尔热瓦尔斯基。是机遇惠顾他，还是他死死抓住了机遇呢？普尔热瓦尔斯基这次罗布泊之行，不但引发了罗布泊位置之争，而且通过普尔热瓦尔斯基使外界首次知道了罗布人与他们的首领。

如今老阿不旦成了废墟。也许在未来的岁月里，在强劲的风沙肆虐下，老阿不旦将在大地上被抹去所有曾经的痕迹，但罗布人来过，他们在这里留下了璀璨的文明和丝绸之路文化。他们的故事冲撞着我们的心房，引起人们对老阿不旦苍凉的回忆。

老阿不旦的消失更提示着我们铭记历史的教训，更加珍爱环境，珍爱我们生存的地球家园。

第二天，我们来到了坐落在离伊循古城6 000米处三十六团的阿不旦新村，一座新城已在军垦战士的手中崛起。

在村委会我们见到了杨镰老师当年拜访过的村主任艾沙，他是罗布人的后裔。我们来到村委会，村主任艾沙和两位年长的罗布人与我们进行座谈。

在座谈中，两位罗布人给我们讲了很多他们祖先鲜活的生命故事。罗布人逐水草而居，他们的先祖以捕鱼和打猎为生，世世代代生活在与外界隔绝的海子群之间。罗布人没有货币概念，只是物物交换，他们的物质生活条件极差，但他们的适应能力极强。

罗布人依明江·托呼提的爷爷曾捕获过3峰野骆驼，他说："在当时，能捕获野骆驼的人才能被称为罗布人的英雄。"罗布人把捕获的野骆驼的蹄子制成鞋子，4个蹄子能制作2双成年人的鞋子。这种鞋子很耐穿，在沙漠里行走不会被灌进沙子，而且又隔热，还不会被干枯的杂草扎伤脚。

当时，罗布人捕到的鱼很大、很肥，鱼刺都有手指这么粗，鱼脊骨可以用来制作项链和耳环，他们还把鱼晾晒成干或腌制成咸鱼。

老阿不旦（王新艾 摄）

罗布泊的守望

每个罗布人的一生都是和一棵胡杨树连在一起的，一棵胡杨树就是一个罗布人的一生。一个罗布人成年后，会挑选一棵胡杨树把它从中间锯开，一半做成独木舟，一半做成睡觉的床，这床又隔潮，又挡风。受条件限制，罗布人不种五谷，也不放牧牲畜，他们用这种独木舟来捕鱼。生活在罗布泊的罗布人，独木舟是唯一的交通工具，谁没有独木舟就寸步难行，无法靠捕鱼来维持自己的生活。独木舟对于罗布人来说，就像土地对于农民、草原对于牧民一样重要。当一个人的生命结束时，人们会把他装在独木舟里边，独木舟也是每个罗布人一生最后的归宿。

依明江·托呼提说，有一年，罗布泊的水已经很小了，在尉犁县有一个大地主，他买了2 000多只羊做成羊皮袋子截留水源，老阿不旦村就越来越没有水了，最后直接断绝了水源。失去了赖以生存的水源后，他们不得不离开自己最后的家园。据说有一部分人迁到了南疆的洛浦县。依明江·托呼提还说，"洛浦"的发音其实就是"罗布"，那里也生活着罗布人。其实，现在的老阿不旦村也不是真正的老阿不旦，在昆其康伯克时期人们已经从罗布泊进行过搬迁。

依明江·托呼提说："罗布泊的沙尘暴刮起来就没完没了，可以连着刮几天几夜。"他听爷爷说，在黑风暴来的时候，野骆驼都会卧在沙地里。如果人遇到了沙尘暴，他们就会钻进已死去的野骆驼的肚子里，躲过风暴后再出来。

罗布人没有独立的文字，也许祖先的故事都是通过血脉相传来延续。他们习惯用计数词60来形容比较多，用1 000来形容极多。虽然生存条件恶劣，但罗布人却多长寿者，活到七八十岁的不稀奇，活到一百岁的也很常见。罗布人经常喝罗布麻泡的水，还用罗布麻泡的水擦拭被蚊虫叮咬的地方；罗布麻还可以用来制作很多的生活用品。

罗布人在我国新疆考察探险史上有浓重的一笔。19世纪末至20世纪初，曾多次到我国新疆考察探险的斯文·赫定，就是靠着罗布人奥尔德克的帮助，才发现了震惊世界的奇迹——楼兰古城遗址。可惜的是，今天人们只记得瑞典探险家斯文·赫定，却把楼兰古城遗址的真正发现者、罗布人奥尔德克忘记了。

斯文·赫定1934年获悉塔里木河再次改道，干涸的罗布泊"复活"为巨泽，而他再次到罗布泊考察探险的时候，罗布人奥尔德克已经是70多岁的古稀老人了。可奥尔德克仍然很乐意为斯文·赫定做向导，并带领探险队又发现了小河墓地，让世界知道了新疆。

罗布人居无定所，对于房子，罗布人认为只要凑合着能住就行。他们通常在海子边以大树的树冠为顶，用芦苇和树枝插成茅屋，这就是他们居住的房子。胡杨木为舟，曲木为罐，劈梭梭为柴，用胡杨洞中的黄水浆清洁衣物，一切都源于自然、取于自然。没有金钱，没有奢侈品，只有属于他们自己的自然生活。

杨镰当年经过实地考察后，曾发表文章指出，废弃于20世纪20年代的阿不旦渔村便是"古楼兰遗民"的最后聚集地。杨镰认为，在罗布泊湖畔始终生活着一支以渔猎为生的民族，他们是随着罗布泊的不断"飘移"而辗转到这里定居的，他们在此至少生活了200年，是"楼兰古国"的"遗民"。

斗转星移，当罗布人加入新疆生产建设兵团后，他们的生活发生了翻天覆地的变化，不但住上了新的房子，而且吃上了新鲜的青菜等食物。今天的罗布人过上了安定富裕的生活，赶上了好时代。罗布人曾经在罗布泊的艰难岁月，也将永远成为历史并被历史铭记。

罗布泊处于丝绸之路的中段，它向世界奉献了丝绸之路文化。在伊循古城的废墟上，曾经的佛塔点亮了历史的天空。佛塔与壁画更是记载了悲天悯人的慈悲情怀与期盼和平的美好愿望。悠悠的佛钟，敲响生命的舞蹈；茫茫的雅丹，见证大漠的情怀。历史，让人着迷于追寻曾经消失的那段灿烂岁月。

据悉，现在新疆生产建设兵团三十六团二连有罗布人的后裔，若羌县东北处有

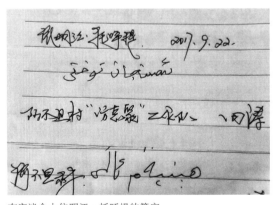
在座谈会上依明江·托呼提的签字

罗布泊的守望

在阿不旦新村和罗布人座谈

罗布人的后裔，鄯善县迪坎镇也有罗布人的后裔。无论如何，罗布人在罗布泊留下了他们生命的足迹，引起人们对远古苍凉罗布泊的回忆。而我们在阅读这些史料的时候，会让我们记住永远的罗布泊，罗布泊铸就了罗布人坚强的品格。记住罗布人，并铭记他们身上承载的历史和文明，爱护自然和我们的地球。

罗布人身上凝聚着日月星光的世事沧桑，他们经历的挫折、困顿，变成了这多变世界的航梯。

杨镰老师拜访过的罗布人库万和热合曼，都随着岁月的流逝回到了遥远的罗布泊，回到了寂静的罗布淖尔。而人们对罗布泊，对生活在阿不旦的罗布人的探访也许才仅仅是一个开始……

▶ 2017年秋

罗布泊风中的芦花

> 人只不过是一根苇草
>
> 是自然界最脆弱的东西
>
> 但他是一根能思想的苇草
>
> ——法国思想家帕斯卡

千万年前洒落的生命种子，在严寒的旷野里探出一叶绿茸茸的耳朵，在黑风暴穿越的沙地里发芽生根，长成了一株一株的芦苇，在生命的涅槃中变成芦花。

许多地方都生长着芦苇，但我独爱罗布泊的芦苇。本应栖水而居的芦苇，在罗布泊沟壑的土壤里也生长得茁壮。它静静地扎在泥土中、戈壁上、沙土里，看上去就像一个守护土地的哨兵。

冬天，芦苇把根深埋在泥土里，等待春天时发芽。

春天不知不觉地来了，沙土里泛起了油油的嫩绿。这一季的时光仓促短暂，抓紧疯长的芦苇每天都在一节节长高。

阿尔金山的冰雪在这个时候也缓缓地融化了，雪水流淌着，滋润着每一棵顽强生长的生命，也见证它们一天天地长大。

夏季的罗布泊骄阳似火，风裹着沙粒狂野地刮个不停。三五天持续刮风

罗布泊的守望

也是常事，芦苇在风中摇着，飒飒之声，婉转动情。

秋天来了，芦苇终于成熟了。绿叶变得金黄，在风中，芦花舞似起伏的麦浪，又似娇羞的新娘。随风试着飞翔，一朵，两朵、三朵……

最后，不间断地飞向天际，就这样完成了这一季的生命。开花、呐喊、舞动、飞翔。

风会把它们带到更遥远的地方，它们轻盈地在风中飘动。不经意间花儿散开了，在湛蓝的天空下，舞动着它们的旋律，唱着它们自己的歌，就这样漫天飘散。

阳光下，每朵芦花都变得像蜻蜓的翅子一样透明。芦花在罗布泊坚固泥土，维系生态，默默生长。

偶尔，芦花丛中仿佛传来数声鸿雁啼鸣，蓝天下似有两行鸥鹭飞舞寻觅……

芦苇浑身都是宝，可以入药，可以造纸，更可以作为野骆驼四季的食物。

它们纷飞，如冬日的雪片，却比雪片浪漫；

它们飞舞，如秋天的落叶，却比落叶轻盈。

悠闲地飘，自由地飘，随着风儿飘向天空。一朵朵白绒绒的芦花，偶尔又飘回芦苇丛中。在这里它们可以任意飞翔，来点缀空寂辽远的罗布泊。

干枯了，却更坚韧了。无声的枝在风中述说着一生的沧桑，跪拜着苍穹四季的冷暖交替。

枯萎了，并没有凋落；弯曲了，根枝还在延伸。芦苇还在拨动生命的琴弦，随意勾画着生命的图案。

那些拧着劲的风对芦苇只是一次次的历练，芦根不会扭曲。深埋于泥土中的根，预示着新一季生命故事又要开始……

▶2016年秋于罗布泊

从罗布泊归来——积极的痛苦

不愿谈论痛苦。不过，我认为还是有一种积极的痛苦，积极的痛苦是人生必须承受的。

人一生要承受这样那样的痛苦，心灵之痛和肉体之痛一样剧烈的时候，我选择了积极的痛苦。眼睛第五次充血了，在医院测视力的时候，我只能看清上面几排字母的方向，下面几排几乎都是猜的，最下面的字母根本就看不清。由于总是说错方向，医生说："就0.4吧。"其实，0.4（按国际通用视力表，范围为0.1～2.0）也没达到。

从医院出来时右眼已被包上了。过马路的时候没看到前方驶过来的车，当这辆车带着刺耳的声音骤停在我身边时，司机大声吼道："没长眼睛吗?……"

我已经被吓蒙了，直直地看着他，一时无言。当他看到我右眼包着纱布，摇了摇头开车走了。当我站在路边，从惊吓中回过神来，可以称得上"勇敢"地撕掉了包在眼睛上的纱布时，顿觉眼前明亮了许多。这时，从来没有眼睛这方面知识的我，感到眼睛的问题已经很严重了。我站在路边，麻木了很久，泪水终于冰冷地从脸颊流了下来。我知道，生命已到了寒冬。

2016年11月24日，我住进了医院。严格来说，16天的医院时光，血压降下来了，但并没有诊断出眼睛的病情，医生只是说眼底有病变。我每天都会接受一次雾化治疗，每2小时喷一次药，也见效了许多。

可出院后的第三天眼睛又充血了，视力也更差了。经多方联系，终于在元旦后的第十天来到了北京。我在医院检查出了病因，并确定了手术时间。可以毫不夸张地说，外科手术台和屠宰场没什么两样。走进手术室那一刻我只有恐惧，还有一种末日来临的感觉，大脑几乎一片空白。医生们一个个好像机器人似的被输入了程序，很忙碌。问了我什么、我说了什么，都记不得了……

也不知过了多长时间，也不知医生们都忙了些什么，只是在疼痛中醒来，曾经的明亮世界变成了一片漆黑，让我分不清白昼与黑夜。极度的黑释放了黑暗的力量，只有护工阿姨那句"手术很成功！"像侍奉光明的神祇，把我的整个心都照亮了。

虽然是一句浓重的四川话，但我听懂了，这句四川话很亲切。

双眼被包扎上了。起初的两天，我很难打发时间。疼痛就这么真实，甚至难以承受。疼痛可以有破坏性，可以霸道，也可以温柔。医生换药时这样对我说："能哭出来吗？如果能哭，哭出来让眼睛循环一下最好……"

人是天生逃避痛苦的生物，欢迎一切痛苦是很愚蠢的，逃避已经存在的痛苦同样愚蠢。

我们如果能响应命运的要求，能认真面对现实，心会平静得像波涛汹涌后的大海。大部分时光里，我们只能用肉眼观察世界，最多也只能捕捉到永恒的一丝痕迹。而此时，痛苦是化了妆的礼物。在我被长时间蒙上双眼时，其实我们可以用心灵的眼睛看世界。而且突然之间，我发现耳朵也灵敏了许多。这时，我们不仅能听到自己生命的历程，我们还在心里看到了那些喜爱的人和故事。童年梦中花园里亲人、朋友、花朵、昆虫和小鸟，以及那些我们曾经的愤怒，此时都是庄严的幸福。

回想2016年11月16日，为拍摄《中国新疆野骆驼千里寻踪》纪录片野骆驼的生活场景，新疆野骆驼保护协会和相关单位再次来到罗布泊腹地。在保护区（指新疆罗布泊野骆驼国家级自然保护区，本文余同）夜间取暖时，由于风大，煤炉倒烟，致使我一氧化碳中毒。当时我的血压高至200毫米汞柱，头剧烈疼痛。四肢无力，呕吐烦躁，脉搏的跳动疯狂加快，意识也出现了障碍。队友们用了各种急救方法，把我用羊皮大衣包上放在寒风中吹。并给我灌了用葱根、姜、醋煮的水。那种呕吐好似翻江倒海，有种把几十年的东西都吐出来的感觉。昏昏沉沉不知过去了多长时间，我在极度的折磨中迎来了新一天的黎明……

这次一氧化碳中毒，经救治虽然保住了性命，却落下了严重的眼疾。

在那个漫长的手术结束后的夜里，我记起了保护站的站长给我讲的一段往事，他说，有一次他带着保护站的3个同志在保护区巡护，也是因为天气寒冷，在帐篷里生了炉子取暖。早晨5点他迷迷糊糊地醒来，感觉四肢无力，头痛难耐，便开始大口呕吐，他明白自己是一氧化碳中毒了。站长说，因为他睡在帐篷的最边上，还是有点风吹进来的，所以他还有点意识能够醒来。此时他赶紧把帐篷撕开了一个角，让风吹进来。他开始疯狂呼叫3个同伴，但无论他怎样吼叫，3个人始终没有反应。他开始轮番掐同伴的人中穴，人中穴都被掐穿了，还是没反应。这时他也快崩溃了，双手在他们每个人的脸上用力抽打，脸都打肿了，3个人还是没有一点感觉。

站长说，当时他一个人漫无目标地朝沙丘上走去，甚至想自己找个悬崖跳下去或者这时来只狼把自己叼走算了。就在极度绝望时，突然，他听到有呕吐的声音传来。他快步跑过去一看，原来，刚才他掀翻了帐篷，山里的野风吹得那3个同伴渐渐苏醒过来了。这时几个人哭作一团，紧紧地拥抱在一起。

由于联系及时，一行人得到了救治，大家都逐渐恢复了健康。站长说，他后来才知道，当时，他抽打同伴脸的时候，自己都不知道用了多大的力气，他当时就是想把同伴打醒，其中一个同伴的牙都被打掉了两颗。

是啊，我们在敬畏自然的同时，也从心底一次次涌出了对野生动物保护工作者的敬佩。每一次征程、每一次管护巡查、每一次执着无悔地坚守，都是在用生命谱写守望野生动物的赞歌！他们没有豪言壮语，情怀朴素得像泥土。带着黝黑的皮肤，依然走在保护野生动物的路上，用他们的双脚巡护着罗布泊保护区6.12万平方千米的土地。

我想，今天我们能坦然承受自己的痛苦，明天我们也能勇敢分担身边人的痛苦。最后，我们会发现，你愿意承担的痛苦越多，你得到的欢乐也就越多。这些疼痛都将是滋长生命和内心深处善良的根本，焕发着生命的光芒。

▶2017年2月于北京

罗布泊的守望

罗布泊的"自然博物馆"
——大自然的鬼斧神工

  罗布泊是古丝绸之路上光芒四射的"驿站",倾泻着普照楼兰、普照游移之湖的神秘光芒。人类历史文明的延续,需要在文明中得到启迪、升华和延续。从大自然中了解野生动植物的奥秘,也是人类文明需要去做的一件事。

  也许,你去过很多的自然博物馆,如果你有机会去罗布泊的"自然博物馆",你一定会为大自然的鬼斧神工而折服。

  从阿尔金山红柳泉流出的泉水涌入峡谷,切穿了第四纪沙砾积岩冲积扇,在中段形成了高约50米,宽仅8～16米,长约10千米的大峡谷。峡谷两侧悬壁陡立,在风和水的切割下,形态奇异。有的地方似陡峭的高塔,有的地方像一排坐佛,有的塔顶在顶端有巨石,有的地方像一只灵动顽皮的猴子坐在山崖上。库姆塔格金黄色的流沙从峡谷侧面流

罗布泊大峡谷像一卷鬼斧神工的书
(王新文 摄)

罗布泊大峡谷巨石像天外来客（王新艾 摄）

出，形成一个个尖锥镶嵌在底部。不少悬崖的低处，被洪水冲成"老虎口"。穿越这个峡谷，真使人心惊胆战，但也十分有趣。

隆冬的季节一路颠簸，车在起伏的沙丘上穿行，每时每刻都有意想不到的危险。从一个沙丘到另一个沙丘，有的地方一个下坡的坡度就有七八十度。这种惊心动魄的路况，让人心灵有种被撞击般的震撼。不知翻越了多少沙丘，我们终于到达一条峡谷的沟口，沿着这条古河床纵深再向前行60多千米，才能到达罗布泊的"自然博物馆"。在这里每走一千米都是非常艰难的，我们用了3个多小时才来到峡谷的谷底。

一路前行，两边的石柱像整齐的树林一样插满山头，这是大自然的杰作，在光线的折射下显得更加神秘。无论从哪一个方向看去，仿佛都是一幅壮美的图画，形象而又生动。峡谷深处，能听到潺潺的流水，能看到泉眼下结成的冰柱。这条峡谷也是野骆驼饮水的一条迁徙通道。就是有了这些缓缓流动、长年不断的泉水，野骆驼才能在这里生存。泉水是野骆驼生命的源泉，也养育着这片土地上的生灵。

罗布泊的守望

峡谷里绵延数千米自然形成的小溪旁有浓密的植被，这是野骆驼的食物。夏季，沙漠上酷热难耐，最高温度能达到70摄氏度。野骆驼会在这条峡谷乘凉，这里有潺潺的流水滋养着它们的生命。冬天小溪还没有结冰，野骆驼可以在这里自由地饮水撒欢。这条狭长的沟谷蜿蜒向前，经过两边高耸的石壁，运气好时可以看到野骆驼在这里活动。

这就是罗布泊大峡谷或者称库姆塔格大峡谷。由于地层的结构松密程度不一，山上时有碎石掉落。从阿尔金山上融化的雪水在夏季横冲直撞，有时会造成大片坍塌堵塞这条峡谷，有时只会留下一道缝隙。洪水有时如怒涛般奔腾，有时如锯齿般迂回侵蚀，有时又如细流缓缓流过。大自然的鬼斧神工让这条长长的峡谷百态千姿。在夕阳的余晖下仰望山峦，有的地方如佛祖，有的地方像武士，有的地方如石柱，有的地方似穴蚁，有的地方如石塔，还有一些地方堆积拥抱，有孤峰孑立，有洞穴天成。这些大自然的雕塑，可以依形命名，也可以凭想象命名。

有岁月的时光开凿，浑然天成的雕塑风格丰富多样。从剽悍雄健到婉约纤细，从现实厚重到烂漫灵动，没有束缚，只有自然与庄严。

傍晚来临，峡谷两侧一峰峰石柱的颜色随着光线变幻莫测，呈现出一幅幅神秘的图画。由于岩石的种类和风化程度不同，时间的演变以及所含矿物质成分的差异，在阳光的照射下五彩斑斓。

远处的山坡上夹有泥土的地方长出了一株株的胡杨，给空旷的峡谷带来一些诗意和生机，更令峡谷气象万千。峡谷岩壁的水平岩层清晰明了，这是亿万年前的地质沉积物，如同树木的年轮一样，为人们认识地质变化提供了充分的依据。岩石无论坚硬还是脆弱，那些经不住风吹雨打或激流冲击的部分，时间一长便消失得无影无踪，幸运留存部分的形状往往非常奇特。据保护站的同志说，前两年，两侧的山石塌陷带下大量泥沙将河道堵塞，之后的洪水又将河道冲开。千回百转的峡谷，挟持一线天向前延伸。每一处岩石都好像是雕塑家精心雕琢的，置身其中如临仙境。

罗布泊大峡谷已走过千万年的历史，是大自然在罗布泊写下的伟大一笔。辉煌与壮丽远非一般自然景色可比，这是我们中国人的骄傲与自豪。上苍刻凿大峡谷的历程并非凭一朝一夕的功夫，而是经历了几十亿年的漫长岁月，至今扔未停歇。每天都还在变换着模样，直至永远。

人类不能觉察时光每天雕刻自然的进度，但时间的演进，却显示了令人难以置信的伟大。

这条峡谷充满磁力，指南针上的指针在磁力的作用下失去了指示方向的功能，不停旋转。峡谷里有数块大石和小石垒成的石阶，当你感到已经处于沟壑的尽头时，曲槛回廊，从这里踏上二级石台，再上一个台阶，曲径通幽的深处，罗布泊的"自然博物馆"就展现在眼前。

在这个"博物馆"的门口有一块巨大的石头呈45度角摆放在这里，就像万本书卷铺展开来，这本书里应该蕴藏了罗布泊所有的秘密。千百年的地质变迁，岁月轮回，也许又能揭示人生的一场场风雨悲欢。

踏上这个台阶，两块巨大的石头立刻映入眼帘。远远地看去就像是两峰野骆驼（母与子）在这儿向远方瞭望，它们在守望着罗布泊苍茫的家园。再往前走，出现在眼前的仿佛就是一个自然的"多功能大厅"。一眼望去，平台能容纳一两百人。后面有一幅"山水背景图"，是上苍用亿万年的时间雕刻的巨大山林峻图。那是历史的美，是苍凉的美，是无法用语言形容的美，也是自然的美。

继续往前走，右边有一个小小的山洞，里面非常温暖。仿佛这个山洞里有一个神仙居住着，也许他刚刚出门，马上就要返回。向前紧走几步，一条深深的石门通向前方，两边的石头堆砌成的一个通道，有十多米长。通道两侧还有像扶手一样的围栏，让人称奇不已。再往里走，更让人惊喜连连，左边还有一个山洞，山洞的底下有潺潺的流水，进入山洞会感到异常寒冷。也许，这就是罗布泊"自然博物馆"的"冬宫"和"夏宫"吧。再向前走，更是别有洞天，一幅巨大的"山水国画"展现在眼前。随行的地质学专家说："这幅巨石如泰山之石，又像是天外之石，"深邃的蓝透着生命的蓬勃与神秘。

沿着峡谷前行，峡谷切割在深度变质的黑色页岩和裸岩地貌上，形成的陡峭峡谷有数千米长。两侧斜立的黑色页岩沉积岩层，层层叠叠。自然赋予了大地魔术般的景色，罗布泊从世纪的沉睡中苏醒。更神奇的是河谷中间留

罗布泊的守望

下了一个崖墩，像平铺在大地的万卷书籍。尤其是两边谷壁断面，纹理清晰，就像万卷诗书构成的曲线图案此时正为你打开，又像人生岁月刻下的道道印痕在心中起伏。缘山起落，循谷延伸，如一幅万里绸带在罗布泊大地上婉转飘舞。

这块石头斜对面的另一块石头上有两个字，每个人都可以用自己的想象来解读这两个字。映入眼帘的其中一个像是"舍"字，另一个像是"人"字，让人称奇不已。在这个"自然博物馆"里所有的"陈设"都非常经典，形象而生动，好像经过精心的设计和布置。这条峡谷应该被称为"万卷书大峡谷"。

依山而望，出现了一个通天空洞，翻越过去，又会有怎样一番景致呢？透过天空可以看到远方密集的石林雕塑。这里也是鸟类的天堂，各种鸟儿在这里安家，很轻易就能从地下捡到它们的羽毛。万物在这里和谐共生，给人无法想象的精美和震撼！

夜幕降临，罗布泊腹地在一片深深的寂静之中。

我们就要离开这里了，这也许是今生的初次相遇，也许是今生永远的诀别！

罗布泊大峡谷两侧的山峦被大自然任意雕琢（王新艾 摄）

罗布泊大峡谷（王新艾 摄）

此图摄于2019年。

2021年5月，当我们随科考队再次来到这里，只见一块巨大的石头卡在两山之间，这里被自然封闭。此景再也不见了。

自然的力量实在太伟大了，它赋予了人类生命，赋予地球其他物种生命，使我们的世界充满丰富的多样性。

在罗布泊"自然博物馆"能体验到自然的伟大、生命的伟大，一切都那么安然、宁静。在这里你会感到人类只是苍穹下一个小小的物种，自然的一粒尘埃。

广袤的大漠，寂静的沙海，雄浑肃穆。仿佛大自然在这里把汹涌的波涛刹那间凝固了起来，静止不动。

落日将沙漠染成鲜红的血色，也带着凄艳和恐怖，罗布泊大峡谷在夜晚来临时转化为一片诗意的苍凉和悠远。

远古的罗布泊是有水的罗布泊。在我看来，罗布泊并非生命的禁区，这里是680多峰野骆驼（截至2022年年底的数据）生命的家园。也是那些幼小生命凭借自己的敏锐、聪颖，在这里生存下来的故乡。它们有着奇特的器官、特殊的本领，我想这就是自然的进化吧。

夕阳下的罗布泊，有风扑面而来，发自远古，超越红尘，超越千年！

▶ 2019年秋

罗布泊的守望

在罗布泊五个泉

 7月的罗布泊，天空像挂了个大火炉，早上不到7点太阳就火辣辣地照在地面，温度计的红线刻度此刻已经升到了38摄氏度。

 我们今天的任务是去五个泉，大家一早就开始忙碌起来。原定早上7点出发，可现在温度已经这么高了，到中午升到60多摄氏度那肯定顶不住。所以，大家商量后决定把出发时间调整为下午3点以后。

黄花补血草

 时间一分钟一分钟过去了，空气里流动的热浪阵阵袭来。在这燥热的天气里，心里只有一个念头，那就是希望能来场狂风暴雨。

 可雨没来，随着太阳慢慢爬上头顶，天气更热了。保护站就只有一台电扇不停地吹着，发出吱呀吱呀的声音，也许有点风，也许根本就没风。大家就围着坐在那，互相说的话却完全听不清。

 但是热浪还是一浪接着一浪，时针已经

罗布花

指向下午3点，如果再推迟出发时间，今天就很难赶回来了，得赶快出发！

可这温度出去一会儿就得脱层皮，熬到下午5点再出发吧，过会儿太阳也许慢慢就下山了……

两个小时又过去了，不能等了，我们决定出发！

两辆车碾着高低不平的戈壁出发了。一出保护站的大门，受条件反射，立即把车里的空调开到了最大，可还是能感到热浪瞬间就袭上了脸颊。走了还没5千米，一辆车就爆胎了。大家七手八脚开始卸轮胎、取备胎，只一阵功夫汗水就把衣服浸透了。汗水不停地流淌下来，流过皮肤的灼热让人无奈地脱下浸湿的衣服。可还没等到你换上另一件，这一件已经可以拿起来立在地上了。

阳光的灼烤，把人的影子一米一米拉长，此时人好像和这无边的沙漠连成一体，炎热可以夺走一切。

沙漠中的植物为野生动物提供了食粮（王新艾 摄）

罗布泊的守望

在阳光强烈照射的火炉里，汗水随着身体的动作在身上发出若有若无的响声，慢慢地顺着头皮、耳根、脸颊、鼻子流下来，越来越让人难以忍受。

这时只感觉到，如果你在罗布泊肆虐的热风中挣扎，与自然抗衡的勇气会随着时间的流逝一点点消失殆尽。

一瓶矿泉水喝下去马上就随着汗水蒸发掉了。一口气喝上两瓶也只感到稍稍解了点渴。这种天气如果几个小时人体补充不到水分，很快就会虚脱。

在这干渴的盐碱地上，人没有了伪装，把一切原始的朴素交给了沙漠，这就是真实的罗布泊。

在现实生活中我们极力强调生命的自我价值，在万物普照的自然面前，生命的自我价值只剩下忍耐和坚持了。

这时轮胎换好了，我们准备继续出发。车在这干涸的盐碱地上前行，此刻，罗布泊气温已高达60多摄氏度，地表温度接近70摄氏度。

这干旱的沙漠是怎么来的呢？古人说，在远古的某一天，从雪山上奔腾而下的数百条河流发了大脾气，它们泛滥成灾，若干次的洪水之后默然终止，彻底断流。刹那间奔腾的河流在这里止步，从此这里彻底被河流抛弃而变成了沙漠……

传说远去，雪水从高高的阿尔金山倾泻而下，清凉纯净。匆匆地裹着芦苇，裹着杂草和树根。怒吼着、欢笑着、冲撞石头和坍塌的泥沙，涌出一条浩浩荡荡的满溢着罗布泊鲜活生命力量的河流奔腾而下。它让干涸的土地热闹起来，动物们等待多时了。强烈的洪水过后，低凹的地方变成了小溪。这是夏季洪流的乐章，也是生命的乐章。野生动物来了，水让它们充满了活力，也不知干涸了多少年的植物开始复苏。

颠簸了几十千米后，五个泉就在我们眼前，此次专家们要对这一区域的环境和植被情况进行考察，是为了检验今后是否适合在此处建立野骆驼紧急救助中心。

五个泉方圆数平方千米，一丛丛的红柳覆盖在高高低低的沙丘上。植物主要有芦苇、柽柳、骆驼刺、罗布麻、大叶白麻等。野生动物主要以野骆驼、鹅喉羚和藏野驴为主。

这里有几处细细的水流沉淀成的自然水源。地下水源应处于动态平衡状态，使这里溢出的水一直在潺潺地流动。沙丘上有野骆驼和鹅喉羚不久前留下的粪便，看上去这个区域野生动物活动较频繁，比较适宜野生动物生存。

源源不断的水源可供野骆驼和其他野生动物饮用，对于建立野骆驼紧急救助中心来说，这里应该是一个好地方。专家采集了水样和植物标本，测量了水源地的情况。未来救助的野骆驼，可以在这里实现野放的状态，为其今后放归自然做一个过渡准备。

专家说，开展救助后，可进行半野放野骆驼种群的行为研究与空间需求、半野放生境利用和环境异质性的关系、警戒反应与人类干扰的关系研究，通过野骆驼半野放种群行为研究，可以进一步优化半野放环境，实现种群的健康繁育，对将来实现野骆驼国内人工繁育等进行资料储备；能为野骆驼的野化放归管理提供资料。这些工作将为保护区（指新疆罗布泊野骆驼国家级自然保护区）和专家组进行生态评估和论证提供有效的数据。

水是野骆驼和其他野生动物生命的源泉。涓涓的细流从这片土地上慢慢地流淌而出，在沙漠跳动的阳光里波光粼粼，这是属于自然生命的跃动。水对聚集在干旱大漠之中的野骆驼和其他野生动植物，起着决定生命延续和繁衍生存的意义，水也在罗布泊这片土地上带着历史的百转千回……

弯曲向前的驼道是生命的延伸，每群野骆驼都有自己熟悉的驼道。野骆驼踩出的驼道，经过千百年的探索实践，是它们生存最合理的通道。每一条驼道的延伸都记录着野骆驼生存的艰辛，对于生命这是光荣的，也是惊险的、幸福的。

日出之前是沙漠每天气温最低的时候，动物们在新的一天来临时跃跃欲试，干涸的土地并不是生命的禁区。星星点点的植物是生命的重要成分，大地铺满了茸茸的绿草，起伏着绿色的波浪。无拘无束生长的植物和动物相依为命，凝结成了一种万古不变的依存关系。

小草都是顽强的，它们随风摇曳，坚挺的根和叶仍然在不屈地生长着，创造着一个生物多样性更加丰富的和谐自然世界。

远远望去，五个泉一片葱绿，但这里的生态结构非常脆弱，受水资源制约和强风沙的危害，荒漠生态环境中植物种类贫乏、古老、易木质化。特别是单一食性的动物，有时仅靠一种或少数几种植物来维持生存，若其中一种植物的数量减少，就会导致该种动物加速濒危与灭绝。

植物在自然中有着坚强的生命力，一个小小的水坑就是一次生命的机遇。一次次干涸，待一场大雨就能使它们在多年的等待后再次发芽。雨水的冲刷使植物的种子脱落，在有水的短暂时光里，让嫩芽破土而出，一些沉睡多年的种子经过漫长的等待终于绽放植株的芳华……

此时我们可以看到，虽然在夏季，可有些植物已经发黄。也许它们在等待下一个春天的检阅，再一次苏醒吧。

这是干涸的季节，山上有稀疏多年的胡杨。它们绿了又黄，黄了又绿，荣枯交替地轮换着。季节与时光刻画年轮的伤痕，那些能榨出水滴的泥土被紧紧护着，让不受洪水冲刷的胡杨、芦苇紧紧地抱在一起，诉说着大自然中生存的灿烂与悲壮。

如歌的夕阳照在远处沟壑斑斓的雅丹上，像镀了一层金色的神秘光芒。罗布泊的阳光总是迟迟不肯退却。虽然已经晚上10点多了，但太阳还圆圆地挂在天空。黑色风暴游走过的千年沙丘上，发出滋滋的鸣叫声，夜幕降临，是昆虫们登场的时候了……

我们也该返程了。在即将来临的夜色中，罗布泊又大又圆的月亮照着我们的归途……

远处的残垣断壁，耸立在沙漠的风中，唱颂着自然生态的赞歌，绿色生态的罗布泊必将载入自然的史诗。

保护区随着野骆驼保护项目的实施以及管护巡察的加强，野骆驼种群将会得到更完善的保护与发展。

这个世界有很多种力量，每个人都应相信自然的力量，相信会有更多的野生动物守望者走在保护野生动物的路上，相信罗布泊一定能成为一片生机勃勃的沃土，一切才刚刚开始……

▶2018年7月于罗布泊

太阳亲吻过的沙漠——罗布泊

万物共生

时光像一团浓雾，裹着黄沙从千年的古丝绸之路走来。穿过古道，穿过两汉、穿过魏晋、穿过盛世锦年的大唐，落在了太阳亲吻过的沙漠——罗布泊。

罗布泊位于新疆维吾尔自治区东南部巴音郭楞蒙古自治州，在中国最大的沙漠——塔克拉玛干沙漠的最东缘，古代丝绸之路著名的楼兰古国位于罗布泊的西北侧。

越过金黄的库姆塔格沙漠，前方就是炽热的罗布泊。仿佛是一场约定，似乎为了这个约定，期待了许多时光。风从阿尔金山裹挟着时光向我们吹来，芦苇快要冒出新芽，大地散发着阳光与青草的香气。

天地蕴涵着自然与丝绸之路哲思的诗意

"罗布泊野骆驼国家级自然保护区生态恢复项目区"标志牌

罗布泊的守望

扑面而来，不需要诠释，花的芳香与草的清新亦从远处的雅丹飘来……

　　每一次来到罗布泊都会觉得是第一次，都会留下难忘的记忆。罗布泊会像海浪一样敲打我们的心扉，又会像磁铁一样吸引我们的心灵。我们也会把心的一部分留在罗布泊，期待来年在沙丘上再次重逢。

　　我们关注罗布泊，罗布泊也在追问着我们……

　　1972年，美国通过卫星拍摄到罗布泊的照片。其形状宛如一只"大耳朵"，不但有"耳轮""耳孔"，还有"耳垂"。因此，罗布泊也被誉为"地球之耳"。这里曾经流传过许多神秘事件，不知有多少人来到这里再也没有回去，这里又被称为"死亡之海"。

　　中国西部的"大耳朵"罗布泊，干涸的湖盆洼地面积很大，但大部分区域都是极为平坦的低平地。由于上万年的积盐结晶和大风的作用，河流带来的尘土和泥沙的沉积，近4 000平方千米的整个干涸的湖底面，高差竟为30～50厘米。"大耳朵"的"耳心"，是一块湖心高地，我国出版的十万分之一比例尺地形图也标明了湖心高处的盐壳。100多年前，斯文·赫定进罗布泊

作者与中国林业科学研究院李迪强教授在罗布泊

的时候，他们骑着的家骆驼都要被打上铁掌，但骆驼的蹄子依然会被磨出鲜血，人走上去鞋子很快就会被磨穿。

十几万年以来，罗布泊一直是塔里木盆地的最低洼地和水盐积聚地。罗布泊地区是新疆历史、地理和地质环境演变的一个典型区域，在近代受到国内外学术界的密切关注。特别是它在漫长的历史长河中生态环境的急剧变化，是中亚及我国西部干旱地区环境变化的一个缩影。

罗布泊地区周边的库姆塔格沙漠有若羌库姆塔格沙漠、哈密库姆塔格沙漠、鄯善库姆塔格沙漠3个组成部分，它仅次于塔里木盆地的塔克拉玛干沙漠和准噶尔盆地的古尔班通古特沙漠，为新疆第三大沙漠。它的南缘与阿尔金山北麓结合成一体，仿佛山体被淹没于沙漠之中，又好像沙丘爬上了高山。山与沙丘交相辉映，极其壮观。

库姆塔格沙漠自古以来少有人烟，成为野骆驼等野生动物的乐园。在罗布泊的整个区域，我们可以观察到不仅有羽毛状的沙丘，还有金字塔状沙丘。金字塔状沙丘在形态上因与埃及金字塔相似，所以得名。沙丘主要分布在库姆塔格沙漠南部与阿尔金山北麓相接的山前丘陵和台地上。

若羌库姆塔格沙漠位于罗布泊和阿奇克谷地南部，夹在罗布泊与阿尔金山之间，向东延伸到甘肃玉门关附近的南湖乡（现阳关镇），西至罗布泊湖盆西南部的红柳沟。通过对卫星影像的观察可知若羌库姆塔格沙漠有一片区域像一根鸟羽，这一片区域被专家称为"羽状沙漠"。"羽状沙漠"在若羌库姆塔格沙漠北部，主要有羽毛状沙垄分布，面积约4 000平方千米，占整个沙漠面积的1/5。沙子在东北风的影响下，由东北至西南方顺山坡向上延伸至沙垄之间而形成一些低矮的沙梗，最终形成羽毛状沙垄。

半固定灌丛沙丘分布在阿奇克谷地，由于地下水位较高，这里生长有红柳、沙拐枣、白刺等植物，这些植物拦截了部分沙子，有利于固定灌丛沙丘，随着植物的生长，灌丛沙丘的体积也在不断扩大。

新月形沙丘和新月形沙丘链分布在库姆塔格沙漠北部和三垄沙一带以及南湖戈壁局部地区与沙漠西部大面积的平沙地区。

复合型纵向沙垄，主要分布在库姆塔格沙漠南部，与主峰平行或呈30度

罗布泊的守望

左右的夹角，由树在沙垄叠置而成，分布面积约为1.6万平方千米。

这就是在罗布泊区域能看到千奇百变沙丘景象的原因，这些自然奇观全是由于地形和风的作用形成的。

远古的丝绸之路穿过罗布泊，昨天的驼铃依稀走远了，驼队遗落的古钱币像历史长河中的星星一样，装点着疏勒河流域废弃的驿站。

丝绸之路不仅是连接欧亚大陆的交通动脉，更是连接人类文明的纽带。在欧亚大陆的发展中，丝绸之路发挥了重要的作用。古代中国的中原地区与遥远的中亚、西亚地区的互动，强有力地塑造着华夏文明与中亚文明、西亚文明，三者通过丝绸之路交流、融合，发展和谐共通。

罗布泊是一片神奇的土地，也是一片神秘的土地。1964年我国的第一次核爆在这里试验成功。随着20世纪60年代当地对上游水利的利用及自然的演变，1970年罗布泊湖盆彻底干涸，曾经水草丰茂的罗布泊只剩下一望无垠的盐碱地。

在前往罗布泊的路上，我第一次知道了两个和野骆驼有关的人名。一个是约翰·海尔*（John Hare）先生，他是英国人，他发起成立了国际野骆驼保护基金会，晚年致力于中国和蒙古国的野骆驼保护事业。还有一个是袁国映先生，他曾是新疆环保科学研究所副所长，研究员。为全面系统开展野骆驼的科学研究，立项国际野骆驼科学考察项目，袁国映先生付出了巨大的努力并作出了重要贡献。国际野骆驼科学考察项目也得到了原国家环境保护总局和联合国环境规划署的全力支持。为顺利展开国际野骆驼合作科学考察，揭开了野骆驼研究史上崭新的一页。由袁国映先生负责组织的考察队，在有"沙漠王"之誉的地质学家、探险家赵子允先生的帮助下，自1995年至1999年，连续多次对野骆驼进行长期科学考察。他们的足迹曾到达中蒙边界和塔克拉玛干沙漠及阿尔金山腹地。6次进入罗布泊的干旱荒漠无人区，行程3万多千米。其间经历了炎热、酷寒、干渴、饥饿、大雪、风暴、迷路、车辆损坏等种种困难和危险，终于对4个野骆驼分布区的现状进行了全面系统的了解，共观察到野骆驼52群。

---

* 约翰·海尔先生于2022年去世，享年88岁。——编者注

罗布泊的雅丹地貌

　　今天，我们踏着他们的足迹，站在罗布泊这片土地上，心中充满感动和敬佩……

　　清晨，风掀开了罗布泊东边的天际，那是一抹灿烂的曙红。太阳正沿着沙丘一点点缓缓上升，被我们凝视着，慢慢变成小弯、半圆，转瞬间的跳跃，带着一束稍纵即逝的光，一轮红日即刻镶嵌在天边。那轻盈的姿态，像梦幻被决然惊醒，幻化的弧度，以一种无言的美丽碾过柔软的心灵。天空像剪裁下来又经过缝制的画卷，罗布泊新的一天来了，也拉开了野生动物生命的序章，伴着它们发出的和声，这里的所有生灵迎来了罗布泊的黎明。

　　站在高高的沙丘向北望去，戈壁荒原淹没在遥远的天边，野生动物开始了一天最忙碌的生活。我们在野外的早餐非常简单，稍经准备之后就出发了。戈壁上的砾石大大小小散落在路上，草丛中经常有野骆驼的身影出现，它们三五成群在悠闲地觅食。在察觉有危险的时候，它们会以最快的速度奔向茫茫沙海。

　　野骆驼十分机警，它们在20多千米外就能嗅到人的气息。其实，今天掩

　　　　　　　　　　　　　　　　　　　　　　　罗布泊的守望

在草丛中的野骆驼早就发现了我们，它们只是若隐若现地在十几千米之外观察着我们的动静，时刻都做好了逃离的准备。

午后，晴朗的天空骤然狂风咆哮，迎面吹来的风让人无法睁开眼睛。沙漠收起了它的温柔，风裹挟着沙子顷刻吹倒了树桩和野草。风在罗布荒原上肆虐地刮着，刮起来没完没了。带着神秘的哨声，卷成团的骆驼刺也飞舞着、叫嚣着……

这时，同伴们要手牵着手避免走失。大家要迅速找一个背风的地方暂时躲避，或者立刻逆风趴在地上，在沙地上迅速扒开一个小沙坑，脸朝下呼吸，以避免吸入沙尘。在罗布泊，沙尘暴几乎每天都会出现，没有遇到黑风暴就算很幸运了。

这里是目前世界上野骆驼生存的主要栖息地，也是世界上野骆驼的模式标本产地和纯血统种群分布区。傍晚，天空脱下了浅蓝色的外衣，风沙过后晚霞映红了天边。5峰野骆驼在连绵起伏的山边悠闲地漫步，它们伴着即将落山的余晖向着家园前行……

高高的阿尔金山在我们身旁闪过，千百万年来它静静地滋养、护佑着这片土地上的生灵。蓝天和大漠相连，黄色和蓝色相遇。阳光在沙丘泛起涟漪，祥和、悠远。这一刻的大漠，如此美丽、温和、低沉，仿佛能从丝绸古道看到它过往的故事，寒冷但温暖。如梦如幻神秘的罗布泊，你不需要寻觅就能听到丝绸之路上的歌声。

认识野骆驼

在罗布泊茫茫的旷野，我第一次认识了野骆驼。

我国在古代就有对野骆驼的记载。唐代边塞诗人岑参有两首诗提到了野骆驼，如《酒泉太守席上醉后作》中的"浑炙犁牛烹野驼，交河美酒金叵罗"及《玉门关盖将军歌》中的"登前侍婢泻玉壶，金铛乱点野酡酥"。明代李时珍在《本草纲目》中记录了野骆驼，如"野驼，今惟西北番界有之，家驼，则北中人家蓄养生息者，入药不及野驼"，以及"驼状如马，其头似羊，长项垂耳，脚有三节，背有两肉峰如鞍形"。这些对野骆驼的描述，说明在我国古代，人们就已对野骆驼有形象的认识并将它与家驼分开；指出它们分布在我国西北地区；也认识到野骆驼的药用价值高于家骆驼。这些都说明历史上我国劳动人民已将捕猎野骆驼作为一种经济生活方式。

　　野骆驼和家养骆驼遗传基因存在1.9%～3%的巨大差异，在2000年2月，联合国环境规划署向世界宣布："在中国新疆罗布泊盐土荒漠地区发现了双峰驼新物种。"据科学考证，人与黑猩猩的遗传差异只有1.5%～1.9%，但人与黑猩猩是两个不同的物种；那么骆驼和家养骆驼更应是两个完全不同的物种。野骆驼学名双峰驼，与家骆驼相比，它们头小耳尖，驼峰尖而直，四肢细长，毛短而厚实。野骆驼性格暴躁，嗅觉敏锐，行动灵活，奔跑迅速。

　　野骆驼以群体为核心组群，在一峰雄性野骆驼带领下，结群生活。十几峰左右的驼群较常见，大驼群能达数百峰。雌驼一胎生一仔，生下的若是雄性幼驼，会跟随雌驼在驼群生活1～2年，然后脱离驼群独立。独自生活的野骆驼会选择做一个孤独的"沙漠流浪汉"，再伺机加入别的野骆驼群体；年轻雄性野骆驼离群出走的行为，能避免近亲繁殖。雌驼如果生下的是雌性幼仔，通常会跟随雌驼在一个驼群中生活2～3年；这期间，雌性幼驼在驼群里学习和积累养育后代及生存的经验，随驼群一起寻找水源、一起抗击风暴，待性成熟后，就要离开驼群去开拓属于自己的生活。

　　野骆驼在千年的不断进化中，长出了长长的眼睑，能阻挡风沙；它还有一个克敌制胜的法宝，那就是撕咬。野骆驼虽没有尖利的犬齿，但因习惯啃食粗硬的灌木，咬合能力变得十分发达；它嘴巴宽大，一旦咬住轻易不会松口，这种本领让狼群也望而生畏。

　　根据红外照相机记录的画面，在一峰野骆驼和一匹狼的情况下，它们互不干扰；而在狼群团队合作袭击野骆驼驼群的情况下，幼小的野骆驼和身体虚弱的野骆驼便会遭到袭击。在自然界的搏斗中，狼是更加冷静、务实也更加坚韧的动物，因为它们经历过大自然的生死洗礼。狼的那种沉着、略微低头并紧盯着对手、一步步靠近猎物的姿态和气势，很难在其他动物身上找到。

西北风吹过沙丘，沙砾呼啸着在地面翻滚，沙壳上是被冻硬的雪地。野骆驼经常在沙漠和谷地、罗布泊南岸和阿尔金山北麓、嘎顺戈壁等区域活动。

在沙漠地带的野骆驼，也常在水源地、觅食地、隐蔽休息地之间形成固定的驼道。那些较小的驼道，宽仅30厘米，深不足10厘米，显然是较小的驼群经过形成的。成群的野骆驼都有"头驼"带领，在迁移中若不受惊吓，通常是一头紧跟一头，在"头驼"带领下前进。"头驼"都具有丰富的经验和良好的记忆力，能保证驼群少走弯路。大的驼群行进时，十分整齐威武而又壮观。野骆驼也会选择在松软细沙上和避风安全的地带卧息。

卧息地对野骆驼夜晚休息并反刍消化食物极为重要，这些地方常与水源地和觅食地有一定距离。在有卧息地出现的生态环境中，野骆驼蹄印及粪便都比较多。野骆驼也喜欢选择高大灌丛及背风处和地表细沙较多的柔软干燥地面作为卧息地。野骆驼在荒漠地区活动，不同的季节野骆驼群体活动差异很大。

对野生动物而言，繁殖至关重要，这不只是为了留下自己的子孙后代，更是为了保证物种生命的延续。野生动物繁殖开始前，必须做一件非常重要的事，那就是找到一个优秀的伴侣。在这期间，雄性动物必须表现得非常积极，并使出浑身解数来吸引雌性的注意。

在迁徙途中，"头驼"和未成年的幼驼会结成十余峰或四五峰的驼群，而单个活动的多为成年的雄驼。成年的雄驼习性较为特殊，在非发情季节它们多独来独往，拼命地吃喝，长得高大魁伟，颈、前胸、腿部的鬃毛长得十分浓密，又黑又长，驼峰高竖，十分威武。到11月下旬的发情期，雄驼则变得十分凶猛，可长距离奔跑，在上百千米外到处找寻发情的雌驼。一旦发现，便将雌驼裹挟在自己身旁，作为自己的"妻妾"。有时一峰身体特别强壮的发情雄驼能"抢"到30多个"妻妾"，弱者则可能一个配偶也找不到。而那些不愿跟随的雌驼，则会被雄驼用前肩放倒，迫使其就范，看来野骆驼群中也存在着"强迫婚姻"。

在整个发情期，雄驼会变得特别凶猛。当雄驼裹挟到一群雌驼时，它会逐个检查，发现怀有其他雄驼后代的雌驼，便将此雌驼逐出驼群，以保证这一驼群所怀的都是它自己的后代。没成年的幼雄驼也会被逐出群。在发情期，为了防止自己的"妻妾"逃跑，有时雄驼会把它们全部赶到一个没有其他出口的谷中，自己守在谷口。这些雌驼只能依靠沟谷中仅存的干草充饥，甚至啃光了山谷的草根。而雄驼在长达一两个月的交配期内可以不吃不喝，好像天赋的任务就是保护"妻妾"，完成繁衍生息。

野骆驼母与子之死

我们在罗布泊旷野遇到了野骆驼的残骸。起伏的沙丘上有两堆一大一小的白骨堆在地上，这是野骆驼一母与一子的尸骨。风穿过沙丘使白骨清晰地露出地面，我们在这里停下了脚步，仿佛听见这两堆白骨在述说着一个凄惨的故事……

也许大自然在进行弱肉强食的自然选择，生命的更替既残酷又血腥。无论是荒无人烟的沙漠戈壁，还是绿意盎然的山水林田，地球上的生命都会以最自然的方式调整平衡，这也是大自然自我修复、自然选择的重要功能。

狼是国家二级重点保护野生动物，在新疆罗布泊野骆驼国家级自然保护区内，狼群的数量也在增加，它们直接威胁到野骆驼的生存，是野骆驼的天敌。

除天敌捕杀及意外灾害死亡的野骆驼，因老、病等自然死亡的野骆驼的白骨也堆于荒野。沿着罗布泊的古河道继续前行，在近百千米的滩涂上，已近枯死的植被遮掩不住野骆驼死亡的身躯。在这片荒漠生存的680多峰野骆驼，它们并不知道自己被列入《世界自然保护联盟濒危物种红色名录》，但它们一定知道，地球上这片极度贫瘠、极度干旱、植被极度稀少的荒漠，是它们最后的家园。

罗布泊的守望

野骆驼非常胆小怕人，在它们的遗传密码中，也一定存有人类曾经捕杀过它们的记忆。野骆驼妈妈让自己的孩子与人类保持应有的距离，不仅仅是为了逃避危险，也是在用生命提醒着人类，窥视它们的家园，就是拉响它们亡命天涯的警报。

野骆驼在预感到生命将尽前，多选择在大沙包及向阳背风面卧歇，以度过最后的生命时期，它们也会选择在沙丘旁或红柳丛旁自然死亡。

仰望水源

保护区内气候炎热干燥，降水量极少，也无常年地表径流形成，水资源十分缺乏。水源地是沙漠中所有动物向往的生命之地，由于环境恶化，野骆驼为寻找水源将会付出更大的代价。

在炎炎的夏季，为寻找水源，野骆驼甚至会孤注一掷，它们也在执着地期盼雨季来临。生命的存亡，有时取决于从天上扑面而下的雨滴。一场透雨将会挽回无数野生动物的生命，让无数植物复活，但这里降雨量又十分稀少。

经历艰难的跋涉，有些野骆驼最终没能走到有水源的地方就会倒下。

刚刚出生的小野骆驼跟在母亲的身后，它们有时对天长啸，有时落在了母亲的身后，不论快慢，始终都在母亲的视线里。时间一天一天过去，小野骆驼就长大了。它们跟着妈妈翻越沙丘，学会了沿着驼道去寻找水源的本领。

罗布泊的气候瞬息万变，大地上的动物时刻都在与大自然进行着一场场生命的较量，千年的时光里，它们在罗布泊这片栖息地也逐渐适应了气候变化。

在甘肃安南坝野骆驼国家级自然保护区，有位牧民给我们讲述了这样一个揪心的故事：有一年的夏季，烈日炎炎，随着气温的不断上升，热浪翻滚，地表温度已接近50摄氏度。在一个即将干枯的咸水池边，几只小野骆驼已经喝不上水了，它们一次次伸长脖子都没有成功。它们的妈妈万分焦急，因为妈妈们也几乎够不到水源了。这时，只听这群小野骆驼发出了一声声的吼叫，因为妈妈们已跳进了咸水池里……

水位上升了，小野骆驼们喝上了水，而有的妈妈却永远留在了那个咸水池……

我们无从考证故事的真假，但野骆驼的母爱精神深深打动着我们。旷野延绵，驼道上我们仍然能看到野骆驼为寻找水源刚刚踏过的足迹。走在驼道上也能感受到它们的体温，感受到它们生存的这片土地的干涸，也能听到它们低沉的呼唤……

不期而遇

傍晚，晚霞映红了天边，我们第一次和野骆驼相遇在库姆塔格沙漠。一队野骆驼从天边奔驰而来，又向茫茫的大漠奔腾而去。它们是这里的主人，也是这里的过客。

驼群的队形好像是经过了上千年的排练，雄性的野骆驼走在队伍的最前面，雌性的野骆驼带着小骆驼走在中间，驼群中强壮的野骆驼排在最后。

野骆驼非常机警，视力、听力非常灵敏。群体中一旦有个体发现天敌靠近，它们会立刻向同伴发出警告，驼群就会集体快速逃走。为保证整个驼群的安全并快速离开危险地带，必须要有所牺牲。为引开天敌，有两峰野骆驼故意掉队并放慢了脚步。一峰向左跑去，另一峰向右边的沙漠跑去，这两峰野骆驼好像做好了牺牲自己的准备。这一策略能迷惑天敌，同时又有化整为零分散危险的作用。

野骆驼奔腾的尘土和着泪水模糊了我们的双眼，整个驼群离我们最近的时候只有不到10米。我们能清楚地看到它们黑黑的眸子并感受到它们口中散发的热气。在阳光照射下，深色的毛紧实而又密集。领队的雄性野骆驼脖子上沾满了野草，炫耀地像佩戴着花环，驼群就从我们的眼前奔驰而过……

茫茫的烟尘逐渐消失，驼群已快速离开了我们的视线，消失在远方的天边。我们庆幸能有这不期而遇的相逢，我们牵挂那两峰离开驼群奔跑的野骆驼此刻是否和整个驼群汇合了……

凝视着驼群远去的背影，我被它们的精神感动。此时，我相信大脑比较发达的偶蹄类动物是有情感的。野骆驼是一种行动能力非常强的野生动物，逃跑是它们躲避敌害最有效的方式之一。

前方再有80多千米就是野骆驼的水源地了，为了不惊扰野生动物，我们避开了水源地，规划了新的路线。

太阳亲吻过的沙漠热烈地舒展它横向的纬度，又增加着它立体的厚度。斜阳下的光线带着不稳定的惯性，让沙漠有种流动的美。那波浪形的曲线，坚定、轻快、柔和。相信野骆驼在这里一定能找到最自然、最纯粹的生存方式。

有位牧民告诉我，骆驼集十二生肖于一身，羊头、猴耳、鼠眼、龙鼻、兔唇、马鬃、鸡脖、虎胸、狗腰、猪臀、牛蹄、蛇尾，人们称骆驼为沙漠神兽。

八一泉

清晨，星星一点点隐去，万物从沉睡中醒来。朝霞带着一片片晨光，催促着春天的种子发芽。风中的露珠一滴滴浸入大地，新的一天开始了。

迎着沙丘而上，广袤起伏的沙线连接天际，天空触手可及，仿佛伸手就能摸到太阳。被炽热的太阳烘烤了一天的沙丘滚烫灼人，土地仿佛被撕裂出了深深的沟痕。沙尘暴过后的罗布泊露出了浅浅的绿，遥望旷野四周，再翻过几座沙丘，越过阿奇克谷地，八一泉就在前方了……

阿奇克谷地受两侧及阿尔金山的隆升，为它提供了丰富的植物来源，同时也控制着阿奇克谷地沉积环境的演化。千万束罗布花在这里怒放，起伏的野草在低沉地诉说，胀果甘草也发出了新芽。一群群鹅喉羚跳跃着在眼前奔过，阿奇克谷地是野生动物快乐的栖息地。

八一泉到了。位于罗布泊东部的八一泉，在临近疏勒河的古道上。八一泉的植物主要以低矮乔木、较高的灌木和草本植物为主，这里有罗布泊荒漠唯一可供饮用的淡水泉。渐渐前行，泉水埋径。又怎会想到，在这黄沙漫漫的红尘阡陌里会涌出一汪清泉？有资料说，八一泉是几十年前地质队在这里打的一口井，也有资料说是当年留驻部队打的。无论如何，它在潺潺流动着，几十年来，成了野生动物的饮水点。这口井在极度缺水的罗布泊不知给多少找水的人留下过希望，一定也拯救过临危的生命。

当年，科学家彭加木留下了"我往东去找水井"的字条，我想他一定指的是八一泉这个方向。

芦花竞相绽放，古拙的骆驼刺、沙拐枣、罗布麻临泉曲斜，枝杆扶风。那暗香充盈的花瓣，用生的骄傲，把美丽的八一泉变成了一个中草药的百草园。

丝绸之路一路生香

走在丝绸之路的中段，废弃的驿站在风沙中露出了残垣废墟。想那千年前的某个春天，是否会有一位遥远的故人，摘取过一枝粉红色的罗布花，赠予驼道旁那个素衣生香的楼兰姑娘？若干年后，如果再度相逢，是否还会是罗布花盛开的季节，来记录一段如梦的往事？

在芦花轻盈飞舞的沙丘上遥望远方，花瓣宛若依稀的往事，将愁绪搁浅在久远的日子里，存留丝绸之路那份岁月的馨香……

追忆那过往的驼铃叮当，在古道驿站演绎过生命最初的乐章，一定会将某个温暖的瞬间凝望成永恒……

在这用丝绸铺成的驼道旁，一定有千百年前遗落在这里的故事，千百年后还能被找到。

跋涉在沙漠上，任何一个不经意的瞬间都会让你跌进遥远的追忆里。一枚遗落的铜钱，一定记得经年的往事传奇；一棵掉落的纽扣，也一定记录了主人路程的风寒冷暖，沉淀了千年的人生旧韵。这就是罗布泊，以神秘的风采和远古的气息烙在人的心上。让丢失昨天的人找到今天，又让拥有今天的人向往明天。

在那向晚的夕阳里，隐约听到羌笛由远而近地传来，惊醒了枝上翅子的惊慌。这是一条凝聚了丝绸之路文明的古道，成群的驼队曾在这里往返穿梭。在危难时，他们曾用刚毅果敢的精神踩着野骆驼的蹄印探寻到生命的水源，他们曾在黑风暴肆虐的夜晚躲进野骆驼遗落的骨骸，他们曾经无数次在壮丽

罗布泊的守望

的雅丹下驻足，带走遥远的尘埃，又留下征途的足迹，也给远古的丝绸古道留下一段迷人的感伤和情怀。

梦似驼铃惊明月，身如红柳固沙丘。

在罗布泊短暂的时光恍若隔世，沿着千年的古道叩问茫茫的罗布泊，在沙海烟尘里寻觅野骆驼的足迹，又何尝不是寻找我们自己的足迹！风吹衣袂，沙裹双脚，探寻生命的底蕴，也抵达了岁月的厚土。

在如歌的黄昏里，远处有山脉的沉静，近处有披着月光轻舞的芦花。在流动的时间长河中，植物就像那些河床里的礁石一般，任岁月变迁，它依然茁壮生长。罗布泊的土壤，一定会开出最美的花，也一定会结出最深情的果。我想这就是自然的力量。

枕着月光的孤独，听那醉人千回的风声，拂开夜的静寂，沙漠溢着丝绸之路的馨香……

远去的还会走近，等待的不再漫长。在罗布泊四季婉转的梦里，那抹不去，老不尽的沧海桑田又迎来了春天勃勃的生机。每朵花都有自身的花期，每朵花都有各自盛开的情怀，每朵花有每朵花的期盼，缤纷嫣然之时绽放在罗布泊的时光里……

楼兰姑娘的门前，塔里木河依然带着脉动的时光，氤氲的乳雾，缓缓地渗入风中的沙丘。在毫不含蓄的风沙里，粗冽的风仍在诗意中感受时光的恍惚。而温暖的阳光却印证了生命的真实。时光经年，又一季花开，又一季梦落红尘。

放下行囊与罗布泊的岁月对话，牵挂美丽的楼兰姑娘是否依旧红颜？

罗布泊是有记忆的，它记得在丝绸古道上曾经有过怎样清澈的相逢，又有过怎样美丽的错过。它封存了多少惆怅，又珍藏过多少青春的梦想？那些无法逾越的沙丘，在风中任我们仰望。

静静搁置的"游移之湖"，是否在等待着有缘人再乘独木舟而来，再抖落一地梦的时光？在罗布泊停留只是一瞬，回首却需一生。

风停了。在丝绸之路的驼道旁，温一壶酒，吟一段"大漠孤烟直"的唐诗，牵一段历史的厚重，浸润一纸沧桑墨迹，看那些驻足于胡杨枝头的丝绸在风中轻舞，飘来大漠的豪迈与梦想。

远处的雅丹，气势磅礴地横亘在沙丘上。云端之间，似有千佛静坐，淡看凡尘枯荣。坐望于雅丹，观古代丝绸之路的光阴故事，岁岁年年，时光已不知更替了多少烟尘往事。

如今成群的野骆驼在这片土地上撒欢，生态文明的种子也将在这里开出花朵。人类正在用刚毅果敢的生态文明精神，探寻人与自然更和谐生存的生命乐章。

生死攸关

大漠豪放，土地深情。野骆驼和它的邻居们在这片土地上相依相存，生生不息。

野生动物是大自然的产物，自然界是由许多复杂的生态系统构成的。有一种植物消失了，以这种植物为食的昆虫就会消失。某种昆虫没有了，捕食这种昆虫的鸟类将会饿死。鸟类的死亡又会对其他动物产生影响，这也是由食物链造成的。所以，大规模野生动物毁灭会引起一系列连锁反应，产生严重的生态后果。

对相关资料的分析可以看出，野骆驼对同伴的生死状况具有相当准确的判断，并且行动果决。在野外影像资料中，我们看到了它们面对狼群时的果断。当一峰野骆驼和一匹狼相对时，它们互不侵犯；而当几峰小野骆驼被狼群袭击时，母驼会奋力营救。但小野骆驼被狼咬住要害部位并倒地无法被救助时，母驼会立即离去，不再营救，只是母驼仍依依不舍，站在高高的沙丘上，凝视远方，在片刻的停留后快速离开，这是一种看起来既无奈又冷酷的行为。

驼群在狼群的追赶下逃生，一峰幼驼掉队了，被几匹狼拖住，逃走无望，担任阻击任务的野骆驼在归队追赶驼群的过程中，从后面赶了上来。有几峰从旁边跑过的野骆驼也在拼命追赶驼群，其中跑在最后的一峰则直接撞在了那头掉队的野骆驼身上，并将其撞倒，然后越过它，扬长而去。

罗布泊的守望

我们还无法知晓并解释最后这峰野骆驼的行为和想法，其结果是被撞倒的那峰野骆驼完全失去了抵抗能力，成了狼群的美餐。此时狼群停止了追击，整个驼群安全了。假如那峰野骆驼是有意识地做了这件事情，牺牲一峰野骆驼的性命以换取群体的安全，那简直是动物世界冷静得让人毛骨悚然的一个决定。假如那峰野骆驼是无意识地跑到了这个路线上不得不从这里通过，我们依然能够看到一种果断的决策——它并未因为同伴的阻碍而减速，而是毫不犹豫地撞开了"路障"，这仍然是一种绝对理智到近乎冷酷的行为。我们还无法了解野骆驼的全部世界和生存密码，更无法去评价那峰野骆驼，因为它为了群体安全撤离而勇敢战斗，直到最后一刻才撤离。

这大概就是野生动物和人思维方式的不同，它们在生命岁月里见惯了生死，经过千百年形成了有效的生存策略。它们可以为了群体撤离而留下来断后，也能果决地抛弃因掉队而拯救无望的同伴。这是在无数生死考验之后塑造的性格，也许只有完全野性的动物才能表现出来。

大地生灵

每种动物都以自己的方式顺应着自然，在残酷的竞争中生存繁衍。面对自然，这依然是一个有温度的空间，我们也在讲述一个有温度的野骆驼的故事。人类一直在努力尝试探索动物的语言、生活习性、遗传密码，讲述与野生动物的奇遇。但每一段奇遇既能让我们开怀大笑，又会让我们满含热泪地低头深思。

我们尝试着进入动物的世界，它为我们打开一扇重新审视这个奇妙世界的窗口。我们走近它们、关注它们，并为自己能生活在如此丰富多彩的星球上而感到幸运。

罗布泊是宝贵的动植物"博物馆"，我们在其中了解到罗布泊的文化、历史和文明，感受到这片土地上野生动植物的生存状况。也让我们认识到，野生动植物在自然界不屈地生存着，传递的是生命史、进化史，是自然的抗争、和谐与平衡。

罗布泊给人留下的记忆是充满碰撞的，既熟悉又陌生。只要轻轻进入，就会触动一段惊心的往事。

沙丘上印着的野骆驼足迹是那么熟悉，还有那些摇曳在风中的罗布花、骆驼刺，是那样充满生机。这就是自然，每天都有变化，每天都有死亡，每天都有重生。

大漠终会留下痕迹，丰富的纹理也在不停变换，让人驻足也让人感动。瞬间回首几个世纪的风雨，一切都在沙漠上交错，在时间长河交织。

罗布泊一年四季的样子更像我们的生命。岁月墙角的苍苔依旧墨绿如初，今晚的罗布泊可还有梦？

月光下的风和沙纠缠思绪，不知道前生是否来过，为何这一切会如此熟悉呢？熟悉得像遇见一位久违的故人，不用言语便已懂得。寻觅昨天的故事，懂得今日的容颜，亦懂得明天的回忆。

站在沙丘上感天地纯然，在美酒和血液染成的夕阳里，在有意无意之间，不知道哪一段风景又会与生命相关。

在保护区6.12万平方千米的土地上与野骆驼的邂逅不是偶然，而是必然。你不一定会深情地驻足，但是一定不会轻描淡写地错过。

我们可以用力量支撑生活中的柔软和坚定，在地球村让每一个人、每一个动物脸上都有一种喜悦，满怀爱意和感恩。

保护野骆驼的故事还在继续，路途依旧任重道远。野骆驼野生种群依然面临着繁殖、生存环境、环境容纳量以及来自人类经济活动的诸多压力，野骆驼的历史分布区和它们的命运依然掌握在人类手中。

和谐、生态、绿色，需要你我来共同守护。

在加强保护中华民族历史文化遗产，推进生态文明建设，促进人与自然和谐共生的今天，中华古代文明中的生态理念和生态智慧对保护自然环境、促进经济社会可持续发展也具有很强的学习和借鉴意义。

新疆野骆驼保护协会在10年时间里，通过多场野骆驼主题科普宣传，将传统文化及野生动植物保护知识、生态文明建设等理念进行传递，让公众了解中国传统文化中的自然观和重要物种的保护现状。宣传野生动植物保护理

风沙万里罗布泊（韩栓柱 摄）

念，鼓励公众践行绿色低碳生活，共建万物和谐的美丽家园，是我们共同的使命和责任。

　　罗布泊远古的色彩博大而抽象，永远都那么神秘、宏大、变化无穷。来罗布泊的人，请你为自己种下一棵树，不问生死；离开罗布泊的人，请你用罗布花染好一匹布，做一袭佳衣，为了你曾为保护这片大漠的生灵——野骆驼付出过的辛勤汗水而自豪。再用自然衡量生命的尺度，见证自然的衰败和轮回、兴旺与发达。

▶ 2020年6月于罗布泊

罗布泊的 4 747 分钟

神秘的数字

4 747分钟，在生命的长河中只是短暂的一瞬，如果我们固执地要把这一段时间用分钟计算也不会显得漫长。但如果在罗布泊的旷野里，一个人独自在无粮、无水、无任何给养补充，并且和外界完全失去联系的情况下生存79个多小时，那你一定会把时间的流逝用分或者秒去计算。因为在无人区失联的每一分钟都会充满恐惧，每一分钟都有很多不确定性，每一分钟都生死攸关，每一分钟都会有奇迹和变数……

时间的罗盘有时并不能精确地测出方向，自然的神奇在于它的神秘和诡异。你听说过许多关于罗布泊的故事，当你听到这些故事时，一定会和我一样，被大自然的神奇而折

作者与杨老师的合影

服，也会更加敬畏自然。

时间定格在2017年9月19日。这个日子和一年里的其他日子一样，是个很平常的日子。可就在这一天，野生动物专家杨老师在罗布泊考察结束返回营地的路上迷路了，之后，杨老师在罗布泊旷野里的4 747分钟里，渡过了怎样一段时光？经历了怎样的生死之劫？

罗布泊整个湖盆面积将近3 000平方千米，多是造型独特的雅丹地貌。每年7月，罗布泊气温高达50多摄氏度，地表温度范围为60 ～ 70摄氏度。但入秋后，罗布泊像被太阳哄睡的孩子，只有中午的时候阳光比较炙热，早上和晚上已经很凉了。

走向罗布泊

为推进新疆罗布泊野骆驼国家级自然保护区的建设并了解保护区内相关区域保护站的建设情况，中国野生动物保护协会、中国林业科学研究院、新疆野骆驼保护协会等单位将开展相应的考察活动，主要考察野骆驼的迁徙通道和半永久性生态水源地的建设情况。此行还将前往新疆生产建设兵团三十六团米兰中学进行野骆驼科普宣传，之后将前往国投罗钾及保护区部分区域，助力《中国新疆野骆驼千里寻踪》纪录片的拍摄。

清晨的天空一片湛蓝，阳光明媚，天气很好。此刻，每一个人也许都不会想到，此行的危机已经潜伏在行程之中了。

紧赶慢赶，当天晚上7点多到达了若羌县。参观了城区的风景并考察了新农村建设情况，第二天早晨我们出发前往新疆生产建设兵团三十六团（以下简称三十六团）。

三十六团位于阿尔金山北麓，罗布泊南岸，塔克拉玛干沙漠东南缘，总面积565平方千米。这里气温高，降水量少，蒸发量大，冬季温暖，几乎没有积雪。三十六团还有独立的电力系统和水系，米兰河年径流量1.3亿立方米，且地下水资源丰富。

这里盛产最著名的"沙漠圣果"——米兰红枣。米兰红枣生长在900米左右海拔的地方，因为当地属于远离海洋的大陆性气候区域，每年有近210天的无霜期。35摄氏度以上的日温差，再加上子母河（米兰河）水的浇灌，造就了米兰红枣超凡脱俗的品质，深受国内外消费者喜爱。

我们按计划来到了三十六团。下午，在三十六团米兰中学为300多位学生举办了以"野骆驼的呼唤"为主题的科普宣传活动。一切都按计划进行着。

原定次日上午，我们在三十六团团部开了行程座谈会，主要议题是行程的路线和安全问题。

讨论会上洪专家的发言起了决定性的作用，洪专家说他曾72次进入若羌地区，连整个若羌地区极小的自然村都跑遍了。我们都很受鼓舞，相信一定能圆满完成任务。

午餐过后我们出发了。车在飞快行驶，同行的3辆车中我乘坐的第一辆车很快就被落在了后面，专家的车跑在了最前面。

在空旷的荒野，大家怀着对罗布泊的向往和对野骆驼的关心，心情特别愉快。不知不觉车就开出了100多千米。顺利地按计划到达了第一站，出发之

壮美的雅丹地貌像一座座神秘的城堡

罗布泊的守望

前做了多方准备，包括行程的路线、安全注意事项、给养等，并征求了多方意见，完善出一份行程注意事项单。再加上在三十六团会议上大家互相的讨论和补充，这必将是一次完美的行程。

此时的罗布泊秋色已深，傍晚的风喷吐着火红的秋色，牵着一树一树的秋叶，仿佛特意为装点这一季秋色之中的行程。

9月的罗布泊酷暑已过，秋天是罗布泊四季里气候最好的时候。白天气温只有27摄氏度左右，夜间在15摄氏度左右。

同行的几位专家，都来自一线城市。一位野生动物保护专家、一位植物学专家，还有一位规划专家。

杨老师热爱自然，多年工作在野生动物保护的岗位上。他的足迹曾遍布我国的90多个自然保护区，还曾与洪专家一起去过墨脱考察。他们当时在墨脱因车辆受损无法继续开车赶路，在无水、无任何食物的情况下，俩人徒步一天一夜，终于走出了墨脱。

杨老师幽默、开朗、健谈，对野生动物保护有很深的感情。多年来致力于野生动物保护工作，对大自然怀有深深的情怀。

新疆罗布泊野骆驼国家级自然保护区保护着以野骆驼为核心的物种和其他野生动植物，此区域由于地壳变动形成了封闭型山间盆地，群峰巍峨、峡深谷幽、芦苇莽莽、人迹罕至，是各类野生动植物栖息的家园。

清晨，我们早早准备好了行囊，开始向着计划的第二个目的地出发。今天的阳光格外刺眼，路旁各种杂草枯枝在沙丘上挺立。它们大模大样地站在那里，以各异的姿态诉说着枝干扭曲的苍劲，展示着缠满岁月的皱纹。光看胡杨沧桑的枝干，就知道它在这站立了千年，每一株都伸展着经历过千年悲怆才会有的历史造型。

实在难以想象植物的生命是怎样的生生不息，在枯死枝干的顶端又冒出了新绿的枝芽，这是生的延续，还是死的重生。

路旁的景色从车窗划过，在前方车停下的间隙杨老师坐进了我们这辆车里，他说："为了这次行程，我经过了几个月的准备。我们置办了万元一顶的帐篷，还有小发电机、带卫星定位的手表、望远镜、墨镜、手电筒、冲锋衣、卫星电话等，做足了准备。"

此刻秋高气爽，天气晴朗，温度宜人。在慢慢褪色的黄昏里，车向前匀速运动着，两边的景致很快被甩在了后面。杨老师感叹："本来已经十分脆弱的罗布泊，若不加强生态环境保护，环境将变得更加恶劣，野骆驼的栖息地也会日渐缩小。宝贵的水源地更要加强保护，这是所有野生动植物生命的源泉。"接着说道："有报道说罗布泊的沙尘暴越来越凶猛恐怖，次数也越来越多，听到这些让我的心情很沉重。"王庆龙说："杨老师，罗布泊的春天是会有沙尘暴，但不像传说的那么恐怖。生态环境在一天天改善，你这次看看就知道了。"

这时，看到前方的车示意停下来，因为他们在望远镜里远远地看到了野骆驼和鹅喉羚的踪迹。杨老师激动地说："我们车停下来，不要打扰它们，让它们先走。"

是啊，无人区恰恰是野生动物的乐园，也是人类灵魂可以栖息的地方。因为严格来说，罗布泊根本不是观光地，它的美不是人们走马观花就能领略的，要怀有虔诚的心，和这里的一草一木对话，必须把自我的欲望放在大自然的膝下，方能在罗布泊荒原感受到强劲的律动，在风声中感受这片土地的自然风貌与坚韧。

远远地与野生动物相遇了，虽然没有完全看清它们的真实面目，但是大家的心情都很激动。

傍晚，沸腾了一天的沙漠安静下来了。大家采集了一些植物标本，又在高高的雅丹上观察这一区域的景致与地貌，然后就准备前往保护站，去那里埋锅造饭。车行驶得很慢，但卷起的烟尘也让我们看不见后方的车辆，我们与后车是用对讲机交流。行驶了约有五六千米的时候，大家一直在对讲机里保持对话。又行驶了几千米，我们还不停地告诉后方车辆我们经过道路的路况，让他们小心行驶。杨老师还说："你们在前面走，能看到你们的车，我们很快就赶上来了。"

又行驶了一段路，我们呼叫着后车，但却听不到他们的回复，对讲机吱啦吱啦地响着，发出来的声音特别刺耳。

罗布泊的守望

王庆龙说："他们距我们最多有七八千米，由于对讲机信号干扰，他们可能听不到我们的声音，我们到达前方的保护站后先做饭，等着他们。"

我们很快到了保护站，开始做饭。越越是今天的主厨，他说要在高压锅里做土豆烧牛肉。我们把馕饼拿出来，搭帐篷的、做饭的，每个人都有自己的任务，开始忙碌起来。

晓刚的帐篷是最先被搭起来的，显露出了他的军人本色，帐篷搭得又快又好，几顶颜色不一的帐篷真像罗布泊开出的一朵朵形态各异的花，我们也兴奋地钻进帐篷，帐篷里面空间很大。大家调侃晓刚说道："真像斯文·赫定的帐篷，如果再有一条狗和一个大烟斗，你就是斯文·赫定了……"

牛肉的香味很快弥漫了宿营地，这时大家真的感觉到饿了，等不及把菜端上来，已经开始吃馕饼了。

饭熟了，思量着这个时间段杨老师他们也应该快到了。但是左等右等都没有他们的消息，天也慢慢黑透了。王庆龙、晓刚看了一下时间，有点着急地一次次爬到瞭望塔上去观望，但没有看到一点烟尘，自然也无法搜寻到目标。

又是半个小时过去了，还是没有消息。这时也正好到了约好整点通电话的时间。晓刚打开卫星电话赶快给他们拨打，杨老师他们的卫星电话一直没有应答。

此时，大家饥肠辘辘，就说给他们把饭留出来，我们边吃边等他们。谁也不知道，危险已经悄悄逼近了。大家还想着就十几千米的路，杨老师他们应该很快就来了，都在猜想是不是路上陷车耽误了时间。都过去了3个小时了，也应该到了呀！王庆龙说："我真担心那些沟沟坎坎对于杨老师他们那辆车来说开出来的难度有些大。"

在罗布泊失联79小时与紧急救援

一次次地呼叫无果，多次爬上瞭望塔也看不到一点的踪迹，大家心急如焚。立即决定派一辆车由王庆龙带队，与晓刚、越越共3人原路返回去找他

王庆龙

晓刚

越越

买买提（小买）

们。又过去了3个小时，大家不仅担心杨老师他们，还担心王庆龙他们，这种等待的分分秒秒近乎是一种煎熬……

大家在焦急地等待着。凌晨2点的时候，王庆龙他们返回来了。他们沿着我们过来的那条路一路找过去，沿途根本没有杨老师他们的踪迹。又在附近搜寻了一圈，也没有踪影，只得返回保护站。

这一夜大家几乎都没有入睡，想着各种可能和不可能，但最后一致同意明天早上天一亮再去找他们。

凌晨5点时，天刚刚透出一点光亮，王庆龙他们就起来了。这一夜大家的心是七上八下的，猜想各种结果，各种能想到的结果都想到了，又否定了，大伙几乎都是折腾了一夜没睡。一听到有动静大家都起来了，王庆龙、晓刚、越越他们又启程了。他们说："我们今天还是原路返回找他们，在附近的区域扩大范围找。"晓刚说："我还是坚信杨老师他们不会走太远，因为他们的车况也不允许，大家等我们的好消息吧。"

看着他们的车慢慢消失在旷野，我们在保护站开始收拾营地。我们还特意为杨老师他们准备了早饭，期待他们早些归来。

接近中午12点时，一股烟尘由远而近，王庆龙他们回来了。王庆龙说："我

罗布泊的守望

们在附近又进行了仔细的搜寻，又反复在方圆大概5千米的区域寻找，可根本没有踪影。我们考虑不能再往外走了，汽油也不多了。这都7个小时了，得赶快回来把情况说一下。"我说："咱们不能犹豫了，看来情况严重，还有很多咱们不确定的因素，得赶快返回罗布泊镇想办法。"这时大家商量了一下，因为车也快没有油了，得赶快去加油；再则，在茫茫的罗布泊靠我们几个人的力量很难找到他们。大家立即决定返回罗布泊镇为车加油，到有信号的地方赶快打电话联系相关单位。

两次寻找无果，大家十分着急，刚上公路有了点信号，就立即把杨老师和洪专家他们的情况向相关部门进行报告。同时，越越也提出向蓝天救援队发出紧急求救，并在第一时间与杨老师的单位进行了情况通报……

得知消息后，各部门快速反应，紧急行动，组织人员紧急救援……

第二天，罗布泊的风没有一点要停下来的意思。庆龙、晓刚和越越，还有保护站的小买，他们携带卫星电话，又装了两箱水和一些食物，与参加救援的同志们再一次出发，三进罗布泊去找杨老师他们。此时蓝天救援队也回复了我们，他们于凌晨已经从若羌出发赶往这里。

我们的汽车加上油以后也迅速返回到保护站。大家轮流一次次爬上塔顶，希望能搜寻到一点踪影。

当天晚上天气也"变了脸"，风是越刮越大，就没见过这么大的风。风把罗布泊地表的白碱都刮起来了，形成了铺天盖地的"白毛风"，一米之外什么都看不清。

王庆龙后来说："那天晚上狂风大作，不知道是触动了宇宙的哪个开关，风总是不停，而且越刮越大。我们的车没走几米就又陷住了，然后就是挖车，没走出几步又挖车，一晚上就行驶了不到10千米。罗布泊的天空黑压压的，好像伸手都可以抓到天空的云，那黑色的云就在头顶上。两个小时里，天空不知是怎样转换的，一会儿乌云压顶、狂风大作，一会儿又晴空万里，一会儿黑云又压过来了，好像天空有双手要把人抓走。我这一生都没有见过这种阵仗，要说不害怕那是假的。"

天刚蒙蒙亮，也许这是充满希望的一天。现在每个人都觉得口渴，这一晚上王庆龙他们3个人的嘴巴上都起满了大泡，但他们顾不得这些，在黎明的曙光中，又开始继续寻找。几个小时又过去了，越越对王庆龙说："我们不能再盲目地跑了，这样子把汽油耗干我们也会陷入困境里。"晓刚说："我看咱们把车停在一个高一点的坡上，然后我们爬到雅丹上，那样视野会开阔一点，看能不能找到他们的踪影。"

3个人把车开到了一个高坡上，又捡了几根长长的胡杨枝，然后把它们竖在雅丹上。王庆龙说："这下目标够大的，希望他们能看到……"

3个人爬过一个个沟沟坎坎寻找着，这时候天空慢慢放出一点光亮，风沙也小了一些。当他们爬上又一个高高的沙丘时，突然看到远处有一个黑点，王庆龙高兴地叫道："哎，晓刚、越越、小买，快过来看，那个黑点是不是一辆车？"大家都顺着王庆龙手指的方向看过去，晓刚说："就是！就是！"

3个人高兴地赶快开上车，向那个黑点靠近。真是应了那句俗话："看山跑死马。"车翻过一个个沟，越过一个个坎，绕了几个大沙包，终于找到杨老师他们这辆车。王庆龙他们4个人激动地大喊："杨老师……"

原来，杨老师他们的车被卡在一个大沙包上，根本就动不了。大家都激动不已，谁说这不是生死重逢后的相见呢！但遗憾的是车上只有司机师傅，杨老师和洪专家却不在车上。

司机师傅告知，昨天傍晚时分，杨老师和洪专家两个人每人装了一瓶矿泉水就出发了。司机师傅说："因为车卡在这儿，我们想了很多办法也动不了，杨老师他们俩就想去找你们，再来把车拖出去。"

这时，大家开始挖车。王庆龙、小买、晓刚他们都比较有野外生存经验，他们把车上的一桶备用水倒在车的4个轮子周围，这样，沙子立刻就硬了许多。经过半个多小时的折腾，车终于被挖出来了。

罗布泊的白毛风刮了一天一夜，他们的眼睛、头发全是白的。一夜之间，仿佛一个个都变成了苍老的老人。太阳在余晖中放射出万道金光，用猩红的颜色洒满这壮丽的荒野之地。回眸凝望，星光流转，时间紧迫，杨老师他们现在在哪里？他们随时都会有生命危险。

飞沙狂舞的罗布泊，从来都是演绎悲壮故事的地方……

下午5点，王庆龙他们都回到了保护站。王庆龙说："杨老师他们的车找到了。"随后又说："但是杨老师和洪专家两个人不在车上。"我听了这句话血压一下就上来了，瞬间就晕了过去。

大家开始给我吃降压药，给我掐人中穴……

等我清醒过来的时候，我觉得天都塌了。我当时心想，这是无人区呀！一旦离开车，在这茫茫大荒漠找一辆车都这么难，去找两个人，那是什么概念？就如大海捞针！

情况越来越糟糕，现在得想尽一切办法救助他们。茫茫戈壁深处，罗布泊的天气更是难以捉摸。不一会儿沙尘暴又骤然来袭，遮天蔽日，昏天黑地。司机师傅这时说："那天杨老师他们稍作停留，想赶忙上车去追赶前面的车辆。然而前面车辆的车辙早已被狂风吹得没有一点痕迹。夜幕下看不清这里的地形、地貌，只能驾驶着车在沙暴中东奔西闯。是朝西北还是朝南，心里也在打鼓。恰恰在这时对讲机也无法接通了。我们判断已经超出了15千米的对讲距离。"司机师傅接着说："转眼之间两个小时过去了，还是无法联系到前车。我们分析了情况，断定前车一定是曾经回来找过我们，只是因为沙尘暴能见度太低，加之我们走错了方向，只得又奔向别的地方找我们了。我们的车开着开着就被卡在了一个大的沙丘上走不动了，当时我们想了好多办法，但也没把车挖出来。"

当时，杨老师他们在荒野熬过了一个晚上，终于天亮了。因为沙尘暴还没有完全消退，茫茫旷野只剩下了这一辆车。

两位专家遇到这样的险情，已经没了主意，经过激烈争论，最后达成统一意见，决定由杨老师和洪专家一起去找我们，卡在这里的车和司机原地等候。

杨老师和洪专家离开车后去先寻找车辙。可罗布荒原这么大，昨天晚上又刮了一晚上的沙尘暴，茫茫沙海，地貌早已被风改变，车辙也无处可寻。

他们下车后走了四五千米，再也就走不动了。眼看每人一瓶的矿泉水分别被喝下去了半瓶，也不敢再喝了。这时两人观点也产生了分歧，洪专家说："其实唯一的希望就是等待，原地不动等待救援。如果救援无望，就死在车里。只是现在离开了车，说什么都晚了。"杨老师说："我们俩现在就是回去找车，也不知道车的方向在哪里。"

杨老师后来说："当时，因为我不确定什么时候会有人来救助我们。我想的是不能坐以待毙，所以就作出了决定，要出去找路、找人，也许能安全抵达若羌。"

在这生死关头，多年的友情战胜了一切恐惧，两位老朋友老泪纵横。杨老师动情地说："老洪，你陪我走过好多保护区，陪我走出过墨脱，今天我们就走不出罗布泊吗？"

两位患难的专家继续结伴而行。但是身上无一粒米，每人一瓶的矿泉水各自只剩下半瓶。一天没吃饭了，能走出罗布泊吗？他们后悔不该下车，可这会儿想回到车里去，也是无法实现了。

夜幕降临了，两位专家饥肠辘辘。此时半瓶水已经是相当宝贵的生命物资了，两个人也只是把水在嘴唇上湿润一下，舍不得多喝一口。两个人相依为命，在罗布泊熬过了倍感煎熬的第一个夜晚……

天刚亮，沙尘暴好像已经小了一些。罗布泊在白天骄阳似火，到晚上温度就急剧下降，这一天一夜，两位专家早就支持不住了。但两个人决定继续向前走，一个人的意见是走过盐壳，应该能找到公路。另一个说向西北方向走，应该是新疆生产建设兵团三十四团的方向。后来两个人统一了意见，决定往西北方向走。其实，被昨晚沙尘暴刮过的地貌有了很大改变，此时根本搞不清楚具体的方向了。

又走了大概有三四千米，洪专家说："老杨啊，我实在走不动了，看来我现在只能在原地等你。"这时，他们又作出了第二个决定，杨老师和洪专家两个人也分开了。

杨老师自己开始去寻找路线，他走在茫茫的罗布荒原上，一会儿走到有车辙的路上留下几行脚印，希望有过往的人或者车辆来寻找他们的时候能发现踪迹；一会儿又爬到沙丘上、爬到高高的雅丹上，支起一根长长的树枝，希望人们能关注到这个目标。在这极度空旷危险的罗布泊，和洪专家分开后杨老师一直也没找到车，也找不到洪专家了。杨老师心里更担心洪专家："好

罗布泊的守望

像远远地看到了一下，转头又被沙丘掩住了。后来根本看不到了，强烈的呼喊声也被风淹没了……"

晚上寒冷，中午炎热，这是罗布泊的特点。白天在大沙丘四处寻找路，下午太阳即将落山的时候，在沙丘上能睡上一会儿。杨老师后来说："晚上根本不能睡觉，害怕失温昏迷过去，那就再也醒不过来了。"

杨老师手边一瓶水很快就消耗完了，身体已严重脱水，这空旷的罗布荒原在哪能祈求到一滴水呢？还好杨老师有野外的生存知识，他把尿接在矿泉水的瓶子里，一点点省着喝。实践证明这是杨老师当时最正确的决定。

杨老师和洪专家暂时的分手让他后悔万分，当时真不应该分开，杨老师更担心洪专家现在的处境和安危。心里默默地在说："老洪啊，我们两个人真不应该分开呀，我们两个就是死也应该死在一块儿。现在可好，车也找不到，也不知道你在何处。"

杨老师哆哆嗦嗦从兜里摸出来了一块巧克力，还有两颗红枣，可此时口腔里已经没有唾液，无法做到咀嚼下咽了。看着远方的麻黄草绿油油的，这时也顾不了那么多了，杨老师本身懂一些中医知识，这时他拔了一些麻黄草放进嘴里嚼起来。麻黄草里含有很少一点水分，但同时麻黄草也有毒，杨老师的嘴唇全部都肿了起来，但身体缺水的状况得到了一点点缓解。在生死存亡的关键时刻，坚持和毅力是最重要的。这时杨老师想到了自己的一对双胞胎外孙女，想着和她们在一起嬉戏玩耍及送她们上学去的情景，这些都一一浮现在眼前……

在罗布泊荒野里失联的每一分钟都是备受煎熬的，夜晚狂风的肆虐吼叫、漆黑中伸手不见五指的恐怖……

但是无论如何，坚强的意志决定了一切，坚持就是胜利！

杨老师坚信自己不会被留在罗布泊。已经两天多没吃饭了，他根本没有饥饿的感觉。口袋里面还留有两颗红枣，但是已经没有唾液可以帮助咀嚼了。杨老师看着远方的沙丘上那一株株的胡杨，各有形态，在风中更显张牙舞爪。死去的胡杨更加壮美，也给人更多的思想启迪。想着、看着、也暂时忘记了自己此时的危险处境……

9月的罗布泊，下午6点至9点的时候阳光非常温和，杨老师就利用这一段时间补充体力，半睡半醒地靠在沙丘上，昏昏沉沉地睡着。

　　夜幕降临后，气温越来越低。再加上他穿得又特别单薄，是不能有深度睡眠的。在一分一秒的努力和等待中，杨老师时时都盼望着奇迹能够出现，他坚信救援的人一定会找到他。

　　最绝望的时候也是奇迹将要出现的时候。天越来越黑，又一个漫漫长夜来临了。

　　突然，一道灯光好像滑过天空。杨老师以为是自己的幻觉，他再次判断了一下，不是幻觉，绝不是幻觉，那一定是救援的车辆。他兴奋地爬到山头，然后用国际救援的方式，三短、三长、三短，不停地闪着手里的电筒……

　　杨老师分析对了，确实是救援的车辆。但是那辆车也陷车了，大家就在那不停地挖车。车一遍一遍从沙丘里面往外冲，由于车辆一直在转变方向，没有观察到杨老师给出的信号。

　　折腾了半天，车终于开出来了，可又一闪一闪朝别的方向开去。这时，杨老师彻底沮丧了。再按手电筒也已经没电了，这次擦肩而过的希望随着罗布泊黑黑的夜色逐渐的破灭但又逐渐被唤醒……

雅丹地貌（韩栓柱　摄）

罗布泊夜晚的月亮又大又圆，但此时能说些什么呢？慢慢地，困意袭来，体力已不支，但杨老师一直咬着牙对自己说，要坚持，不能睡过去！后半夜气温越来越低，他窝在沙窝里，随着时间一分一秒流逝，身体也觉得越来越冷，渐渐难以支撑。沙漠中沙子的温度是随着气温变化的，气温高了它就高，气温下降了它也就下降。白天可以挖个沙坑防晒，晚上沙子里面的温度随着气温越来越低。这时候杨老师爬起来，围着雅丹一圈圈地转，让自己保持清醒。在时间慢慢流逝中，等待着罗布泊又一个黎明的到来。

风揭开了罗布泊的又一个清晨。杨老师看到天亮了，顺着车辙判断了一下方向：向前走，只要有一点劲儿就要向前走。他折了一只红柳作为拐杖，走一会儿，停一会儿。一会儿爬上高高的沙丘举目四望；一会走在沙土上留下两行脚印；一会又爬上沙丘观察有没有救援车辆的踪迹。

中午时分太阳出来了，头顶炎热的阳光照在身上，这时无法忍受的饥渴袭上心头，杨老师眼看着半瓶尿也快喝完了，自己的身体也在逐渐脱水，各种身体指标都在快速下降。已经是第三天了，如果今天救援的车辆再找不到自己，那自己还能坚持多久？

上午，蓝天救援队的同志们在这片区域进行了地毯式的搜索，没有发现任何目标和踪迹。下午4点，蓝天救援队的东子说："同志们，我们鼓足勇气，在天黑以前要在这一区域扩大范围进行广泛搜索，最好在天黑前能找到人！"又是一个多小时过去了，搜救工作还是没有什么收获。他们又向雅丹的密集分布区驶去，一边行驶一边看，不放过任何一个盲点。遇到高坡就停下来上去看一下，拿望远镜搜寻一下周围。突然，远远地发现山丘上有一个黑点，他们边搜寻边向那个黑点靠近。冲过沙丘，逐渐靠近。越来越近、越来越近了，杨老师也看到了蓝天救援队的人，4辆车齐刷刷地开到了自己跟前。3天前杨老师他们失联的第一时间，我们首先向相关单位发出了紧急的求救信号，距离这一带最近的县人民政府和国投罗钾（即国投新疆罗布泊钾盐有限责任公司）等相关部门的领导高度重视，立刻派出人员、车辆、物资，不分昼夜前往罗布泊进行搜救。在一片空旷的野地里首先发现了洪专家。经过这几天野外求生的挣扎，高大魁梧的洪专家此时已经瘦得脱相了。政府的工作人员及医生看他身体及各项生命体征还都正常，即把他送到宾馆休息，补充恢复体能。

再看杨老师，他扑向蓝天救援队的车辆，手里高高地举着身份证和工作证。因为杨老师也没有完全判断出救援车辆的身份，只看到那辆车的颜色是军绿色，所以他手里拿着身份证和工作证。

医生对他进行了简单的检查，杨老师虽严重脱水，不过没有生命危险。医生给他喝了4瓶葡萄糖水，同时为他做了相关应急治疗，然后将他送到医院进行康复。

杨老师在罗布泊的79小时，险象环生，与死神擦肩而过。这生命的4 747分钟留下的记忆，此生无法忘记，这是在罗布泊的生死记忆。

生死关头最主要还是要有信心，杨老师说："对我来说，这是一次惨痛的教训，对于即将踏入罗布泊的人也是一次很好的警示和教育。"

时光匆匆，在迎来又一个元旦的时候，我见到了杨老师。我看他精神饱满，身体康健，依然谈笑风生。我说："杨老师，您以后还会去罗布泊吗？"杨老师说："得去。我们这辈子都在做野生动物保护工作，这项工作就是要在野外，因为野生动物生存在野外。罗布泊不同于其他的沙漠，我认为罗布泊就是让人有一种激情，所以有机会还是要去。只是我们要更有效地规避风险，不能添乱。这一年我多少次在梦中惊醒，我都在怀念那里，想念罗布泊。有机会我还得去罗布泊。上次去是为了关注野骆驼的生境，考察罗布泊的气候、环境和动植物生存状况，重点考察了解野骆驼的迁徙通道。可惜没完成。"

源远者流长，根深者枝茂。罗布泊是丝绸之路上的文明之地，这里有丰富多彩的文化遗产，而且宝贵的历史与现代的发展交融。我们要在发展与保护、发展与交流碰撞中传承中华民族薪火相传的精神血脉，只要我们努力，野生动物保护的未来一定会更加美好！

▶ 2018年2月于北京

又一季罗布花开——记新疆罗布泊野骆驼国家级自然保护区综合科学考察

5月，万物苏醒，大地一片生机，又是罗布花开的时节。那粉红色的花开得正浓——原来罗布泊春天开的花是用来装点夏天的！风揭开了绿色的旷野，吹醒了冬天沉睡的种子，枯萎的草根也要破土发芽了。罗布泊的春天来得迟，可它终于还是来了。

胡杨裹着新绿，红柳、芦苇也都露出了浅浅的芽。骆驼刺、胀果甘草、苦参、锁阳、黄花补血草也滋滋地冒出地面，连小小的石缝都绽放出五颜六色的小花，罗布荒原生机勃勃。

月亮照在山前的沙丘上，带着些许神秘询问春天的种子。四季的轮回，每一种植物都不会错过。天空中吉祥的云，裹挟着时间的碎片隐藏在转瞬即逝的风中，大地宁静而又壮阔……

在这万物蓬生的季节，新疆罗布泊野骆驼国家级自然保护区10年一次的综合科学考察也拉开了帷幕。每一次科学考察，都是野生动物的福祉，都践行着人类对自然的承诺。

新疆罗布泊野骆驼国家级自然保护区位于亚欧大陆腹地，在丝绸之路中国境内的主要通道上，是世界极度濒危物种野骆驼的主要分布区。保护区内景观复杂多样，为野生动植物提供了多样的生存条件，是野骆驼的主要栖息地，也是野骆驼血统最纯的模式标本产地。

保护区干旱缺水，植被稀疏，自然条件恶劣，是广阔的无人区，这为野生动物提供了较少受到人为干扰的生存空间。在保护区所处的丝绸之路中段，还分布有许多历史文化遗迹。

2021年5月，保护区综合科学考察由中国林业科学研究院多位专家及新疆罗布泊野骆驼国家级自然保护区管理局等单位组成科学考察队，并分为3个小组，每个小组12人。第一小组负责地形地貌和野骆驼生境考察，第二小组负责鸟类和植物考察，第三小组负责综合类考察。新疆野骆驼保护协会争取到了这次向各位专家学习的机会。

5月中旬，第三小组到达洪乌拉乌，我们和保护区的工作人员在这里与专家们汇合了。

罗布泊的夏天来得晚，初春的风还夹着丝丝凉意。芦苇也才刚刚发芽，露出了一点点抢眼的绿，一边在时光里伸长它的根颈，一边在风中舞动经年的身躯，把抖落的片片记忆撒在罗布泊的旷野里。

月光留下今晚的最后一条皱纹，把淡淡的光藏在了云里。在昏暗的月光中，临时营地的帐篷很快就搭起来了。晚风吹拂着山前干枯的骆驼刺，五颜六色的帐篷装点了此时的洪乌拉乌。

热腾腾的挂面煮熟了。锅中冒出的香气使每个人都感到了饥饿，从早上出发到现在已经十几个小时了，大家中午是用干粮和矿泉水凑合了一下。

新疆罗布泊野骆驼国家级自然保护区

罗布泊的守望

罗布泊的夜开始持续变暗，暗在黑夜里重复。一个小时后所有的帐篷都熄了灯，今夜罗布泊的大地温暖辽阔。

清晨，考察队员们像战士一样在中国林业科学研究院薛亚东博士吹响的哨声中醒来。早饭是菜汤和馕饼，大家很快吃了早饭。并按要求一个小时后全部离开宿营地，开始今天的工作。

营地很快全部收拾完毕，最后一项是捡拾垃圾进行焚烧，对于不可降解的垃圾要装箱带回。

今天紧张的工作开始了。各位队员分工明确，行动配合默契。沿着古河道行走了大约3千米，沿途可以看到很多野骆驼留下的蹄印和卧息过的痕迹。专家说，野骆驼特别警觉，只有在感到环境特别安全的时候，才会卧下休息。

走在前面的薛博士和两位专家在收集野骆驼的粪便，取样后先把它放在一个标本采集袋中，注明时间、地点、日期等，然后再把采集袋放进一个箱子里。采集的标本，都要附有详细的背景信息，包括采集地点的坐标、环境等。薛博士说："通过粪便可以持续观察到这一区域野骆驼种群数量的增加或减少，还可以观察到它们都摄取了哪些食物……"

保护区管理局的领导和工作人员，对考察中遇到的每个问题都能想办法认真解决。和专家们的各项配合仔细、熟练，每项工作还要做详细的记录。他们对涵养水源、保育土壤、固碳释氧、净化空气、保护生物多样性以及保护区科普宣传与文化功能，还有其他的支持功能、生态建设等问题，在空隙的时间都为我们做了普及和解答。沿途一旦观察到远方有野生动物的目标，就会示意大家安静隐蔽，等待野生动物走远再行动。在罗布泊的戈壁上，经常能看到一堆堆的野骆驼粪便以及它们大大的蹄印。所以在科学考察期间，我们共有7次看到野骆驼，有近有远，在这种不打扰的相逢里，大家心情都非常激动。这次科学考察观察到了最多数量的野骆驼。

休息期间保护区管理局的工作人员还为我们介绍了保护野生动植物及其生境的知识："保护区内除有国家一级重点保护野生动物野骆驼，还分布有国家一级重点保护野生动物雪豹、豺、藏野驴、金雕、玉带海雕，国家二级重点保护野生动物北山羊、棕熊、草原斑猫、鹅喉羚、盘羊、岩羊、马鹿、塔

在野骆驼活动区域放置妥当的红外相机

栖息在罗布泊的雪豹

栖息在罗布泊谷地的野骆驼

栖息在罗布泊的藏野驴

里木兔等，还有多种猛禽及大天鹅等鸟类，它们都是荒漠生态系统的重要组成部分。保护区内局部地段还分布着多种珍稀荒漠植物，有国家二级保护植物裸果木、肉苁蓉及国家三级保护植物胡杨、梭梭、白梭梭等，还有新疆特有种塔克拉玛干柽柳、塔克拉玛干沙拐枣等珍稀植物。"

此次综合科学考察的内容有哈密库姆塔格沙漠—三垄沙、若羌库姆塔格沙漠、鄯善库姆塔格沙漠，沙漠中的羽状沙垄、金字塔沙丘、半固定灌丛沙丘、新月形沙丘、新月形沙丘链、复合型纵向沙垄的调查。还要对罗布泊地区的气候特征，光照与降水，风、水文、土壤、裸地中的稀疏荒漠植被、植物种类的特征、植物区系与种类的分布，极旱荒漠和干旱山地的兽类与两栖爬行类，极寒荒漠的啮齿类，阿尔金山山前的鸟类和极旱荒漠中的昆虫等进行调查研究。

保护稀疏荒漠植被，对维护野骆驼等野生动物食源和生物多样性有重要的意义。野生植物是巨大的基因库，对维护荒漠系统的稳定性将起到重要作用。保护区还有奇特的雅丹地貌及盐泉，分布有多处雅丹风蚀地貌，其形态各异、千奇百怪，有很大

罗布泊的守望

的科学研究价值和文化价值。

　　午后，高高的太阳挂在头顶，走了近5千米后我基本是走不动了。挥汗如雨，坐在一个沙丘上一口气就喝光了一瓶水。远远地看着保护区管理局的程科长，虽然也是位女士，但一直走在最前面。有榜样在前，我也鼓足力气追赶上了他们。程科长身材娇小，却非常能吃苦，工作严谨负责，一丝不苟记录着各种数据。中午吃饭时我和她坐在一起，干馕饼就着咸菜和矿泉水，一点都不含糊。

　　采集标本很难，登记很费时间，必须要有耐心，如果天黑了还没有登记完，帐篷里就会亮起一盏小灯，一直亮着，晚饭后专家们会一直工作到深夜。

　　保护区管理局韩科长是位退伍军人，吃苦在前，工作干净利索又有章法。搭帐篷、扛仪器、搬东西，虽然话不多，但行动力很强。沟谷的风吹过来很凉，他穿的衣服太单薄了，但看不出来他有一点怕冷的感觉，和专家们相互配合，仔细观察各种植物，一看他和这些动植物就是老朋友了。

　　保护区管理局的盛师傅也是专家，我们问到的每种植物他都认识，让我们非常羡慕。专家们在前方拉起

栖息在罗布泊的盘羊

栖息在罗布泊的狐狸

栖息在罗布泊的胡兀鹫（雄性）

分布在罗布泊的狼

了一根长长的皮尺，我们还在迷惑，盛师傅说，专家们是在进行样线样方的调查。他一路上都在搜集资料，帮着专家们扛设备和仪器，还背着干粮和水，样样都干，不叫一声苦。

席地而坐是考查中最常见的休息方式，简单地休息后又要继续出发。

考察期间大家是分头行动或几个人一组。

傍晚，在宿营地再次见到早晨分开的考察队员们，这意味着一天的考察工作顺利完成了。营地的炊烟，是对劳累一天的考察队员们最好的召唤。

在营地里，大家纷纷打开标本袋，聚在一起分享喜悦。有些不确定的植物标本，大家都会从自己的角度进行一番认真的讨论。在这种开放式沟通的环境中，我不知不觉向他们学到了很多知识。

有位动物保护专家在晚饭泡方便面时，不小心把一碗滚烫的方便面碰翻在了腿上，烫得不轻。刚好我带了治疗烫伤的药，忙给他用上。而他在整个考察中一直在坚持没有叫一声苦。后来听说他当时被烫的部位水泡都磨烂了。这让我们对专家们更加敬重了，他们不但是科研的带头人，还特别能吃苦，特别能坚持。

罗布泊大峡谷

罗布泊的守望

罗布泊有些雅丹是成片分布的，连成了一眼望不到边的低矮雅丹群。夜幕降临，晚霞透过太阳的光均匀地分布在大地上，爬上高处，沿着光线会发现雅丹地貌顺着风的方向形成了很多条波纹，像大海中的浪不停地变换。

　　穿行在这种地貌中非常吃力，爬上爬下总会走走停停。如果说世界上没有两片相同的树叶，那么在罗布泊也找不到相同的两处雅丹。罗布泊的雅丹低的一两米，高的十几米，形态各异，以多姿的风采在装点着罗布泊。

　　因为风的持续性，有些雅丹的下半部分已被风渐渐吹走，形成了一个向内凹的半圆小龛，你可以暂时像尊佛似的坐在里面休息。高温和无差别的四季景色会给人造成一种错觉，让人觉得荒原里的太阳永远都是直射的。只有在这样的内凹处，才能寻到一丝清凉。

　　罗布泊多样的地形使调查的效率很低，各种地貌和起伏的地势减缓了移动的速度。每条低洼的沟谷虽然相隔很近，但如果全部都走到，往往要返回出发点换个角度再走一次。

　　5月17日，罗布泊下起了淅淅沥沥的小雨，沙尘像雨雾一样笼罩在山前，如不是这山前的戈壁在提示这里是罗布泊，竟会让人觉得仿佛置身在江南的雨雾中。随着生态环境的持续改善，相信未来的罗布泊一定是有水的罗布泊。

　　5月19日下午，天气突然变了脸，风呼呼地越刮越大。夜幕已经降临，我们找了一个背风的地方开始搭帐篷。帐篷搭得很快，并且每顶帐篷的四角都用石头进行了固定。由于风很大，已经没有办法埋锅造饭了。负责伙食的小杨分别给每人发了干粮、火腿肠、矿泉水和一个苹果。

　　简单的晚饭后，帐篷里的灯慢慢地一盏一盏熄灭了，罗布泊风中的夜晚伸手不见五指，天空的黑云压得很低，没有一棵星星，狰狞而又恐怖。

　　5月20日凌晨5点，狂风在积聚了几个小时的力量后舞作一团，像鸡蛋黄大小的冰雹从空中砸了下来，砸在车顶和帐篷上砰砰作响。只听"吱"的一声，侧帐瞬间就被狂风撕断。每顶帐篷仿佛都在风中摇摇欲坠，10级以上的大风呼啸着，仿佛越过了地平线直接来袭。狂风咆哮着，一阵比一阵猛烈，大地仿佛都在颤抖着。帐篷前面的沟里很快堆积了厚厚的冰雹，一个挨一个

被狂风吹走的帐篷

紧紧地粘在一起，融化的水急速流淌，顺着戈壁奔流而下……

　　主导这场风暴的风裹挟着冰雹在半夜来临，之前小风的持续预演结束了，狂风暴雨上演了。我和另一名队友住在一个3人帐篷里，这顶帐篷的支架过高，在风暴中很快就开始剧烈摇晃。灯带着光影摇晃起来更加恐怖，些许的惊慌掠过心头。起初我们还准备用体重压住帐篷，但很快发现帐篷的顶已经快塌下来了，随时都会垮掉。同帐篷的队友已坐起来开始收拾行囊，并用身体撑住帐篷顶。随着队友的呼喊我也尽快起来收拾，虽穿戴整齐，但也不敢出去。外面风雨交加，冰雹不断打在帐篷上。在黎明到来之前，帐篷里所有的构架还是全都断折或者弯曲了。我们的身上也积了厚厚一层沙和泥土。找到出口，钻出了帐篷，才发现昨夜鞋子由于没被拿进来，已经全部都湿透了。没有别的办法，只能穿这双湿透的鞋子。营地里其他队友的帐篷损坏也很严重。一名队友在收拾行囊时，刚把背包拿出来，他的帐篷和睡袋就被风吹走了。起先他还想去追，但帐篷被风一吹像一个巨大的气球，在风的助力下帐篷像长了腿，跑得飞快……

　　在罗布泊如果没遭遇过沙暴袭击，就算没来过罗布泊。阳光还是耀眼地闪着，只是被沙尘暂时遮蔽了。

考察队临时宿营地

　　沙暴越来越猛烈，我们顶着风几乎走不动了，更不能开口说话，一张嘴就会往嘴里灌沙子，有些细小的沙尘还会吹进眼睛里。风越来越大，人在行走时已很难保持平衡，趴在地上避风是最有效的方法。

　　看来昨夜大家都被折腾得不轻。

　　除了方便面，所有食物都被风掺入了沙子。这时最好的食物就是馕饼，吹一吹上面的沙，再敲打两下，随时都可以吃。有馕饼，啃上两口，每个人都不会觉得太饿。在这种天气里能做的只有等待。

　　肆虐的风刮了一天，不知听了谁的命令瞬间就停了。高高的阳光探出乌云照在头顶，我们先把被折断和被压弯的帐篷构架做了意义不大的修整。然后开始泡方便面，这是沙漠里的大餐。

　　冰雹过后容易引发泥石流，冲倒山坡的岩石和树木。好在我们现在距离山区比较远，宿营地没有高山和碎石，土质也比较坚硬，不易被雨水冲毁。

　　第二天，我们到了三角滩，夜晚的宿营地明月新弯，天空的星星就是银河星系的图画。星空下，人和动物都要安睡了。此刻，罗布泊的夜空安静而又美好。

　　科学考察对更科学地保护野生动物提供科学依据和有力的支撑，并为维系保护区的生态系统平衡提供科学数据。经过科学考察能有更多发现，能为野生动植物提供更优越的生活环境。

本次科学考察的意义有几点：

一是促进自然保护区的持续发展，协调人类活动与自然环境的关系。

二是保护自然生态系统，保障自然资源的可持续利用。

三是保护野骆驼和其他珍稀野生动植物的生存环境。

四是加强自然保护区的建设，充分发挥保护区的作用。

五是对保护区进行科学有效的管理，促进社会和经济全面发展。

六是合理规划、促进保护区生态建设事业的可持续发展。

山野里的花开了，吹着春风的喜讯。摇曳着粉红色的舞步，抛却尘埃里点点郁静，在罅隙惊愕一瞬的时光里奔向灿烂绽放的夏季。

太阳出现在晚霞里，即将落入地平线，沙漠里有我、有你、有野骆驼……

红柳伸着粉红色的枝在舞动着，月光下堆积的一个个大凸包内是植物的根，不知经历多少年了。

跟随着专家们的脚步，不仅学到了许多知识，也探寻了动物、植物在万年的时光里为了生存、繁殖和遗传留下的生存密码和动人故事。李迪强教授说，这次综合科学考察还将对保护区极旱荒漠区域土壤的积岩过程、风蚀风沙、水文变化、土壤形成发育、土壤潜在肥力等进行一系列考察。

近10年来，中国林业科学研究院和新疆罗布泊野骆驼国家级自然保护区

薛亚东博士在采集标本

等单位对新疆罗布泊野骆驼国家级保护区的跟踪考察、采样分析、红外线数据采集，包括从野骆驼粪便中提取DNA取样分析，目前显示的数据是，保护区内的野骆驼种群数量呈上升的趋势。

我们听到这样的数据时感到些许的安慰。我国是生物多样性非常丰富

罗布泊的守望

的国家之一，我国高度重视并推动生物多样性保护全球进展，倡导推进全球生态文明建设，强调人与自然和谐共存。强调尊重自然、顺应自然和保护自然的生态理念。在实现"人与自然和谐共生"的美好愿景过程中，中国逐步形成了以国家公园为主体、自然保护区为基础、各类自然公园为补充的自然保护地体系，取得的成绩在世界上有目共睹的。加强对保护区生态环境的有效管理，完善野生动植物保护机制，不断加大巡护巡查和执法力度，将无人机、红外线相机、远程监控等科技手段越来越多地运用到保护管理当中，提高了管护手段的有效性，野生动物保护能力不断得到增强，野生动物种群的数量不断增长、出现频次不断增加。

小花棘豆

5月20日的清晨，阳光明媚。风中有一朵蒲公英随风飞出，它带着数万颗种子，一定有一颗能够落地生根。在阳光和时间无常的旋转中生长！

沿着古河道前行，在近百千米长的滩涂上，很多植物由于缺水都枯死在这片荒漠里。但在广袤的罗布泊大地上，一个小水坑就是一次沙漠的机遇，再次枯萎的根在一场大雨后又能重新发芽。雨水的冲刷使它的种子脱落，短短的时光，嫩芽破土而出，经过一个世纪的等待终将绽放。

雨后的沙漠，阳光灿烂，动物们开始享受大自然的馈赠。沿疏勒河古河道延伸向前，我们越来越能感受到野骆驼栖息地的辽阔。

雨后的彩虹、升腾的薄雾，不是真正的海市蜃楼，但是一只鸟儿却向它飞

金露梅（俗称格桑花）

去。一株死亡了百年的植物，在水中竟能复活，最迟在几小时之内就能发芽。在沙漠中极少得见的蓝色和绿色开始出现，这就是自然的神奇。

罗布泊白天温度极高，野骆驼会留下"礼物"。野骆驼留下的粪球见证了一个雌性蜣螂的一生，生物链使这种古老物种得以幸存。

楼兰时期的古代墓葬，绝大多数在雅丹的顶部，在千年的风沙中只剩下残破的驿道和荒凉的古城。在一些高的雅丹上可以俯瞰丝绸之路上文明的遗迹。

在沙丘上行走也非常艰难，黄沙很软，流动性也很大，走起来非常费力，一脚踩下去有种陷入泥沼的感觉。当我们攀爬一座很大的沙丘时，坡度非常陡，只能走横向的"之"字形才能够前进。攀登这样的沙丘非常吃力，每次爬到顶都会累得气喘吁吁。

黄沙随着风的助力流动性很大，在地表上几乎看不到什么植物。一场大风过后，地表上很快变换了"造型"，你今天看到的都是这里唯一的风景。

漫漫黄沙一眼望不到边，在这寸草不生的沙丘上行走，经常只有前进的方向，却看不到要到达的目标。

穿行在古河道里，一条沟就有六七十千米长，非常像在山谷里穿行。有些河道深且狭窄，两岸残留的十几米高的崖壁上被岁月雕刻了种种造型。在这里行走会忘记这里曾经是一条宽阔的河流，而总觉得它是一条奇特的壁画走廊。

考察队员在罗布泊

科学考察能最直接观察到野生动物。科学考察可以为划分野生动物的保护级别、制定野生动物保护名录、为野生动物的保护和管理工作提供重要的依据。经过科学考察还能让人们有更多发现，能让人们解开自然的、动物的、植物的更多未知密码。

调查野生动植物资源数据是一个庞大复杂的系统工程，最基础和最基本的数据要根据生物资源调查，动物按哺乳类、鸟类、爬行类、两栖类、昆虫等进行分类，提供完整的动物名称列表；植物按乔木、灌木、藤本、草本等进行分类，建立健全完整的植物名称列表。通过科学考察还能清楚保护地有多少动物与多少植物、完整列表及物种的分类系统。有了科学的数据再对生物物种进行编目造册，向国际公约、向政府、向公众提供最基本、最基础的"家底"和完整的动植物名录。

在自然中对生物资源进行最基础、最基本的记录和描述，聚焦于每处自然保护地的观察则体现出从科学的数据到自然的记录都要付出巨大的代价。

让真实的自然图片和内容服务野生动植物保护，让科学和文学为自然立传、为自然代言，讲好野生动物保护的故事。

科学考察还在进行，科学家和保护区守望者的脚步还在向保护区的前方延伸，他们还在用双脚丈量着6.12万平方千米的土地。

▶2021年5月于罗布泊

罗布花

罗布花

春天的阿奇克谷地，罗布花是大地的守望者，她在等待春天的第一缕曙光。那紫色的花一朵连着一朵，绽放形成一片花海。粉中带紫，紫色中飘着浓雾般的白，既高贵，又神秘。花朵在微风中摇曳，传递着浪漫的气息……

紫色和着东来之气，含着温暖的红和冷静的绿，焕发出罗布泊深沉而富有魅力的色彩，一眼便住进心底。

在阳光的炽热照射下，罗布花一朵一朵、一片一片地盛开，从眼前开到天边，在这片湿地里盘根错节，既含蓄，又奔放，一簇簇散发着勃勃的生机。生长在罗布花丛中柔韧的芦苇，好像也是为了装点罗布花而在努力地生长。

举目四野，阿奇克谷地浮动着一层隐隐的紫色，迎光呈祥，与大地共生共荣。罗布花盛开的沧桑历史，展示着阿奇克这片谷地曾历经的伤痛和生机。

阿奇克谷地得天独厚，是地势较低的天然湿地，汇集着积雪和融水，哪怕是一棵小草，都会愿意在这里扎根。一望无际的湿地，是野生动物经常光顾的地方，如果人不去打扰，野骆驼和鹅喉羚会悠闲地在这里觅食。

罗布泊的守望

远处沙丘叠秀，山在远方裸露着它的褶皱，展现着沟壑的雄伟。大地在天空下绘出了一幅浓淡相宜的戈壁画卷。我想这是一种唤醒，也是一种启示。

在我们看不到的深层泥土里，还隐藏着大量的微生物，它们积蓄着自己生命的能量在为植物提供养料，满足着植物争先恐后生长的需要。每种植物都能成功地获得太阳给予的能量，它们甚至会去争夺太阳的热能和光线。在同一片区域生长的不同植物，它们会默默地为生长竞争。

植物和动物热烈地传递着生命的能量，能量越多，微生物的种类就越丰富，整个大自然的生命体系就越健康、越坚韧。生命依靠能量繁衍生息、存活、创新、进化。

罗布花无比纯洁地盛开，因为纯洁而包容异质。天空的蓝色，沙丘的黄色，交织在罗布花的领地里。植被丛生，鸟儿飞翔，虫儿跳跃地忙碌着。就连沙漠鼠也不把自己当"外人"，它们醉入花丛，挖洞积粮，静静地自由生活。每一种植物都在见证这贫瘠荒凉的土地在一点点地重生。

生存与死亡并存的故事每天都在上演，这是自然界竞争中和谐与统一的史诗。生命发芽，一年一季，开花的瞬间是多么短暂。花丛中总会诞生古老的歌谣，罗布花是阿奇克谷地的骄傲，罗布花代表着生命的舞步。

天空把阳光洒在阿奇克谷地的沃土上，把罗布麻的种子留在了泥土里，这是天与地的结合。这些种子在自然生态的空间里发芽、生长结籽，种子长成的植株在来年会和崭新的生命一起开花。

黄沙戈壁，哪怕在只有一点点泥土的小小石缝里，罗布麻也会迎风扎根。阿奇克谷地一定会长出最多的树，开出最多的花，飞出最美的蝴蝶。

寒风骤雨、斧钺加身，任风暴在四季里"解剖"枝干，罗布麻也不改其本色。虽长在最荒凉的旷野，却以其所有的根和叶、花和枝，扛起草药的担当，挺身而出，为病者疗伤，为伤者固身。

罗布麻是阿奇克谷地的生命坐标，是草，是花，是一株株傲立于沙漠的不屈精神的化身。天高地广，沙海星移，罗布花盛开在阿奇克谷地，年年岁岁，岁岁年年！

▶ 2021 年 5 月

罗布家园

陈雅丹和她的"罗布家园"

打开地图我们来找那只地球上的"大耳朵",那就是我们的"罗布家园"。

"爱一个国家,爱一片土地,爱那片广袤的雅丹地貌。"因此,他给自己的女儿取名陈雅丹。

他就是我国著名地球物理学家,地磁学奠基人,国际知名罗布泊学者陈宗器先生。

陈雅丹在《走向有水的罗布泊》一书中说:"我知道'雅丹'这一词语被国际地理界正式作为特殊风蚀地貌的专用名称,正是从斯文·赫定及父亲陈宗器进入罗布泊后开始的。"

1927年4月,中国学术团体协会和瑞典探险家斯文·赫定决定成立中国西北科学考察团。1927年5月9日,考察团在北京大学集合,

陈雅丹和她的《走向有水的罗布泊》

罗布泊的守望

然后由西直门火车站乘火车出发前往西北地区。1929年，中央研究院物理所的陈宗器先生参加了中国西北科学考察团，是中方负责天文和地形测量工作的人员，和斯文·赫定等一起对生命禁区罗布泊进行考察。在罗布泊考察的艰苦岁月里，陈宗器先生深深地爱上了这片土地，他把自己青春的热血洒在了这里，他的足迹遍及起伏的罗布泊山山水水。

陈宗器先生先后以斯文·赫定的名字"斯文"和罗布泊的特殊地貌"雅丹"各为自己的儿女命名。

父亲为女儿取名"雅丹"，也许就是为了有一天，让女儿勇敢地穿越时空去罗布荒原寻找他的足迹，罗布淖尔——一个许多人一辈子都无法到达的地方。

1931年，陈宗器与瑞典地质学家霍涅尔，自甘肃深入罗布泊地区。陈宗器等人此行如愿找到了水波荡漾的罗布泊湖。后来，他们又花费半年多的时间绕罗布泊一周，完成了详细的天文、地形测量和地质考察。这是人类第一次科学地测定了罗布泊的准确地理位置，第一次绘制了罗布泊的实测地图。60年后，美国科学家通过卫星测得的有关图像，与陈宗器及其同事当年所绘完全一致。

1950年，85岁的斯文·赫定给地质学家黄汲清写信，打听他"最亲爱的中国朋友"陈宗器的下落，同时希望转告他们的老朋友霍涅尔先生去世的消息。不久，斯文·赫定也离开了人世，"敬爱的队长"没有盼来陈宗器先生的回信。

1987年，在纪念中国西北科学考察团60周年的座谈会上，黄汲清第一次谈起了这件事，他说自己当时就把信交给了在中国科学院办公厅工作的陈宗器。

后来，陈宗器的女儿陈雅丹在人事档案中发现了陈宗器"向组织交代的自传"，才解开了这个谜团。在那个特殊年代，中国的外部环境十分严峻，而这一切也影响到了个人，陈宗器综合考虑后就没有回信。

陈雅丹女士希望目睹雅丹地貌，重走父亲当年走过的路，她的梦想在她的努力下得以实现。陈雅丹曾先后两次，以纵穿和横穿的方式深入罗布泊。

她把对父亲的思念融化在罗布泊的旷野里，这些内容都记录在她撰写的《走向有水的罗布泊》一书中。

在现代越野车和多位当地探险专家的协助之下，行走于戈壁腹地的陈雅丹仍然倍感吃力，其中最大的苦楚发生在盐碱滩路段。

瑞典地质学家霍涅尔这样描述盐碱地的外观：如同刚刚犁过的土地立刻被冰冻了起来。它们小的有一尺*来长，大的有一两米高，人行进期间感觉波澜起伏，仿佛置身于硬碱块的汪洋大海之中。

盐碱滩是罗布泊最典型的一种地貌，是史前的塔里木盆地碱海的海底。当时海的面积比现在大，后来海底隆起，海底的盐碱经过多次干枯、涨水、溶化，与泥沙固结，最终形成了坚硬如铁的大盐碱块。

此碱滩乃古代海底，为史前塔里木盆地之碱海……

行一日后，余等皆感足痛，骆驼柔软之足更在碱滩上血汁斑斑矣！帐篷不易支起……

铁钉不易击入，并不能平放铺盖处，平日骆驼经长途旅行之后，自然倒地休息者，至此虽使其下躺，亦立即起立，以碱滩锐利坚硬，不胜其痛苦之故。

——陈宗器《罗布淖尔与罗布荒原》

"到处是七棱八翘的大盐碱块，这就是父亲说的碱滩了。"陈雅丹回忆。

几年后，在结束科考后的归途中，陈宗器的牙齿全部脱落。

这些故事后来都被考察团团长、瑞典著名探险家斯文·赫定写进他的传记里，以至于读着这些探险故事长大的一代代瑞典人都知道中国人"帕克陈"。

斯文·赫定写道："我从来没有要求他这样做。让任何人在最热的2个月里（41摄氏度），在牛虻和蚊虫密集的地方工作，都太残酷了。"在斯文·赫

---

* 尺为非法定计量单位，1尺＝0.33米。——编者注

定笔下，陈是一个"难不倒的小个子"，有着"过人的精力"。

几年后，在结束传奇般的考察之行后，陈宗器回到物理所，继续践行自己"科学救国"的理想。1935年，他主持修建了中国第一个地磁台，后来又成为中国地球物理学会的发起人之一。

陈宗器先生去世后，他的女儿陈雅丹在罗布泊湖心碑附近为父亲立了一块纪念碑，碑上刻着陈宗器的人生成就。

在这块冰冷的石头上，刻下了岁月，也刻下了怀念，刻下了100年来中国人对罗布泊的热爱和科学探索。这块纪念碑宛如陈宗器先生还站在罗布荒原的大地上，他好像还在丈量着罗布泊的每一寸土地，还在测量高高的阿尔金山。

陈雅丹，画家，1942年出生，大学教授、中国第一位赴南极考察的画家，浙江新昌人。历任北京幻灯制片厂美术编辑、中央工艺美术学院教授、清华大学美术学院教授、中国美术家协会插图装帧艺术委员会委员、中国美术家协会藏书票研究会副会长。她还是美术圈里公认的"环保先行者"和"一位有责任感的画家"。她擅长画版画、水墨画、插画。

2018年应新疆野骆驼保护协会之邀，陈雅丹女士与丈夫李宝林合作，为新疆野骆驼科普宣传基地题写了"罗布家园"4个字。

"罗布家园"4个字，饱含了陈雅丹女士对罗布泊的涓涓深情，对父亲陈宗

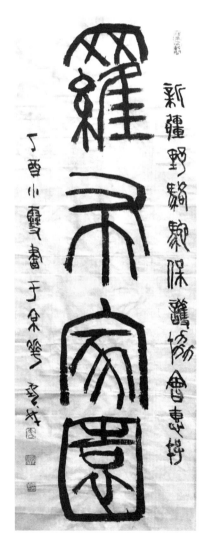

陈雅丹和丈夫李宝林合作题写的"罗布家园"

哈拉奇

器曾经工作过的那片土地深深的牵挂和无限的眷恋。"罗布家园",像生命的脉搏一样在罗布泊跳动。

这一年,我有幸得到了陈雅丹女士《走向有水的罗布泊》这本书和两根蓝丝带……

陈雅丹女士还是"保卫蓝天,蓝丝带行动"的发起者,她的行动得到世界各地热爱环保的朋友们的响应。不仅艺术家,还有各行各业的环保资深人士都在积极响应。除了响应活动,有小学教师带领学生们研究、关注、积极参与,践行环境保护。

"保卫蓝天,蓝丝带行动"鼓励所有志愿者从生命本身源起的艺术创造性出发,用富有创意与想象的行为艺术方式展示蓝丝带,以摄影为媒介多渠道宣传环保理念,表达环保态度。

她创作的《穿越时空——我的罗布泊之旅美术日记》,画一方净土,写一片真诚,撞击人的心扉。

叶梦在《从南极到罗布泊》中有这样一个片段:"雅丹生命中的一切似乎都与她的父亲有关,在南极乔治王岛一个废弃的地震小屋中看到一个包装箱上写着'地球物理研究所'的字样时,她心里一热,立即想起她的父亲……"

1997年11月至2000年7月,陈雅丹沿着70年前地球物理学家陈宗器走过的路,两次穿越生命禁区罗布泊,成为我国第一位纵穿罗布泊的画家。

　　丝绸古道的走向也处在迁转流失的过程中，作为曾经连接古驿站的交通要道，罗布淖尔仍然是生命密码的寄存之地，生灵梦境中的乐土家园。

　　在《走向有水的罗布泊》一书中，陈雅丹女士这样描写在六十泉（即该书中的"60个泉"）见到野骆驼的情景："忽然我发现不远处红柳丛后，两峰骆驼一前一后，霞光从逆光方向照耀着它们，姿态十分悠然。当它们发现我们的汽车时，立即向东奔去，不一会儿就消失在天边的土坡后，它们是来60个泉喝水的。"

　　资料显示，著名的阿西米提布拉克（六十泉）曾是野骆驼与家骆驼互相验明身份的"边检站"。在遇到狼群追逐时，野骆驼的防身术是将狼引入罗布荒原，直到活活将它拖死。因为过了六十泉就再没有淡水了，这里也是野骆驼和家骆驼的分界线，除了野骆驼，其他动物在这里无法生存。在《走向有水的罗布泊》一书里，陈雅丹写到父亲陈宗器第一次记录了罗布泊的面积，并描述罗布泊大部分地区为不毛之地。

　　罗布泊那些迈塞、雅丹、沟壑、山峦，也许都有她父亲踏过的足迹……

　　陈雅丹走在罗布泊这片土地上，仰望罗布泊的沙漠、胡杨、芦苇，甚至想着能找到父亲当年丢失的小铁盒……

　　罗布泊风中的红柳，坚韧的胡杨，哪一株是父亲守望过的？茫茫沙丘哪一座是父亲测量过的？两次进入罗布泊，就像两次回到了"罗布家园"。

这是两代人对罗布泊的情缘，或许也是命运特殊的启示。

陈雅丹满含深情地在《走向有水的罗布泊》一书扉页上写下：

谨将此书

献给我亲爱的父亲和母亲

献给所有不畏艰险走向西部的前辈们

所有的一切都是为了人世间

一种动人心弦的情感：思念

父亲给了我生命，生命犹如他

给予我的名字——雅丹一样美丽

我为有这样的父亲

而感到深深的自豪

父亲我想念你

走向真正有水的罗布泊

陈雅丹在《走向有水的罗布泊》中说："1997年11月1日傍晚，随着发动机突起的一声轰鸣，我乘坐的北京212吉普，穿过乌鲁木齐熙熙攘攘下班的人群驶向城外，向罗布泊进发。为了这一刻，我等了几乎整整30年。而我所要去寻找的那些失落在荒原里的故事则是60年前发生的事情了……"

时光流逝，2017年罗布泊的哈拉奇，偶现水面。随着水流持续补充和降雨增多，哈拉奇累计5个月出现湖面，水域比较稳定。

2019年，我随中国林业科学研究院科考队一行来到库姆塔格沙漠东缘交汇处，已干涸约300年的湖泊哈拉奇，一片水面出现在沙漠戈壁中，沙漠再度碧波荡漾。水面东边还有红柳和芦苇丛，白鹭等水鸟栖息翱翔，野骆驼和其他野生动物也经常在这里饮水，这与近年来实施的生态水利工程有关。

甘肃敦煌西湖国家级自然保护区管理局孙志成科长说："这是河西走廊重要内陆河——疏勒河的终端湖——哈拉奇。它曾干涸约300年，现已形成大约5平方千米的湖面。哈拉奇水域的重现阻止了库姆塔格沙漠向东侵袭，进一步筑牢了西部生态安全屏障。同时，这也对生物多样性恢复起到积极作用。"

哈拉奇曾经水草丰茂，自唐代起，由于移民屯田、环境变迁等原因，疏勒河曾经历4次大退缩。清朝雍正年间，伴随疏勒河断流，哈拉奇干涸。

孙志成科长还说："2006年，我到哈拉奇一带时，发现这里已经完全沙漠化了。"

面对敦煌水资源供需矛盾日益突出、区域生态环境持续恶化的局面，2011年，国务院批准《敦煌水资源合理利用与生态保护综合规划》。2017年，该规划包含的疏勒河及党河河道恢复工程竣工，"分别"40多年的党河与疏勒河在敦煌"重逢"。党河、疏勒河下泄的生态水量通过河道一路向西流淌，抵达甘肃敦煌西湖国家级自然保护区腹地。

随着水流持续补充和降雨增多，哈拉奇湖面水域比较稳定。经调查，哈拉奇一带已出现20余种野生动物，孙科长说："过去没水，这里野生动物很少。现在形成一片水域，野生动物有了良好的生活环境，迁徙候鸟也有了停歇地。我们去年曾一次遇到31峰濒危野生动物野骆驼，这种情况非常罕见。"

罗布泊有水了，这是多么激动人心的事啊……

随着生态环境的不断改善，今天我们终于看到了有水的罗布泊，天降"银龙"撒落在罗布泊的沙丘上，我们正在走向陈雅丹女士期待的有水的罗布泊……

陈雅丹女士如果现在能来，将走向真正有水的罗布泊……

▶ 2018年6月

罗布泊消失的神秘物种——新疆虎

中国地域辽阔，地形复杂，气候多样，是世界上兽类资源和生物多样性最丰富的国家之一。

一个世纪前，当斯文·赫定坐在斯德哥尔摩家中铺着虎皮的椅子上，向世界宣布了中国新疆罗布泊生存着新疆虎时，也开启了新疆虎灭绝的倒计时。1972年7月23日，美国陆地卫星1号这颗地球资源卫星发射升空，它逐一扫描地球表面，两年时间便覆盖了75%的面积。这是人类历史上第一次以如此宏观而"高清"的视角观察我们所居住的星球，许多鲜为人知的神秘角落也被一一呈现。

在中国地图上，中国西部的一只"大耳朵"尤其引人瞩目。它长约60千米，宽30千米，明暗相间的半环

新疆虎（斯文·赫定的素描）

罗布泊的守望

状线条，一圈一圈地向中心收拢，形如"地球之耳"。人们既不知它为何物，亦不知它由谁人造就，只知它所在之地名为：罗布泊。

1899年，斯文·赫定从罗布泊归去3年后，得到瑞典国王提供的资金，决定再探罗布荒原。他和探险队先沿着叶尔羌河和塔里木河深入罗布荒原。在这几个月的行程中，斯文·赫定记录了塔里木河沿岸的自然风光、当地居民的生活以及各种动物。他还向当地居民买了一张虎皮，后来把这张虎皮带回了瑞典家中。

虎在陷阱中（斯文·赫定的素描）

他到达了罗布泊，并绕着罗布泊的湖盆走了两天。在回忆录中他写道："天空、大地和湖水在日落时分充满了奇妙的颜色，太阳将绯红的光芒洒在沙丘上面……"

塔里木河是新疆虎的故乡

1979年2月，在印度新德里召开的第一届国际老虎保护会议上，国际老虎保护组织宣布："在世界上共有11个老虎亚种，目前已有3个亚种灭绝，还有3个亚种濒临灭绝。"已经灭绝的3个老虎亚种之一是分布在中国新疆塔里木盆地特别是在罗布泊地区的新疆虎。新疆虎中文别名里海虎、西亚虎，又名塔里木虎、罗布虎。

瑞典地理学家、探险家斯文·赫定在《亚洲腹地旅行记》里这样写道：

"树林还是那样茂盛，芦苇稠密得使我们不得不绕路走，或者要用斧头劈开一条路……"

这是一幅罗布泊的自然生态图。根据这样的描述，令人想象到当时茂密的丛林和芦苇中，生活着新疆虎和野骆驼等野生动物的场景。

19世纪初，塔里木河和孔雀河还是浩渺奔腾的大河，向南从铁干里克穿过台特玛湖，流到下游的喀拉和顺湖，最后向东北流入罗布泊。斯文·赫定刚刚发现了被风沙掩埋了1 500年的楼兰古城，震惊了世界，也成就了他的一生。他对罗布泊地区的生态环境和人的生活及猎捕老虎的经历有着详细的记述。

但是，他错把喀拉和顺湖当成了罗布泊。因此，在约30年后，他乘木船沿改道后的塔里木河及现今的孔雀河古道从西北面的铁板河河口到罗布泊时，错误地认为罗布泊向北位移了经度1度，是个游移湖，并判断1 500年为一个周期。其实，罗布泊是塔里木盆地最低的储水注入地，只是塔里木河的入湖口，在历史上有多次变化而已。那时，塔里木河下游布满了湖泊和沼泽，河流两岸是茂密的芦苇，胡杨和红柳，郁郁葱葱地覆盖在大地上。"密林遮苇虎狼稠，幽径寻芝麋鹿游"，斯文·赫定曾这样描述。

那时，生活在这里的罗布人，将巨大的胡杨树掏空，做成独木舟，也叫做"卡盆"，在

罗布人用胡杨木制作的"卡盆"

罗布泊的守望

河流和湖泊上漂泊，以渔猎为生。他们会把大的鱼骨制成装饰品佩戴。

当年新疆虎常常出没于胡杨林和芦苇丛中，以塔里木马鹿、野猪、鹅喉羚、塔里木兔等为食。特别是野猪，当时数量很多。新疆虎非常机警，它采用潜伏或追捕的方法很容易捕到猎物。不过，在食物缺乏时，新疆虎会捕杀牧民的牛羊。有时也跑到阿尔金山北坡和天山南坡的山谷，在树林和芦苇丛中活动。

在历史上，只有普尔热瓦尔斯基和斯文·赫定考察、研究、记载过新疆虎。根据资料记载和生态学的规律，新疆虎一般单独生活，独来独往。不像非洲狮、狼和豺狗那样结群捕捉猎物。它在芦苇丛林中有许多比较固定的活动道路，白天在密林和草丛中休息，早晨和傍晚出来捕食。新疆虎不会爬树，但善于游泳，因而在河流沼泽地带活动自如，能够衔着野猪游泳过河。只有在生殖期，新疆虎才雌雄成对地生活。由于塔里木盆地平原区没有高山岩洞，它们只好以平原森林的浓密草丛为巢穴。

罗布人除捕鱼和捕猎水禽及其他野生动物外，老虎也是他们猎捕的对象。因罗布人没有先进的武器，只能使用一种铗具，在虎道上埋设这种带齿的铗具。老虎一旦被夹住后便拼命挣扎。没有锐利武器的罗布人猎手，只能远远盯着，若老虎挣脱固定铗具的链子，他们便远远地在后面再追踪。由于老虎脚爪带铗，行动不便，极难捕到食物，只能喝点水充饥。一个周后便会饿得气息奄奄，半死不活，毫无反抗的气力。这时，猎人才冲上前去杀死它。然后剥下虎皮，取食其肉。至于虎骨，他们并不知其妙用，会被当成废物抛掉。这些是斯文·赫定在1934年的记述。

1887年，俄国探险家普尔热瓦尔斯基在塔里木盆地考察，有一天来到阿克苏南部阿拉尔的塔里木河边，晚上第一次听到虎啸声，吓得他的马颤抖不止。后来他在日记里写道："塔里木河的老虎很多，就像我们伏尔加河的狼一样多。"他在《走向罗布泊》一书中对塔里木老虎的生态特点有较详细的记载。

无论如何，新疆虎在历史的长河中存在过，塔里木河是新疆虎的故乡。

普尔热瓦尔斯基对新疆虎的记载

普尔热瓦尔斯基在《走向罗布泊》一书中，有很多对新疆虎的描写，其生态习性情节十分细致生动："我们已告别和田河，并即将告别整个塔里木盆地，现在回过头来说一说有关老虎的事。在这次探险中，我们同老虎接触不多，但这种动物饶有趣味，有必要为它添上几笔。"

"我们在亚洲内陆旅行过程中，只在新疆遇到过老虎。新疆北部的伊犁河谷老虎比较多，在天山脚下，西湖（乌苏）的固尔固台附近沼泽的芦苇丛中有时也可以遇到老虎。但是总体上说，北疆的老虎较少，而南疆的老虎则比北疆多得多，大片的原始森林为老虎提供了安全、隐蔽的场所。温暖的气候、遍地的野猪以及牧民放养的牲畜为老虎提供了丰富的食物。在和田、策勒、于田等大片绿洲周围，随着许多茂密的森林遭到破坏，渐渐地见不到老虎了，现在老虎最多的地方在塔里木盆地的塔里木河、罗布泊及和田河、叶尔羌河、喀什噶尔河流域。当地居民把老虎叫做居勒巴鲁斯。南疆老虎的体型和印度虎差不多，身上毛的长度介于短毛的华南虎与长毛的东北虎之间。"

"老虎的生活规律和大部分猛兽相同，喜欢夜里出来活动。白天，它藏在密林之中，只有在它肚子很饿的时候才出来寻找猎物，而且活动区域一般远离人类居住的村镇。它通常在日落以后走出密林，四处寻找猎物，天亮时又回到藏身之处。老虎走路时非常小心谨慎，不会踩断树枝发出声响，在它穿过浓密的芦苇丛时，会把头低下像蛇一样地爬行。有时它会一边嗅着地面上的气味，一边侧耳静听，注视四周动静。据当地居民说，老虎一旦发现猎物，会立刻巧妙地向前靠近并突然来一个十几米远的大跳跃扑向猎物。一跳抓不着，再来较短的第二跳，或者还有更短的第三跳，如果跳过三次仍抓不到猎物时，它就不再跳了。据罗布人解释，因为这时老虎已经累了，当老虎用尽全身力气扑过去还抓不到猎物时，它是不会再往前追的。但抓不到猎物的情况很少。据罗布泊的猎人说，老虎有时会模仿雄马鹿呼唤的声音，用这种办法来诱捕这种警觉性极高的猎物。不知这种说法有多大的可靠性，但罗布泊当时生存着很多老虎。"

"像人类饲养的猫一样，老虎抓住猎物后先把它摔死扔下不管。要抓到马或牛这样的大型牲畜，杀死后留在现场，或拖到密林深处先藏起来。除非饥饿难忍，否则不会立即吃掉被杀死的猎物。而是等太阳落山或到半夜再来吃，如果一次吃不完，第二再来吃，若肉已腐烂，就不再吃了。"

"新疆南部的居民普遍认为，当地的老虎即使饥饿也不会去袭击人类，在它与人相遇时一般装着看不见而远远躲开。但当它受到枪伤时就会袭击猎人，扑到人身上用牙齿咬下块肉来，或用爪子撕裂身上的某一部位。罗布泊的猎人坚持认为，老虎不耐枪伤，用小口径的火药枪打中一发子弹，老虎就会死掉了。实际上只有在特定的场合下才能一枪致命，伏击时打中要害，或者把老虎赶入水里去再射杀。最常用的方法是，当老虎杀死牲畜后往牲畜绽开的肉上抹上毒药马钱子，待老虎再来吃肉时让它中毒而亡。"

"罗布人传说的关于老虎的故事：有一次，老虎在罗布泊咬死了头牛，居民们立即找来四张弓，装上机关伏击老虎。半夜时分，老虎来到死牛跟前，（猎人）突然用一支箭射中了老虎胸部，扎进去相当深。第二天早上，当地猎人发现受伤老虎的脚印后跟踪追击。不多久，猎人发现老虎躺在芦苇丛中，正当猎人拿起火枪准备点火时，老虎向猎人扑去，把猎人的左手咬了一口。幸好扎进老虎胸膛的箭的根顶到了猎人胸前。可能老虎因剧痛难忍而放开猎人，径自逃去。猎人养了半个月的伤后就完全恢复了健康。"

"罗布泊的居民也曾进行过围猎。冬季有一天，6个猎手在芦苇丛中的小片空地占据了有利地形，摆好捕虎的阵势。起初他们每个人都表现出誓与老虎决一雌雄的勇气，但老虎快要来的时候，一个个又都胆怯起来，互相说着泄气的话。其中一个人冒着严寒把身上的袷袢*脱下，挂在芦苇秆上，想让老虎错以为是人，引诱它扑过去。负责围追老虎的一批人，一边高声叫喊着，一边从另一处走来。老虎果然出现了，只见它不动声色地朝那片有人埋伏的空地慢慢移动，突然向那件挂着的袷袢扑过去，刹那间谁也来不及开枪。

---

* 袷袢即维吾尔、塔吉克等民族所穿的对襟长袍。——编者注

远处的人以为同伴被老虎伤害了，急忙跑过来准备抢救，结果老虎逃之夭夭，人们围到一起大笑一场后回去了。"

"还有一次，罗布泊的居民把老虎追逼到四面环水的芦苇丛中，老虎无论从哪走，都要泅水。几个猎人在岸边上大造声势，渐渐接近老虎，准备把老虎赶入水中，另外几个猎人则在另一边岸上埋伏起来。老虎是会游泳的，在被逼到岸边时终于向对岸游，而对岸埋伏着的猎人顿时大惊失色，竟忘了开枪，其中一个人被吓得跳了起来。老虎则从容不迫地游过对岸，藏进另一片芦苇丛中去了。"

"有一年秋天，罗布泊的居民曾把一只老虎赶进冰冷的水里，然后再驾着小船，最后打死了这只精疲力竭的老虎。罗布泊的居民说春秋两季湖里的冰，很容易割破老虎的肉皮，老虎绝对不在冰上行走。有一次他们在冰面上放上一只野猪诱饵，放了很长时间老虎都不去吃。即使没有东西吃，老虎仍然会强忍饥饿，直到厚厚的冰层完全解冻化成水，才敢下湖觅食。"

正是因为新疆虎在新疆这片广袤的土地上生存过，才会留下罗布人和新疆虎共存的故事……

探寻新疆虎灭绝的原因

1921年夏季，由于塔里木河向南已流了1 500多年，河床因泥沙淤积被抬高，向北流的小河在大洪水冲刷下迅速自然扩大，导致塔里木河向北改道。从北部沿孔雀河古道在铁板河河口流入罗布泊，致使从铁干里克以南的塔里木河下游水源枯竭，湖泊缩小或干涸。芦苇和胡杨林大片干枯或死亡，野生动物数量减少，使老虎的生存环境极度恶化。当斯文·赫定在1930年来新疆考察时*，新疆虎的数量已较30年前大为减少。

斯文·赫定1934年访问了当地的罗布人，问为什么老虎少了，罗布老人回答："这些年出现了一种蚂蚁，数量很多。当小虎出生还带着包衣时，蚂蚁就成群结队爬到刚出生的小虎身上去咬，小虎就死了，被蚂蚁吃了。"

---

* 此时处于斯文·赫定第五个探险考察时段（1927—1935年）中。——编者注

　　　　　　　　　　　　　　　　　　　　　　　罗布泊的守望

2010年3月，以杨镰为首的多位专业学者组成的塔里木生态环境与绿洲文明考察队，在沙雅访问时，还有健在的维吾尔族老人说："那时不知道从哪里来了很多蚂蚁，老虎生虎崽时，成群的蚂蚁爬到母虎的鼻子上咬，母虎急了，就把小虎咬死了，最后虎崽就被蚂蚁吃了。"蚂蚁灭了大老虎，这可能也是新疆虎灭绝的原因之一。

从动物地理学的角度来看，亚种分化与动物所在生态环境的变化密不可分。也就是说，同一物种分布在生态环境不同的地区，就可能分化出不同的亚种。例如盘羊，在新疆不同的山区就分布有8个亚种。

根据地理分布，有人把中国的老虎分为东北虎、华南虎和中亚虎3种，新疆虎即为中亚虎。新疆虎分布在新疆塔里木盆地，沿塔里木河干流和三大支流及沙漠边缘的绿洲活动，在罗布泊周围也有较多的数量。由于这里也是世界上的气候极端干旱区，雨量极少，又多沙尘暴，年降水量不到50毫米，环境条件最为恶劣。因此，新疆虎应是世界上最耐干旱环境的老虎亚种。

新疆虎的消失是迅速的。消失的主要原因应是人类生产活动范围扩大，无休止地捕猎老虎及其食物链中的各种野生动物。在19世纪30年代还有人见过老虎；到1949年时，老虎数量已极少；1951年军垦战士在林区垦荒时还见过一只。1962年，新疆地质大队在阿尔金山开展探矿工作时，一名工程师和

新疆野生动植物保护协会复制的新疆虎标本

一名工人共同遇到过一只正在吃藏野驴的老虎，这只老虎看到有人来，便起身跳上后面的悬崖跑了。看来这是新疆虎残存的最后记录了，这些据说都被记录在新疆地质一大队的档案文件中。

新疆虎的体型较小，由于生活在极度干旱的荒漠地带，它的毛色较浅，是一种淡黄褐色、全身布满横环纹的大型食肉猛兽，头顶也有明显花纹。

新疆虎是老虎中最耐干旱环境的一个亚种。可惜没有留下图片，唯独留下的就是斯文·赫定在《我的探险生涯》中描绘的那张新疆虎画像。

在哈萨克斯坦科学院研究所的标本库中，保存了一张从塔里木盆地采集到的虎皮。另外，该研究所还有一张1948年在伊犁霍尔果斯被捕获的幼虎的虎皮。

一张新疆虎的虎皮保留在瑞典民族博物馆里，它是1900年瑞典地理学家、探险家斯文·赫定在罗布人手里购得的。因为虎是被毒死的，这张老虎皮相当完整；它是一只雄性未成年虎，重220磅（约99.79千克）。

老虎位于食物链顶端，虽然能够捕食同生境中的绝大多数动物，但是相对应的，老虎本身受环境的影响就越大，甚至生态系统中的某一项因素改变，都有可能影响它的整个种群。

新疆有多个以虎命名的地方，如"杀老虎的地方""有虎崽的地方"等。现今新疆生产建设兵团三十六团北部营盘附近，有一个地方叫"老虎沟"，说明这里曾有老虎出没。新疆罗布泊野骆驼国家级自然保护区在建立保护区的原规划图中，仍保留了这个地名，以纪念新疆虎的存在。在1979年托木尔峰登山科考中，袁国映受新疆地名委员会委托，新疆环境保护科学研究所命名了5座托木尔峰附近的未命名山峰，其中之一就叫"却洛瓦斯峰"。因这座山峰极像一头向西卧着的老虎，这处地名已印在我国出版的1∶10 000比例尺的地图中。就在营盘的老虎沟东部，在2000年时，一个探险队在孔雀河旁的一个湿地上发现了一组似老虎蹄印的巨大梅花蹄印，怀疑是残存新疆虎的蹄印。

袁国映断定那个爪印是雪豹的爪印。雪豹和虎都是猫科动物，两者的蹄印很相似，雪豹的脚印也很大。雪豹一般是在高山地带活动，但有时因特殊原因也会到山下平原区来觅食，这样的事件在新疆已多次发生过。老虎沟北部的南天山支脉库鲁克塔格山上至今仍然有雪豹分布。

明代李时珍在《本草纲目》中就生动地描写道："虎，山兽之君也。状如猫而大如牛，黄质黑章，锯牙钩爪，须健而尖，舌大如掌，项短鼻齁。夜视，一目放光，一目看物。声吼如雷，风从而生，百兽震恐。"

沙漠面积的扩大、河水水量的减少、植被的衰亡、对新疆虎的猎杀以及人类与野生动物生存条件的恶化，使罗布泊地区的新疆虎逐渐迎来了灭顶之灾。

科学家们把罗布泊称作地球上的"旱极"，像南极、北极和青藏高原之"高极"一样，罗布泊成了亚洲中部最为干旱的地方，年降水量仅为20毫米，年蒸发量却高达2 600毫米。略加计算就可以得出一个惊人的数字：年蒸发量为年降水量的130倍。这里的盐壳坚硬如铁，锋似利刃，密如刀丛。瑞典探险家斯文·赫定称其为"可怕的索尔的海洋"。

新疆虎悄然灭绝，生命金字塔的塔尖折了，物种从高级到低级环环相扣的链条断裂了。或许这还不足以提醒人们一个沧桑巨变时代的到来，接下来的变化更如噩梦一样。随着生命之河塔里木河的水量大减，罗布泊越来越干，最后走向死亡。罗布人失去了在罗布泊赖以生存的条件，不得不开始迁徙流浪。

无论如何，罗布泊是新疆虎曾经生存过的家园。

可以说，新疆虎是因为生态环境的破坏而灭绝的，它的消失是生物多样性和科学研究上的巨大损失。

空旷的罗布荒原再也听不到新疆虎的呼啸了，灭绝的新疆虎是人类的追忆和伤痛。现在就连追寻新疆虎的足迹，也只能从普尔热瓦尔斯基和斯文·赫定那冰冷的文字与素描中探寻，新疆虎曾经的风采，遗落在时光的烟尘中……

幸好如今的罗布泊还生存着许多野生动物，我们还来得及保护它们……

2022年，时值中国农历新年，中国邮政发行了一套新疆虎的邮票，这是对野生动物保护的呼唤，也是对新疆虎的永远记忆……

《壬寅年》特种邮票

　　《壬寅年》特种邮票由中国邮政于2022年1月5日发行，新疆为首发地之一。此邮票一套2枚。邮票图案名称分别为：国运昌隆、虎蕴吉祥，全套邮票面值为2.40元。"国运昌隆"描绘了一只气宇轩昂的上山虎形象，矗立远眺、志存高远，传达出国家蒸蒸日上、满怀雄心壮志的含义；"虎蕴吉祥"描绘了面容温婉的虎妈妈带着两只小虎的温馨场景，寓意儿孙兴旺、家庭美满。此特种邮票在乌鲁木齐市共发行32 007套。

后记

　　今天我提笔写这篇《罗布泊消失的神秘物种——新疆虎》，源于中国邮政将出版一套老虎的邮票，有太多的感慨……

　　处在食物链顶端的新疆虎已经在罗布泊灭绝了，如今我们的后代甚至没有机会从博物馆或者留存在新疆的一张虎皮上去寻找它们的气息和踪迹。那么，我们以此在邮票上来纪念新疆虎，更激励我们要保护还没有灭绝的那些生存在罗布泊的野生动物……

▸2022年于乌鲁木齐

寻找"迷失的骆驼"
——那个关爱野骆驼的老人约翰·海尔走了

2022年初春，罗布荒原的盐碱草刚刚发芽，嫩嫩的枝芽摇曳着，伏在风中传递着低低的呼唤，呼唤那个曾经来过这里的老人——约翰·海尔。

约翰·海尔是英国人，他曾任职于联合国环境规划署，退休后成立了国际野骆驼保护基金会，晚年致力于中国和蒙古国的野骆驼保护事业。1995—1997年连续3次在中国西部的罗布泊进行艰苦卓绝的以野骆驼生存状况为主体的科学考察；经历了和黑风暴及各种困难的

约翰·海尔在罗布泊

勇敢抗争，成就惊人。他和袁国映及他的中国同事为野骆驼的研究和保护工作不懈地努力着。

广袤的新疆罗布泊野骆驼国家级自然保护区位于新疆的东南部，以海拔780米的罗布泊干涸湖泊为中心，地跨哈密市、吐鲁番市和巴音郭楞蒙古自治州，与甘肃、青海的部分地域毗邻，总面积6.12万平方千米。保护区是以保护野骆驼等珍稀野生动植物为主的是极旱荒漠地区，野骆驼的主要分布区之

一，也是世界上野骆驼的模式产地和纯血统种群分布区。保护区内，野骆驼的种群数量约680余峰，占全世界野骆驼总数的2/3。

1994年，约翰·海尔这位英国老人来到位于北京的中国国家环境保护总局（现生态环境部），申请与中国考察队一起前往罗布荒漠，他是为全球环境基金项目"阿尔金山—罗布泊野骆驼自然保护区生物多样性保护"项目专程来北京的。

这个项目由联合国环境规划署和中国国家环境保护总局共同执行，主要目的是保护野骆驼、野羊、野驴、戈壁熊、鹅喉羚等珍稀野生动植物和自然景观，约翰·海尔也因此成为新中国成立后最先到达这个地区的外国人之一。

约翰·海尔在接受《世界新闻报》记者专访时说："野生骆驼尽管不如大熊猫那样有名，但它与大熊猫一样，都是中国的国宝。"

当时约翰·海尔已至六旬，本来可以像很多欧洲老人一样悠闲地环游世界。但他却一次次选择来到荒凉的罗布泊考察双峰驼，还为此募集了一笔笔资金，用于野骆驼的保护与野外科考。他募集到的资金，弥补了当时保护区科研及考察资金的不足。英国本土的人说他简直疯了，但他依旧乐此不疲，16年间不断往返于英国和中国。

新疆罗布泊野骆驼国家级自然保护区管理局前局长张宇说，约翰·海尔是不远万里来到中国开展拯救野骆驼的"白求恩式的人"，通过他的努力，新疆罗布泊野骆驼国家级自然保护区有了国际性的交流，并提升了管理及科研水平。

2017年夏季，83岁的约翰·海尔最后一次来新疆。他是一位"中国通"，在乌鲁木齐市北京路一家餐厅里，一桌子的中国人中有一位高鼻梁、深眼睛、银色白发的老者，正娴熟地拿起筷子夹菜。当服务生端上来一盘鱼时，老人"狡黠"地将正对他的鱼头转向邻座，以示对别人的尊重，由此也可以躲避喝鱼头酒……

约翰·海尔在对野骆驼的多次考察中，对野骆驼有一种特殊的感情。他曾和研究野骆驼的专家一起，在几次较大范围的野外调查，骑在家骆驼上发现了一群群的野骆驼，他的足迹留在了塔克拉玛干沙漠和阿尔金山北麓。考察期间，他遇到了一个有128峰野骆驼的驼群和一个由十几峰大小野骆驼组成的驼群。通过考察，他和专家们弄清了罗布泊地区和阿尔金山双峰驼（即野骆驼）的种群数量、分布区域以及栖息地的状况，并找到了它们迁徙的通道，测算出了在罗布泊和阿尔金山区域野骆驼的种群数量。这期间，他也逐渐熟悉了中国文化。

约翰·海尔每次组织的考察都主要靠个人力量募集资金。一般来说，凑够一次考察经费他就设法组织一次考察。他多次通过演讲宣传对野骆驼的保护。

1998年，约翰·海尔从全球环境基金会争取到了75万美元，用于罗布泊野骆驼自然保护区的最初建设。之后，他在英国申请成立了野骆驼保护基金会。

2000年，阿尔金山野骆驼国家级自然保护区*的面积增加至7.8万平方千米，面积仅次于青海可可西里国家级自然保护区，成为中国第二大自然保护区。

约翰·海尔先生和中国科学家一起到新疆罗布泊戈壁沙漠考察野骆驼，其中有两次是骑家骆驼去的。因为野骆驼害怕汽车和摩托车的鸣笛声，而家骆驼和它们还比较亲近，不易干扰野骆驼。七八十岁的约翰·海尔先生每次进保护区考察都骑着骆驼。有一次在胡杨泉，天上下着大雪，他和考察队员们一起在野外风餐露宿好几个晚上，终于见到了野骆驼。

约翰·海尔先生接受记者采访时一再强调："是人类把野骆驼逼进了戈壁沙漠。事实证明，几个世纪前它们住在更富饶的中亚大草原上。甚至今天一些沙漠里的野骆驼还要冒着炎炎的酷热跋涉到群山中去，喝一喝清凉的冰雪融水，啃一啃新鲜的嫩草。"

约翰·海尔说："野骆驼住的蒙古戈壁，不是所有的水都是咸的。但在中国戈壁的中心地带——嘎顺戈壁，也称苦戈壁，却只有盐水。盐水从地下汩汩地冒上来，看上去像雪一样。野骆驼就喝这种水，吃生长在盐泉周围的一

---

* 新疆罗布泊野骆驼国家级自然保护区原为1986年9月成立的阿尔金山野骆驼自然保护区，当时面积为1.5万平方千米，2000年5月，新疆维吾尔自治区政府批准保护区扩建为7.8万平方千米；2003年6月，国务院批准保护区升级为国家级自然保护区，并更名为新疆罗布泊野骆驼国家级自然保护区；2013年7月，保护区面积经调整变为6.12万平方千米。——编者注

野骆驼

些草。通常这些草是盐生草或柽柳灌木。这两种植物都能忍受夏季55摄氏度的高温，也能靠盐泉生长。而冬季的气温会降到零下30摄氏度。难怪野骆驼需要它的'长毛大衣'了。可是这样的'大衣'在夏季显然又太热了。

因此，每年4—5月，野骆驼就要脱毛。脱毛后的野骆驼样子变了很多，不过到9月它们又慢慢长出新毛，以备冬天严寒的来临。在初夏的沙漠里跟踪野骆驼的时候，常常会看见一大团、一大团的驼毛挂在柽柳灌木或岩石上。"

戈壁滩就是石头沙漠，嘎顺戈壁的旷野里有许多地方遍布着小小的黑石子，而在戈壁滩的其他地方，高山和丘陵到处都有色彩斑斓的石头，看上去就像古人在山上撒下了大把的彩色石头。

清晨，阳光照在山上，石头透过阳光的照射七彩斑斓，璀璨夺目。

傍晚时分夜幕降临，这些石头像睡着的地标，安静极了。

和嘎顺戈壁形成鲜明对照的是与之相邻的、大面积的沙丘覆盖着塔克拉玛干沙漠。一些野骆驼生存在塔克拉玛干沙漠北部边缘靠近塔里木河的地带。

"前些年还有猎人和非法进入者捕杀它们，割走野骆驼肉当食物。"

约翰·海尔先生还观察到在蒙古国和中国阿尔金山的野骆驼的另一个威胁——狼。"这些地区有充足的淡水，所以狼也能生存。其他一些珍稀动物，像野羊、藏野驴、戈壁熊、黑尾巴的瞪羚也住在沙漠附近有淡水的地方。这些动物住在沙漠的边缘，每到夏季高山的冰雪融水就会潺潺地流进这里。但在沙漠深处，只有野骆驼能生存。假如你去这块地方看看，就会发现根本没

罗布泊的守望

有其他的动物，甚至连只鸟也没有。这是因为这里完全没有淡水。只有一种吸血的大扁虱子住在盐水泉边专等着野骆驼来喝水，到时就爬到野骆驼的腿上吸血。"约翰·海尔先生曾对记者说道："要是你不小心，它也会来咬你。"

通过约翰·海尔先生的努力，纽约国际野生动物保护学会对双峰驼标本的脱氧核糖核酸（DNA）进行研究、鉴别及检测工作，评论道："分析结果相当有趣，有证据表明它（野骆驼）和它们（役用家骆驼）截然不同。"

通过在中国和蒙古国多年的考察，约翰·海尔写下了《迷失的骆驼》一书，这本书由杨镰作序。

约翰·海尔是位饱含野骆驼情结、科研眼界宽阔、研究思路超前、专业功底深厚、做事认真的老人，他对我国野骆驼的保护和发展作出了重要贡献！

我们怀念那个热爱野骆驼的约翰·海尔先生，88岁的他在这个春天永远地走了……

罗布泊的旷野，约翰·海尔看到的星光还在闪烁，并向前延伸。那移动的巨大沙丘，在月光下发出隐约的光芒，"迷失的骆驼"终会找到归途……

相信他注视过的高高的阿尔金山

约翰·海尔所著《迷失的骆驼》封面

下，野骆驼种群会更加发展壮大。中国和蒙古国生活着的1 000多峰野骆驼，也一定能繁衍生息，永续长存！

热爱生命，也不是对生命有所要求，而是愿意为生命无限付出。

▶ 2022年4月于乌鲁木齐

罗布泊记事

无论谁初次踏上罗布泊这片土地，都一定会为它的最荒凉、最神秘、最富有而感到惊奇和震撼。所以人们一直都会问：在罗布泊广阔的荒野上到底蕴藏着什么？

如果没有野生动物，如果没有野骆驼这个精灵在这片土地上生存，那么，这片荒凉的土地将是多么沉寂。罗布泊是我国四大无人区之一，这里属于半干旱的荒漠区域，植被极度稀少、水源极度匮乏、环境极度恶劣。在这样的环境中生活着680峰左右的野骆驼。

680仅仅是一个平凡的数字，可是将它和一个极度濒危的物种联系起来，又是一个让人揪心的数字！

情　　结

我第一次知道罗布泊是从了解到科学家彭加木失踪开始的，多少年来对罗布泊的敬畏和向往一直埋在心中。1998年有一个难得的机会，应罗布泊野骆驼管理中心之邀，我们从若羌第一次进入罗布泊。这次对罗布泊的初次探寻给我留下了难忘的记忆，也近距离了解到了广袤的罗布泊的环境和野骆驼这个极度濒危物种，产生了对野骆驼面临的残酷生存环境的担忧和后续对野骆驼多年的关注。从此，也种下了关注、保护野骆驼的情结。

时光荏苒，我退休后有了充裕的时间，开始和几位爱心企业家筹备新疆野骆驼保护协会，想为野骆驼保护做点工作。2013年5月16日我和王书强随北京林业大学胡德夫教授的研究生课题组等一行12人前往卡拉麦里山有蹄类野生动物自然保护区参观学习。这6天的考察，使我了解到了许多野生动物保护的知识，打开了了解野生动物的窗口。

在卡拉麦里山有蹄类野生动物自然保护区工作站、野马繁殖基地及野马的野放区域，我们进行了为期6天的考察学习。通过这次学习，我了解到了我们国家30年来为保护、繁衍、野放普氏野马所做的一系列工作及付出的艰苦努力与巨大代价。胡德夫教授为大家讲述了这些年经历的人与野生动物之间的动人故事。保护区工作人员又讲道："有一年的冬天，雪下得特别大，天气非常寒冷，许多野生动物都冻死了。保护站的工作人员在巡护的时候，发现有一只小鹅喉羚倒在雪窝里，工作人员看它的身上还有温度，就把它带回了保护站，给它喂水和食物。在工作人员的精心照料下，小鹅喉羚很快恢复了健康。有天清晨，保护站的工作人员要把小鹅喉羚放归到保护区，让它去找妈妈。小鹅喉羚一步一回头，两步一回头，依依不舍地看着保护站的工作人员久久不愿离去，迟疑了很久才撒腿跑向保护区，慢慢消失在茫茫戈壁之中。"

听了这个故事，我深深感受到野生动物也有感恩之心，也会把我们人类当成朋友。

一天傍晚，我请梅丽沙女士为新疆野骆驼保护协会校正会标英文书写。打开电脑，调出了罗布泊的卫星云图，从卫星云图上看罗布泊非常像地球上的一只"大耳朵"。那片土地还有多少我们未知的秘密呢？

回到乌鲁木齐后，我们积极开展前往新疆罗布泊野骆驼国家级自然保护区考察的筹备工作，当时的新疆野骆驼保护协会秘书长郝俊明先生和王卫莉女士，每人分别出资6万元支持此次的考察学习。由专家、学者组成的考察小组，由新疆农业大学的马生军老师带队。2013年6月13日，动身前往新疆罗布泊野骆驼国家级自然保护区考察。考察历时9天，我们观察到野骆驼的生存状况，对植被、水质、土壤等进行了观察和了解，也经历了罗布泊夏季极限天气的挑战，越过了罗布泊的沙漠盐壳、沟壑险山……

通过这次考察，我们对怎样科学保护野骆驼有了更直观的了解和深刻的感受。其间惊险的一幕发生在6月17日这天。早晨，我们由营地出发前往八一泉，返回时已是下午4点了。来到了一片滩涂，见到星罗棋布、大小不一的蛋白石不规则地铺了一地。我们下车在这里用了简单的午餐，就驱车前往罗布泊镇。汽车翻越了无数个大大小小的沙丘，奔驰了几个小时后竟一点不差地回到了出发的那片滩涂，铺了一地的蛋白石原封不动地在等着我们。我们震惊极了，这时夕阳西下，晚霞照在这些大大小小的石头上，一幅无法形容的美景却无人欣赏，大家都在想，就算开启GPS定位也难得这么准确地回到原点啊。

沙漠的夜幕很快降临。大家又打开地图，重新定位了我们所在的位置，此时测得我们距离罗若公路大概有100多千米，离罗布泊镇有36千米。但那是直线距离，这36千米全是湖盆盐壳，车肯定是开不过去的。为了保证不盲目消耗车里的汽油，大家一致决定当晚就在原地宿营。车里带的水和馕被严格定量分配，大家简单吃了点东西，决定第二天早晨天一亮就向罗若公路的方向进发。

夜幕降临，黑色连着黑色的夜，大地寂静无声，气温这时也逐渐下降，大家正准备在车里休息，这时不知谁说了一句"今天是6月17号，正好是彭加木失踪的时间"，随着这一"消息"的发布，恐惧顿时袭上大家心头，立刻一点困意都没有了。此时，罗布泊的夜黑得伸手不见五指，夜幕下的罗布泊更加诡异，只有寂静和沉默包围了黑色的夜和我们。

凌晨5点，天刚刚有点放亮，我们便启程向着罗若公路的方向出发了。从5点行至7点，天已大亮，一次次的定位，一次次的迷失在茫茫沙丘之中。在这谜一般的沙漠里摸索着，如果车里的油耗光了后果更不堪设想。恐惧和不安又一次袭上大家的心头。我们把车开到一个高高沙丘上的时候，有人突然大喊了一声："看，前面那有两个黑点，是不是人在移动？"随后我们的两辆车赶紧朝着黑点开去。越来越近，越来越清晰地看到2个人。经过沟通、交

罗布泊的守望

流，我们得知他们是附近捡石头的人，已经在这里驻扎一星期了。我们和他们进行了协商，看是能否派一辆车给我们带路，经过一个多小时的反复商讨，捡石头的人终于同意派一个人给我们带路。

我们跟着带路的那辆车，绕过许多沟壑，翻过了一座座沙丘，经过几个小时的颠簸，下午3点终于驶上了公路。一路上看到，捡石头的人在路旁用石头垒了很多坐标，上面还插着啤酒瓶子，我想这些啤酒瓶的瓶口应该是指示方向的标志。所以带路的车在前方很轻松地绕来绕去，很快把我们带上了公路。第一次来罗布泊就给了我们一次难忘的经历，24小时的惊心动魄后我们安全到达了罗布泊镇。

通过这次考察，初识了罗布泊的神秘。虽然没有见到野骆驼，但还是在八一泉附近看到了一具野骆驼的白骨和很多野骆驼留下的足迹。这些让大家深感野骆驼的数量稀少，亟待人类的保护。这次考察为我们实地观察野骆驼的生存环境提供了资料依据，了解了生存在罗布泊这片荒凉旷野里，野骆驼生存的艰辛，这也为新疆野骆驼保护协会的成立筹备工作打下了坚实的基础。

经过近一年的筹备，新疆野骆驼保护协会在政府有关部门及各界人士的大力支持下、在众多爱心人士的参与下，于2013年12月19日正式成立，在博格达宾馆隆重举行了协会成立仪式。

夜宿库木库都克

为了在镜头下记录野骆驼的生存状况，更好地宣传野骆驼保护，筹备《中国新疆野骆驼千里寻踪》纪录片的拍摄，为拍摄冬季野骆驼生活场景的珍贵资料，新疆野骆驼保护协会在有关部门和单位支持下，与中国林业科学研究院专家、新疆罗布泊野骆驼国家级自然保护区管理局等单位合作，于2016年1月5日进入罗布泊考察拍摄。

元旦刚刚过去，正处于一年中最寒冷的季节。为了拍摄冬季的资料，大家义无反顾，坚定信心向着罗布泊出发了。

冬季的罗布泊，白雪覆盖着沙丘，印着几行深浅的驼印。高处裸露着几棵张牙舞爪的胡杨，大地一片静谧。在9个人的队伍中只有我一位女性，夜宿库木库都克的夜晚，为了尽可能照顾唯一的女性，大家让我挑选一个最佳的位置。我挑选了帐篷最边上的一个位置，旁边是中国林业科学研究院最年轻的李佳博士和新疆教育电视台的小晏。

夜幕降临，帐篷外是库木库都克最冷的寒风。这时能听到狼群在撕扯帐篷的声音，因为昨天吃的羊肉没把骨头埋起来，狼在疯狂地扒找东西，把锅都打翻了，把我们吃剩下的几块肉吃完了还在帐篷边上转圈。由于睡在帐篷的最边上，我特别害怕狼撕破帐篷……

风在狂吼，可帐篷内8个疲劳至极的人，呼噜声此起彼伏。在零下30摄氏度的低温中我一时无法入睡。我心里一直在想，听说这是30多年前彭加木失踪的地方？罗布泊的夜为什么这么黑？明天能不能拍到野骆驼？外面的狼群会不会撕开帐篷冲进来？各种奇思怪想越来越多，裹挟在夜幕中的时光很长，没有睡意的我打开小手电在日记中这样写道："看着帐篷里的人们，多像电视剧里在野外开采金矿疲惫的民工，但他们不是，他们不是为了金子，他们是野生动物的守望者！他们每个人都带着梦想，为新疆有一部真实记录野骆驼生存状况的纪录片而努力着。他们无悔地睡在冰冷的帐篷里。明天将要踏上新的征程，而每一段行程都将会充满困难和未知的危险……"想着想着，更没有一点睡意了。

清晨太阳出来了，罗布泊的天空一片湛蓝。我们开始拔营，准备向着阿奇克谷地出发。同行的一位专家过来问我："这次都跑了近千千米，也没遇到野骆驼，会不会很失望呀？"我说："一切随缘。如果轻易就能拍到野骆驼，那野骆驼的数量肯定就增加了。这次拍不上，我一定还会来的。"这位专家说："你有这个想法就对了，这次咱们肯定能拍到野骆驼。"

正如专家所说，在罗布泊风餐露宿，挑战了极限低温后，我们终于在1月9日与17峰野骆驼在库姆塔格沙漠不期而遇了。

野骆驼如精灵般踏歌而来，又矫健地迅速消失在罗布泊的茫茫沙海里。在这17峰野骆驼中，雄性的野骆驼走在最前面，最后面走的是成年的野骆驼，小野骆驼和瘦弱的未成年野骆驼都被夹在中间。当它们看到人时，马上变换了队形。领头的雄性野骆驼带着它的驼群飞快地向前方奔去。最后面的两峰野骆驼，一峰向左奔去，一峰向右奔去。它们的目的就是引开人群，以免让人类伤害到驼群。

我们向着远去的驼群行注目礼时，大家热泪盈眶，没有谁说一句话，害怕稍微有点声音都会惊扰到它们。上苍就是如此眷顾，让我们在近100米的距离内拍摄到了这些珍贵的资料。

科考队的车失联

2016年，中国野生动物保护协会组织野生动物保护专家第一次走进新疆罗布泊野骆驼国家级自然保护区。5月17日，科考队一行首先慰问了甘肃敦煌西湖国家级自然保护区下属的几个保护站。5月19日清晨，在罗布泊茫茫的荒野上，一座座环形的沙丘，一处处不同的地貌，我们行驶在广阔的大地上。今天的目的地是新疆罗布泊野骆驼国家级自然保护区的三垄沙保护站。

已是中午了，大家准备选一处背风的地方休息一下，利用这段时间吃午餐。车停下来后突然发现后面的车没有跟上来。保护站站长带领一号车立刻原路返回去寻找，其他车辆及人员原地不动。可一两个小时过去了，一点消息也没有，这段等待的时间显得特别漫长。王庆龙副会长爬上了高高的沙丘，拿着望远镜不停地搜索张望，可连个车影都没。

又过了几十分钟，焦急中我们终于看到了远方扬起的尘土，王庆龙激动地大喊："他们回来了！"一缕烟尘掠过，一号车到了眼前，所有人都围了过来。原来，站长他们按原路去找了六七十千米都没有见到3辆车的踪影。站长说："大家再往前走上20多千米有个路口，叫黑山口。那里有山、有阴凉，大家可以在那里等候，我们再返回去找他们。"过了近半个小时车开到山口，大家在原地等待。站长再次强调说："大家一定在原地等待！我没有回来，大家不要行动，一定不要离开原地。"

中国野生动物保护协会赵副秘书长说："我分析了一下情况，一是车可能坏了，耽误了时间没有跟上；二是弯道比较多，跟错了方向；三是可能为了采集植物标本耽误了时间。但薛亚东博士11次进入罗布泊很有经验，不会有危险。你们遇事商量，冷静处理，相信你们能安全地把他们带回来。"

我也上了一号车，急速地向茫茫的罗布泊深处奔去。此时罗布泊显得更加空旷，一眼望不到边。为了尽快找到他们，站长决定进入盐壳抄近路。这样就让车颠簸得更厉害了，头不停地碰到车顶。穿过盐壳前面又是一片盐碱滩，我们的车又跑了40多千米。突然，站长说："糟了，咱们停下来看看，好像一个车胎被扎了。"我们4个人开始卸掉轮胎，装上备胎，继续出发。我再往远处看，罗布泊大漠上，在远方有股浓浓的黄色烟雾铺天盖地正朝我们奔来。令人毛骨悚然的低沉吼叫随着风由远而近，呼啸着翻滚而来。此刻，大地仿佛都在微微颤抖。

站长说："这是沙尘暴来了！咱们把车开到山边停下来，在车上等这股沙暴过去再出发。"

我透过车窗往外看，强大的风像被怪兽追赶一样，被狂风卷到空中的小石子四处乱飞，迅猛的沙子打在车上噼啪作响，天空被黄沙遮盖变得黑乎乎的，什么也看不见。

站长说："不要害怕。大漠中的沙尘暴有一个特点，在沙尘暴到来之前的短暂时间里，大地隐藏着神秘和宁静。一旦到来如海水涨潮一般排山倒海，遮天蔽日像个疯子。但它来得越猛，去得越快。"

沙尘暴是大风与沙漠化土地松散的地表沉积物作用的产物。风是沙尘暴形成和产生的动力。在没有植被保护的土地上，毫无遮掩松散的沙土是形成和产生沙尘暴的物质基础。

正如站长所说，半小时后，风果然减弱了。我们慢慢地试着往前走，又翻过了两道沙梁，站长说："咱们再往前走大概十千米，前面就是高大的沙丘，他们的车根本翻不过去。如果在这个区域找不到他们，咱们就赶快掉头朝正左边走，其他的地方再没车走的路了。"

又往前走了约3 000米，这时，突然看到前方有几个黑影。站长说："快看，他们就在前面。"越来越清楚了，看到他们一个个都在招手！才分别了6个小时的队友欢呼拥抱在了一起！薛博士说："一辆车变速箱坏了，停下来的

　　　🐎 罗布泊的守望

一会儿工夫就看不到前面的车了，山脉太多，对讲机也呼叫不到，车子发动不了。"

在失联的这6个多小时里，薛博士说："我们最后决定所有食物、水、现在要统一由专人管理，按时间定量发放，并要大家原地休息待命，保存实力，等待救援。"

经过6个多小时的分别，我们能够汇合，大家心情都特别激动，体会到了生命的脆弱和坚强，也经历了罗布泊旷野的神秘和危险。当晚，我们赶到了三垄沙保护站，吃上了热腾腾的面条。

丢在敦煌的靴子

2016年1月的一天傍晚，考察队准备在红柳沟扎营。大家结束了一天的工作，紧张忙碌着，开始搭帐篷、埋锅做饭。用3块石头支起的锅四面透风，准备下挂面的一锅水总是烧不开。夜幕就要降临，气温越来越低，我站在炉火边上的双脚都快冻麻木了。脚一直在火边烤着，靴子都烤着了冒着烟，才知道把靴子烧了个大洞。大家起哄地说："今天可有猪蹄子吃了！"。我笑起来："大家看看，这还叫靴子吗？"被烧穿了一个大洞，这可怎么穿呢？我把随身带的膏药当胶布把两面都粘上了。

可随后的每一段行程沙子都会钻进靴子，这一路可忙坏了，过一阵就要忙着倒掉靴子里的沙子。在爬一段沙丘时一直掉队，我干脆把靴子脱掉拿在手上，在金黄色的沙丘上，沙子软绵绵的，有些冰凉，但比穿着靴子走得快多了。

考察结束到了敦煌，我买了双鞋子，把这双换下来的靴子用塑料袋装好，大笑着说："哈哈！带回去可以留作纪念了。"

第二天清晨8点，我们从敦煌启程准备返回乌鲁木齐，车都到柳园了，宾馆总台打来电话说："你们谁的靴子忘带了？"一时粗心，没办法，这双跟我4次进过罗布泊的靴子只能被丢在敦煌了。

风沙万里罗布泊

　　元月进罗布泊之前我是做了充分准备的，把每天需吃一粒的降血压药专门用一个盒子装好，还特意多装了一些。可一直到出发第三天穿过了阿奇克谷地，才发现降血压的药根本没带。这时，心里也真有点七上八下了。晚上扎营后，大家围坐在一个装蔬菜用的箱子搭成的"桌子"边上，就着馕饼和咸菜吃晚饭。这时，我们喝着大碗的砖茶，我环视了一下大家，心想谁会有高血压呢？有高血压肯定会带药，可以临时给我应下急。可看到队员一个个生龙活虎，看谁都不像有高血压的样子，为避免大家担心，我没有告诉大家我有高血压又忘记带药了。因为心里还是担心一旦血压高了怎么办，于是大着胆子问了一位年纪大点的专家："专家，您这么胖，又爱吃肉，有没有高血压？"专家风趣地说："没有！跑沙漠的人，虽然吃肉，但没高血压！"这一听，我更为自己的疏忽大意而自责了，同时也不断地注意调整自己，就担心有什么情况会给大家添麻烦。

　　时间一天天过去了，前后行程12天，没有吃药，安全地返回了乌鲁木齐。真不可思议，在罗布泊这个地方高血压也能得到调整 。

　　对于这样的历程，一路走来我的精神负重及历程中的艰难、经历都成了人生的财富。在每次和罗布泊说再见的时候，我在心中都会暗暗许诺："再见，罗布泊！再见野骆驼！我一定还会回来看你们的！"

　　当我站在罗布泊"迈塞一号"营地的废墟上举目四望，想到斯文·赫定在一个世纪前坐在沙丘上，看到成群的野骆驼从眼前奔过时，我心担忧，再过一个世纪，我们的子孙后代还能看到成群的野骆驼吗？拍摄《中国新疆野骆驼千里寻踪》这部纪录片，源于我们对罗布泊的热爱、对野骆驼的爱。野骆驼生活在新疆，我们应该有一个讲述野骆驼生存现状的纪录片。我们生长在新疆，这片土地养育了我们，这是一种自然的情感。罗布泊地域辽阔，历史悠久，文化底蕴深厚，是古代丝绸之路文明的摇篮之一。这里的自然地理特征明显，自然生态景观丰富，其中矗立的楼兰更是吸引着世界的目光。荒漠上，野骆驼、狼、猞猁、狐狸、鹅喉羚、雪豹等野生动物都在它们自己的领地忙碌地、自由地生活着。风沙万里的罗布泊是一片自然的土地，是所有生灵的家园。

不论到哪一天，当我们看到罗布荒原上烟波浩渺，人们在有水的罗布泊捕鱼、在茂密的红柳丛中穿行、在胡杨林中漫步，野生动物在快乐的奔跑，我们会十分欣慰，我们的罗布泊就应该是这样美丽。相信随着保护区生态文明建设的推进和植被不断得到修复，这一天一定会来到。

汽车爆胎

由中国野生动物保护协会、中国林业科学研究院、新疆罗布泊野骆驼国家级自然保护区管理局、甘肃敦煌西湖国家级自然保护区、新疆野骆驼保护协会等单位组成的向保护区（站）学习、慰问活动于2016年5月12日在敦煌启动。我们在5月11日启程一路赶往敦煌。

从乌鲁木齐出发已是中午12点了，两辆车7个人一路狂奔，计划晚上12点前到达目的地敦煌。路上几个人换着开车倒也不觉得累，很顺利地过了哈密。刚过瓜州收费站，当我们一路顺畅行驶时，突然听到"砰"的一声，车里的人还没明白发生了什么事，慌乱中从后面看车晃动得非常厉害，原来是车的前轮胎爆了。当时右侧和后面都是大车，我们的车跟在后面刚好夹在中间，惊吓得大家都不敢出声，幸好车速不是很快，避开了大车安全停在了应急车道上。车道上黑色的刹车痕迹延伸了六、七米，看着让人惊出一身冷汗。

因为瓜州前一天是雨夹雪的天气，所以今天外面非常冷。大家都坐在车里等着救援车，在等待的3个小时里，每当一辆货车呼呼经过，我们都会感到地动山摇似的，别提多危险了。近4个小时了，终于等到了救援的人，他们为我们带来了新的车胎并修好了车。我们折腾了一晚上，赶到敦煌已是第二天凌晨5点多了。

我们从乌鲁木齐出发快20小时了，走了近1 200千米的路，一路充满波折，到达充满佛光的城市——敦煌。

共同关注保护区建设

2016年是我国推进自然保护区建设60周年，中国野生动物保护工作取得令人瞩目的成就。2016年5月12日，中国野生动物保护协会、国家林业局、中国林业科学研究院、新疆罗布泊野骆驼国家级自然保护区管理局、甘肃敦煌西湖国家级自然保护区、新疆野骆驼保护协会等单位组成的科考队在敦煌汇合，启动本次科考活动，这也是我第五次进入罗布泊。领导在启动仪式上做了关于保护野生动物的精彩发言，让奋斗在野生动物保护岗位上的工作者深受鼓舞。甘肃敦煌西湖国家级自然保护区管理局的吴局长表示，已经为本次科考做好了相关准备工作；吴局长还为大家普及了野骆驼保护的相关知识，期间做了大量的工作使整个科考活动得以顺利进行。

我们按计划向甘肃敦煌西湖国家级自然保护区芦草井保护站、玉门关保护站、土良道保护站及新疆罗布泊野骆驼国家级自然保护区三垒沙保护站全体工作人员进行了慰问，并为他们送去了书籍、生活用品等物资。活动中，我们和保护站工作人员进行了座谈交流，并在野生动物保护的最前沿了解了基层野生动物保护工作者面临的困难和急需解决的问题……

科考队一行在新疆罗布泊野骆驼国家级自然保护区考察途中遇到两群野骆驼，每群数量都有七八峰，其中还有两峰小野骆驼。

在这种不打扰的相遇中，大家只是远远地看着野骆驼，它们没有惊慌，没有奔跑，只有最美的相遇。随行的专家说，在罗布泊的这个季节能这么频繁地看到野骆驼，充分说明在新疆罗布泊野骆驼国家级自然保护区管理局的监管巡护、生境恢复、饮水点建设工程等多项措施的有效实施下，保护区的野骆驼数量在增加。

看到保护区有大片大片的红柳、胡杨，大家问专家："为什么这种树能在罗布泊生长？"保护区的专家跟大家说："红柳，学名柽柳，常绿灌木或乔木，耐干旱、耐热、耐盐碱，嫩枝可作为饲料，叶可入药，根系可长达10米，是沙漠最好的固沙树种。花开时满枝红艳艳一片，是亘古荒漠戈壁中最顽强的树。"

胡杨树在沙漠里也比较普遍，抗热、抗干旱、抗盐碱、抗风沙，被誉为沙漠英雄树。

　　目前我国初步形成了类型齐全、功能完备的野外保护网络体系，有效保护了90%陆地生态系统和85%野生动物种群。此次科考活动对推进野生动物保护具有极大的意义。大家克服了种种困难，挑战了多变的极限天气，取得了丰硕的成果。

　　我在和各位专家、学者共同工作与考察的日子里，看到了这些从事野生动物保护的工作者管护巡察、守望自然、守望罗布泊的大无畏奉献和牺牲精神，以及科研工作者朴素的情怀，这些都深深地打动了参与过共同工作的每一个人。来自中国林业科学研究院的李迪强教授，把他们在罗布泊5年考察野骆驼生境的资料，无偿与大家分享。读了这些资料我们能更科学有效地推进野骆驼保护事业。李迪强教授说："推进野骆驼保护就是要把科研成果和管理部门以及保护区前沿的企业、社区分享，他们才是参与野骆驼保护的生力军。"大家一致认为要向李迪强教授学习。

　　期待在未来的日子里，在野生动物保护的路上我们还会相遇。

▶ 2016年于罗布泊

罗布泊日记

2018年11月24日　晴

　　我们今天要在敦煌补充给养，十来人的队伍要保证顺利完成任务，给养也是重中之重。从蔬菜、水到油、盐、酱、醋，一样都不能少，大大小小的物品要准备一天。加油更是个大问题，经过各方面的批准，终于在下午2点加上了油。协调发电机、帐篷等物品又用了几个小时，到下午6点终于向着保护区进发了。

　　今天的目的地是180千米外的三垄沙保护站。离开敦煌很快行驶了100多千米。看前面的一辆车没有挂上四驱，下车去查看，也就四五分钟的时间，就看不到前面带队的车了。我们在对讲机里一直催促前面那辆帕拉丁加快速度，追赶前面带队的战旗车，可行驶了近50千米仍然没有追上。

　　沙漠的夜色好像忽然降临的，瞬间天就黑了下来。罗布泊的月亮又大又圆，披着血色的红云从地平线升起，一会儿就挂在了天空。

　　这么美丽的夜空，让我们忘记了此时我们已经被孤零零地遗落在了沙漠。虽然没有那么恐惧，但内心还是紧张的。大家有拿着GPS设备定位的、有拨打卫星电话的、有查看地图的，每个人好像都在忙碌着。过了20多分钟，终于联系上了保护站的小樊和中国林业科学研究院的李佳博士，他们说让我们顺原路返回到大路上等他们。原来他们那辆车过了两个沙丘就看不到我们了，返回寻找，我们已从相反的方向走了。我完全相信返回大路没问题，但走了40多分钟看到许多沟壑和大大小小的沙丘越来越密集，好像这不是来时走的路，又觉得每条路都是刚刚走过的，非常熟悉，可仔细辨认又觉得非常陌生。大家停了下来，又一次用卫星电话和小樊、李博士联系，他们让我们发了坐标，把车开到一个至高点上，打开车灯，原地不动等待他们。

等待的时光是焦虑的，也是极好的思考时间。也许这就是罗布泊的神秘吧，带着诡异、无穷的吸引力和许许多多的未知。同时也在时时提示我们在大自然的面前只能心怀敬畏，来不得半点马虎……

远方的车光依稀可见，一个多小时后我们会合了。这几个小时大家也许都有自己的各种体会和对自然的种种感悟吧。

又经过一个多小时的车程，前方已有依稀可见的灯光，顺着灯光我们终于安全到达了三垄沙保护站。

我在敬佩这些野生动物保护工作者的同时，也深深感动于他们的野外工作经验，他们是风中的战旗，沙漠中的航标灯！

2018年11月25日　阴

清晨，走出保护站看看四周，我已经有两年没来了，保护站的设施也有很大改善。2018年又要过去了，这一年对大自然而言我们可能看不到有什么变化，而对于我，这一年为再次来到罗布泊拍摄纪录片又克服了许多艰难。到保护站后边遥望远方，感慨罗布泊的清晨还是很苍凉，无拘无束的风沙在岁月中又在大地上刻下了深深浅浅的沟痕，不过罗布泊依然那么美丽。

早晨是忙碌的，感觉时间也是过得最快的，要做的事还很多，上午9点就要出发了。从三垄沙保护站出发穿过阿奇克谷地，路旁稀疏摇曳的芦苇和罗布花，在倾诉着这一季生命中秋的悲凉、冬的寒冷和也盛开的记忆。经过了60多千米的车程，要进入广阔的沙丘了，为了增加车的摩擦力，我们把车放掉了一些气，但车辆还是会不断陷车。这个时候也最能考验团队的协作精神，经过6个小时的跋涉，我们来到了第一个宿营地。寒风中我们搭起了两顶帐篷，煮了一锅挂面，大家围着锅站着吃了在罗布泊的第一顿晚餐。王庆龙副会长用很大的声音让大家早点休息，明天还要和站长去取红外数据。我们明天要去取数据的地方离这还有200多千米，路也非常难走。

罗布泊冬季的夜晚是无法用寒冷二字来形容的，那种透彻心底的冷，也许有很多人一生都没感受过。罗布泊夜晚极致的寒冷，每一分钟都很难熬，但会让人更加坚定，否则，无法度过漫漫长夜。到凌晨3点多会在寒冷中惊醒，帐篷好像四处都透着风让人无法入睡。远方的天空放出了一丝冷静的白，黎明来到了……

新疆野骆驼保护协会理事焦培清老师已点起了罗布泊清晨的第一缕炊烟，也宣告着这个寒冷的夜过去了……

2018年11月26日　晴

清晨，太阳露出了灿烂的笑脸，暖阳洒在身上……

利用简短的吃饭时间召集大家开了个会，除强调了安全和其他注意事项，为了节省时间，今天大家兵分两路，一路去取数据，一路到沟谷里隐蔽起来，看能不能拍到路过的野生动物，晚上在1号营地汇合。

我和站长还有李迪强教授等6人分配在一个组，我们今天的目的地是库木苏。纵横几百千米的库姆塔格沙漠有全世界唯一的羽状沙丘，沙漠仿佛能连接到天际。在这里穿行不仅惊险连连，更能考验一个人的信心和胆量。翻越了七八个沙丘，行驶了50多千米的路程，我们已经感到非常的颠簸，高低起伏的沙丘茫茫无边，浩翰的沙海飞沙扬石。在一望无垠的沙漠中缓慢前行，人类显得那么渺小。在自然面前，不管你多么富有、多么伟大、多么贫穷，你都是自然的一分子。自然值得你抛下现实中的欲望、压力和束缚。在这里你会见识到大自然的宏伟壮观，学会野生动物在大自然中亲近自然的生活方式，永远对自然保持一颗敬畏之心。

又走了150多千米，终于到达了库木苏的沟口。放置红外照相机的点离这里还有6千米，车辆是如何也不能到达的。李迪强教授只能带领李佳博士和王庆龙步行深入腹地去取数据，往返大约需要4个多小时。大家稍做准备，每人分别带了些馕饼和两瓶矿泉水就向着目的地出发了。

我和站长留在沟口，准备把车检查一遍。后面左侧的车胎已经快没气了，要看看毛病出在哪里。把车开到了一个稍微高一些的坡上开始修车，经过两个多小时的折腾，车总算修好了。这时也觉得饥肠辘辘，我们开始啃起了馕饼。

在路上

　　这期间我和站长开始聊天。其实，像这个年龄大部分的人都开始一日三餐地注意营养、观察血压、调整生活规律，今天熬什么样的粥、明天喝什么茶等等。我问他为什么条件这么苦却能在保护站坚守，在"东大门"一待就是10年。站长跟我说："我在很年轻的时候就开始跟着师傅到罗布泊，对沙漠情有独钟。小的时候妈妈就跟我说过，有穷的家庭没有穷的戈壁滩。十几岁跟着师傅在沙漠里面跑。"他接着说："那时候还比较年轻，也不太懂事。有一天走过一个大的沙丘，传说是乌斯满*打过仗的地方，那是我第一次跟师傅到罗布泊。有一天拿着一个红柳树枝，师傅骑着骆驼在前面走，我在后面跟，拿着个树枝无聊地边走边把红柳拖在地上玩。中午我们走到了一个避风的雅丹后面，拿出身上装的干粮准备吃的时候，我看到那个树枝上还勾着一枚戒

---

　　* 乌斯满是曾经为祸新疆的悍匪，1951年4月，被解放军抓获的乌斯满被判处死刑并被立即押赴刑场枪决。——编者注

指，上面有一个红色的宝石在闪闪发光。因为罗布泊这个地方是古代丝绸之路的通道，这个河谷旁边曾经有一个驿站，所以有幸得到了这枚戒指。当时心里非常高兴，又害怕丢了，拿出针线把这枚戒指缝在棉衣的内侧。心想，回去了就把这枚戒指给妈妈。"

"夜幕降临，天气越来越寒冷，我们找了一些红柳枝开始生火，坐在火边烤着火慢慢就睡着了。结果晚上大火烧着了我们的衣服，把我烧醒了。我和师傅赶紧把棉衣脱掉，开始拿着红柳枝扑打灭火，后来休息时发现把那个戒指也丢了。真是来自自然，又还给了自然。以后的好多年我都在想着这枚戒指，想着罗布泊的往事……"

"有一次沙尘暴来了，我就去躲避，天一下就黑了下来。沙尘暴也越刮越大，整个天空都黑了，看不到人，师傅让我把衣服蒙在头上。过了很长时间，来了两峰野骆驼，我想它们也是来躲避沙尘暴的吧。我们相安无事地待了一夜。后半夜我睡着了，到天亮我起来一看两峰野骆驼不知啥时候早跑了。"

"还有一年的冬天，天太冷了，晚上冷得根本睡不着，我就钻到骆驼的脖子下面，当时它很反对，慢慢也习惯了。它脖子上长长的毛盖在我身上，真的很暖和。"

站长说："这么多年都在罗布泊，对罗布泊很有感情，我翻过了大大小小的沙丘和沟壑，没人去过的地方我都去过了。干这个工作就是这么辛苦，特别是每年的旅游季节，各种探险旅游的人都往保护区跑。有的人横冲直闯，根本不听劝说；有的人甚至还抢我们的车钥匙，把车钥匙埋进沙子里，让你追不到他们。"

站长说，选择在保护站工作就要坚守。家里的亲人慢慢也都理解了他。

亲疏的变换不受时光的拨弄，尽管红颜和皓齿难免遭到时光的毒手，爱却并不因时光的改变而改变，它巍然矗立，直到末日才是尽头。岁月无情，大地有情。

在我们聊天的时候，从远处飞来一只小鸟，它可能闻到了馕饼的香味，"目中无人"地开始采食。站长说："这里的鸟不容易，就是适者生存。"两只

罗布泊的守望

鸟停在不远处盘旋，没有一点害怕人的样子。我说："你看，这些鸟儿多聪明，它们是来找食物的。"这时站长掰了半个馕饼撒向了鸟儿停留的地方，它们抢着吃起来。我拿小刀把矿泉水的瓶子割开，留了小半瓶水放在不远处。聪明的鸟儿快速飞过去，争先恐后地在矿泉水瓶子里喝水。

罗布泊庞大的自然体系和丰富的生物多样性在描绘着自然的生机。这里野生动植物的种类繁多，并且生命力强大。植物、动物和微生物，维系着整个大自然的生命体系。如果说生命还要积蓄力量，那时光就是充满能量的初夜，饱满的色彩在绿色的背景中绽放肆意、无所畏惧的生长。

太阳就要落山了，前往取数据的同志们终于回来了。我们抓紧时间，想在天黑之前赶回宿营地。两台车飞驰在广袤无边的荒原上，在这里你可以感觉到天空是如此湛蓝，好像我们伸手就能摸到云层，这种体验在生命中都是初次。

李迪强教授对我说："利用红外设备在野外拍摄野生动物是目前比较好的一种方式。所有的生命热感体走进它的范围都能被拍下来。安装和收取数据需要有连续性，每个区域都要观察好几年，才能取得科学性的数据来进行研究。所以，有时候探险的人可能出于好奇或其他原因，把红外相机取下来看看就扔掉了。这样数据就丢失了，造成了这个年份数据的空白，损失特别大。为了数据的连续性，又要开始安装新的设备。所以，所有的数据不管是科研数据还是用于宣传的数据都来之不易。有时呈现在我们面前的可能就一两分钟的镜头，但都是科研工作者和野生动物保护者冒着生命危险，花费了巨大的代价得到的。"

经历了4个多小时的颠簸，我们终于回到了1号营地。高高的迈塞就在眼前，它变换着无数种图形，无论你从哪个角度看，它都是罗布泊的一件艺术品。

车刚刚停在营地，留守在营地的同志们就围了上来，这种热情让我们感到既亲切又温暖。参与野外科研工作，让人既能体验艰苦，又能增长知识。自然保护区保存着人类最伟大的自然财富，这些财富不仅仅属于我们这一代人，还属于我们的子孙后代。为了生态的可持续发展，我们每一个人都能成

在罗布泊

为保护区保护者的一员。

夜幕下，理事焦培清老师为我们煮好了热腾腾的面条，小小的营地在罗布泊的苍穹下显得那么渺小，每一个人都是大地的一粒尘埃，紧紧地依傍着大地。

浸泡在罗布泊的湖水，每一滴都像千年的酒，记忆醇香，一饮酣醉！

▶ 2018年于罗布泊

罗布泊的守望

罗布泊的蝴蝶落在了我的掌心

新疆的珍稀野生动物，最早在邮票上一展风采出现于1963年，那一年发行了《蝴蝶》邮票。邮票中的葱岭铜灰蝶生活在帕米尔高原上，这种蝴蝶数量很少，是世界珍品。

在新疆区域内，很多地方都有蝴蝶飞舞，珍稀蝴蝶的种类也很多。在罗布泊也能见到蝴蝶，确实非常令人惊奇。在蝴蝶振翅飞舞的那一刻，虽然我不知道它叫什么名字，但我想，随着生态环境的持续向好，会有越来越多的蝴蝶在罗布泊安家。

2019年一个深秋的午后，在罗布泊荒原的哈拉奇，一群蝴蝶翩翩而至，有一只竟朝我飞来，落在了我的掌心。

我震撼于在空旷的罗布泊有蝴蝶轻舞，我又好奇地想问它们来自哪里，又要飞往何处。

当大家好奇地围过来，蝴蝶竟然也没有飞走，它扇着翅膀在我的掌心停留了十几秒以后和其他的蝴蝶一起在空中盘旋。

我伸开掌心追逐着它，希望它能再次在我的掌心停留。奇迹出现了，它又一次落到了我的掌心，这一刻我的心醉在罗布泊的时光里……

遥远的风沙卷起千回百转的向往，此时的阿尔金山像一幅墨迹未干的油画，在四季里任意涂抹着色彩，变换着画面的乐章。风儿衔来楼兰姑娘毡帽上的鸟羽，用楼兰语系里最神秘的歌声打开了丝绸之路的芳香。

一轮月光拥抱着山水离愁，感知罗布泊的千山万壑，触摸哈拉奇婉转低回的柔情，颂一曲悠扬羌笛惊醒了梦中的蝴蝶。

是因为这里有自然环境中盛开的花朵，裸果木、麻黄草、胀果甘草、罗布麻……

这些也许都是蝴蝶的眷恋吧？

阳光透过葱茏的芦花照射在大地上，那些叫不上名字的鸟儿婉转鸣叫，声音响彻沟谷。四周空旷幽静，空气中弥漫着野草的清香，一时间我竟然恍惚其中，不知道自己置身于何处……

在阳光下，有的蝴蝶在翩翩起舞，有的在相互嬉戏追逐，还有的蝴蝶忽远忽近地上下起舞，它们是那样漂亮，我不由地被眼前的景色迷住了。

蝴蝶不停振动着双翼，像美丽姑娘轻盈的长袖，又像冬天晶莹的雪花。

这飞舞来自挣脱环绕枷锁的勇气，为了展开翅膀，为了去寻找花朵，从幼虫破茧而出到化茧成蝶，这是蝴蝶长而短的一生。

绒绒的薄翼逐渐透明，翅子上那些纤细精巧布满几何图案的花纹是那样的神秘，它又在述说着蝴蝶怎样灿烂而短暂的一生呢？

每一只蝴蝶也许都是从前的一朵花魂，用一生只有一次的蜕变，在化成尘埃的刹那赋予生命在下一秒的绽放。临风顺势而动的一瞬，歇在一丛花上，随着翅膀的振动，金色脉络熠熠闪动，把自己一生的秘密告诉了天空的云锦。

阿波罗绢蝶

罗布泊的守望

随着生态环境的不断改善，一个有水的罗布泊正向我们走来。景色壮美的罗布泊，野生动物也在持续增加。动物遇见率更高，蝴蝶和鸟类也在天空中自由飞翔。

蝴蝶是会飞的花朵，是花的灵魂，是大自然的舞蹈家，它们对生存环境非常敏感。人们在欣赏它的美丽，感叹大自然神奇的同时，也给了它许多唯美和超脱的寓意。

今天，那只恣意飞舞的蝴蝶，在这里见证着一派生机盎然的秋色，记录着一段舞动的时光。茂密的芦苇和绿色的荒漠植物，佐证了蝴蝶生命的智慧与力量，这是无法被击破的盛有生机的荒原。

生物多样性是维系生态系统的根本，绿水青山在恢复着生机，每一个物种都会及时进入且占据属于自己的领地和空间。

我们在赞美蝴蝶的时候，也记住了它只有在破茧而出后才能变成蝴蝶，这是一段由丑到美的升华。

若说在我国传说中最出名的蝴蝶，一定能让人想到庄周梦中的那只蝴蝶，庄周梦蝶的故事充满了庄子的浪漫哲思。那是一种自由、一种快乐、一种物我两忘的境界。

还有两只"历史名蝶"——梁山伯与祝英台，这里的蝴蝶，包含着人们对美好爱情的向往和自由的意义。蝴蝶忠于情侣，一生只有一个伴侣，是昆虫界忠贞的代表者。因此，蝴蝶也被人们视为吉祥美好的象征。

梁祝化蝶的凄美，庄周梦蝶的故事，蝴蝶破茧而出的瞬间，用挣扎的苦难，为短暂的生在奋力拼搏！

从生命的循环到自然界最强烈的动物原始需求，那在天际一刹如闪电跳动般的飞舞，让苍穹的光照耀着人类和动物。生物多样性是人类最有价值且最值得珍惜的资源，绿色植物也在利用光合作用捕捉着微量的生命之源。

中华民族对土地和绿色有深厚的偏爱，对蝴蝶有美好的寄托。恰好土地具有生命的特质，蝴蝶寄托着美丽，蝴蝶也在自然中昭示着生态的希望。镶嵌在崖壁上的沙石和飞过的蝴蝶，是凝聚时光的见证。

我们选择爱护野生动植物的这个过程，也是对于人类自己的一种治愈和救赎。

　　每种植物和动物都在阳光下追求着自己生命的绽放，我们对于保护生物多样性的努力，在于不让子孙后代只能去注视动物那干瘪、冰冷的标本，在于不用让子孙后代去认知和解读标本的意义，而是解读被触及的内心，去充分感知活跃在大自然的生灵。

　　而此时，我们也许只想寻找一种与标本对话的方式，标本是完整且残破的事物，希望这种残破能为我们打开一扇窗，预留一个与时间对话的空间。时间是一个载体，会被赋予某种人类对生物多样性的寄托和需要。

　　我把时间痕迹中的一瞬定格，随着时间切换到恰到好处的模式，让本来属于人最初始的热爱来自本心不再改变，不被遗忘，不被丢失。

　　青山常在，绿水长流，永续增值的绿色梦想必将照亮未来。

▶ 2019 年 5 月

　　　　　　　　　　　　　　　罗布泊的守望

罗布泊——流动的乐章

沙漠的流动，是一首生命的乐章。

我们打开地图，看到丝绸之路像是一条音乐的曲线。它东起长安，穿越中华文明发源地之一的关中平原，渡过黄河后进入多情又狭长的河西走廊。一边是白雪皑皑的祁连山，另一边是浩瀚的沙漠。走出河西走廊以后便分为3条路：第一条路跋涉于罗布泊，沿昆仑山北麓的绿洲而行；第二条路经过楼兰古城，沿天山南麓西行；第三条路则要穿越沙漠。

罗布泊像葵花追逐着太阳最多的光芒，是地球上注定被人仰望的地方。这个在银河系里几乎找不到的微小颗粒，在亚欧大陆中央却闪耀着神秘的光芒。

经过罗布泊有4条河流的曲线：西北方的孔雀河，发源于博斯腾湖，直接流入罗布泊；西部的塔里木河，被称为南疆地区的母亲河，绵延2 000多千米，是中国最长的内流河，发源于天山，流域面积100多万平方千米，由和田河、叶尔羌河喀什噶尔河以及阿克苏河汇聚而成；东部的疏勒河及西南部的车尔臣河曾经是形成罗布泊的主要河流。

巍巍天山，是一部鸿篇巨制；茫茫的昆仑山是高高的脊梁。3条古代的丝绸之路从这里携着诗歌，穿过四大文明在这里相遇、缠绕，形成了一个神秘而绚丽的花朵，文明交汇的福地闪烁着熠熠的光辉。

罗布泊是人们向往的有水的罗布泊。我16次前往罗布泊，在那片神秘的土地上，无数次跋涉跨过大漠荒原，领略过风沙、雨雪和残阳。

罗布泊的雨后，太阳在一片微红的光线中冉冉升起，放射出万道金光，洒满壮丽的罗布荒原。

在罗布泊，我们的帐篷总是按一定顺序排列的，这是流动的音符、流动的家。每个人都清楚自己的帐篷所在的位置，也知道帐篷的行列怎样布局。

在罗布泊，我们在超过40摄氏度高温的沙漠中穿行。在冰雪的戈壁中露宿，还要面临风沙、雪灾、沙尘暴、缺水和迷路的威胁。至今，罗布泊的许多区域仍然是人类无法涉足的生命禁区。

曾经一碧万顷、波光粼粼、舟影点点、渔歌袅袅的罗布泊，如今黄沙漫漫、盐壳高耸、残阳如血、冷月如钩。

当我们的双脚踏在6.12万平方千米的保护区土地上时，罗布泊那万鼓擂动的乐章，会让你用心去记录苍凉、古老、神秘和沉默。

6 500万年前，一场陨石雨让恐龙灭绝了，但这给哺乳动物的登场提供了旷古不遇的机会，而哺乳类动物中的智慧灵长——人类，在这一时空中却让许多物种消失。

当睿智的人类开始惊醒，茫然环顾四周才发现，人类可以造出富丽堂皇的高楼大厦，却造不出草木上的露珠。原本生命之外的霓虹贪婪地连成一片，缠绕着生活的自然根基。

流动的乐章携着生物多样性的交响曲，冲撞着麻木的沙丘，人类开始在塑造生物圈的过程中扮演关键的角色。

楼兰死了，罗布人走出了阿不旦。干涸龟裂的淤泥阻断了道路和河床，但这不会是结束。地球这个宇宙中渺小的星球已无人类迁徙的空间，人类在灾难中猛然苏醒。

我们只有一个地球，这个地球母亲正在承受苦难。

我们期待我们的地球：夏天雨量丰沛，河水充盈；冬日大雪纷飞，满目雪原。沙海茫茫的塔里木盆地，河网密布，雅丹深处的罗布荒原将变成水波连连的湖泊，风华绝代的楼兰姑娘顶着陶罐，从河边走来，陶罐里溅出的水花打湿了她长长的衣裙……

楼兰、且末、精绝、安迪尔、尼雅，这些古城遗址如同一颗颗明珠散落在塔克拉玛干沙漠之中，它们用时光奏出了历史长河中最古老的乐章，豪迈、委婉、悲壮！

　　一颔首，一抬眸，日月如梭。不知不觉捡满了千年的枝与叶。在时光的长河中，在历史的渡口旁，滔滔红尘，波浪依旧汹涌。幽蓝的天空、苍老的土地、泛绿的荒原，日月交错。

　　此刻，将泪珠滴入白露，凝结在眸中，最好再把所有的泪都沉入沙漠，心从此留下浪潮和记忆……

　　光与影，总是无情流逝。青草绿了又黄，年年岁岁。数千年的岁月就在挥手之间消失于苍茫的时空中，只留下野骆驼掀起的烟尘。一条穿越丝绸之路的锦带，是不是还挂在胡杨的枝头？

　　这是流动的乐章，这是西域的荒原。疾驰的马蹄，踏过如血的残阳，人类开始用血液滋养土地的创伤。

　　繁若星辰的沙丘，不知有多少丝绸之路的过客，沙丘经历沧桑，迎来一个又一个春夏秋冬……

　　历史的烟尘任你追问，踏雪的古道上有清晰的脚印。

　　细细地凝视荒野上生命流动的瞬间，柔弱的花儿开了，小小的昆虫也慢慢地爬出洞口，一只只鸟儿在枝头开始筑巢。

　　在低低的沙丘、深深的洼地，极小的盐碱草密密麻麻地生长着，一年又一年，不知不觉长满了沙丘。

　　红日晚，残霞在。远处的沙丘空蒙时光的泪痕在红与紫中交错。

　　沙丘上，无数野花灿烂开放。清晨，我点起罗布泊的第一缕炊烟，让生命置于晨光的浅风中。

　　罗布泊是一片真正需要勇气才能站立的土地。又扁又大的太阳越过鼻梁和脸上的轮廓，照在身上。举头仰望，只觉得生命中似乎来过那起伏的远山。

　　大自然总是拥有某种神性的力量，沙漠更是如此。巨大的沙丘从不拒绝风的无情侵蚀。在此之后，这些巨大的沙丘必将呈现出千姿百态的造型，在光影的流动中更加玄幻。

那些天使般的影子潜伏在大片的雅丹群中，沙漠与戈壁的交界处，随着光线的变换和流动而显得更加空灵遥远。

此时此刻，风与风相接，树与树相连，芦苇与芦苇窃窃私语。仿佛在诉说着它们也和你我一样，曾经承受过的欢乐与苦难……

风，送来了流动的音乐。仔细倾听，那乐章自由奔放、无所顾忌、没有束缚，呈现出求而不得的拙朴、厚重和美丽的流畅。

一片片的沙丘，拼接了音乐的色块，和着罗布泊的风，点燃了最嘹亮的音符，它们划出的曲线，呈现出回归现实的妩媚。

沙丘的流动来自远古，忧伤来自乡愁，欢乐来自天使。静如秋水般袭来一股弥漫的暖香，那是就要绽放的罗布花。

流动的沙孕育了生物的多样性。在这里延续了上万年的生命，带着历史的遗传密码，傲然凝视着高高的阿尔金山。

丝绸之路就像一条飘逸的丝带，穿越在灰褐色的亚洲腹地，将东方文明的种子和印度文明、阿拉伯文明、波斯文明、欧洲文明串联在一起，无比灿烂。

浓浓的丝绸之路中段，散落着多种元素和牵念。远古的湖边，忠贞的白天鹅上演着倾城之恋。

梭梭、柽柳、芦苇、胡杨，所有的植物不是在展现景观，它们被和谐统一地安排在罗布泊的大地上，在这里生长，这是乡土、是家园。

盐壳的脉络昂首指向天空；翘盼着指向远方。它们凝聚咆哮，时聚时散，时隐时现。坚硬的曲线在表现着未知的和深不可测的罗布荒原。

高山峰峦，葱郁氤氲，意境幽远。阳光调制的朦胧色调，在一片黄色的混沌中，寻着触手可及的现实与梦幻。

流动的乐章，用一种无法想象的担当，用静物寄情，物我交融，追寻无畏、刚毅、坦荡和执着。积攒遇到磨难不消沉、清澈高远的志向和勇气。

天人合一的大自然仿佛是山峦漫溢的花瓣，仿佛是纯粹流动的乐章。人与自然和谐共存的生命在罗布荒原永远流动……

▶2019年于罗布泊

"红色名录"*中的野骆驼

　　清晨，大地捧出了罗布泊的第一抹骄阳，连绵的曙光映红了旷野，淡淡的晨雾慢慢飘散，每一株小草都渐渐有了生机。

　　厚重的土地，又迎来了花开的时光。花是一个季节的梦，从芬芳盛开到落花惊雨，最后坠落到泥土里成为一颗坚硬的种子。

　　种子是无眠的，一粒种子有时能等待上千年。靠风力传播种子的植物，在春天也苏醒了。

　　地老天荒的罗布泊，只要有一场落雨，植物就会竞相生长，连胀果甘草也笑弯了腰，大地日日夜夜都在滋养着万物，旷野中逐渐有了青青的绿色。

　　聆听，那是伴着罗布荒原深情的倾诉，是种子盛开的声音，是春风秋雨的交替。

　　凝眸，雅丹倾城。眺望驼道，细雨笼罩了旷野，野骆驼藏在胡杨的叶间，回忆储藏的往事。多彩的罗布泊，是野生动植物生存的家园。

　　一望无际的沙丘，伴着地球"大耳朵"的心跳，让阳光和雪山，堆砌永世相望的依恋，散发荒漠与湿地灿烂的深情。

　　一条丝绸之路织成的彩带，在时光中静静地咏叹从未老去的故事。千年

---

　　* "红色名录"即《世界自然保护联盟濒危物种红色名录》，由世界自然保护联盟（IUCN）于1963年起编制，野骆驼被列为极度濒危物种。——编者注

的辉煌，洒在炽热的驼道上。

野骆驼用最神圣的声音、用最渴望生存的呼唤、用生命的奔腾，在罗布家园凝结成万音之旋律。

野骆驼幼仔的初声，是罗布泊清晨的第一声呐喊。能量与振动，追寻着罗布泊生命繁衍的始祖，逐渐揭开沉默的黎明。

那奔腾而来的野骆驼，披着千年驼色的盛装，踏着远古如铜铃般的蹄声，尝百草、识天候，万里旷野，照应纵横。

晨光初照，大地苏醒，鸟儿拍打着翅膀在天空飞翔。连绵的阿尔金山，连着一片片吉祥的云朵。雄鹰盘旋着飞入山谷，清新的空气弥漫在罗布荒原。

古老的罗布泊，用千年精致而又纯粹的苍凉，用万物生灵汇聚的家园，用亘古存留的古老山脉和盐漠，带着丝绸之路的温度，延伸着野骆驼生命的脉络。

秋蝉啼鸣，小溪静流。升上天际的圆月，释放着隆重储存种子的开端……

胡杨预约了霜前的金黄，红柳延长了秋天的色彩。云朵锦簇，期盼秋雨来临。"红色名录"中的野骆驼，在秋天里膘肥体硕。

千年的胡杨见证着生与死的篇章（王玉东　摄）

那些殷殷切切，是芦苇跃上山崖的磐石，是骆驼刺又一季生命的绽放。所有的动物都会留下足迹，所有的鸟儿都会在这里停留。

蝉在辨寻归巢，植物把根越扎越深。奔腾不息的河流，滋润着沙丘上的红柳；千年的罗布泊，任狂风日夜雕琢。

野骆驼穿过岁月生生不息，躲过风暴，躲过劫难，种群壮大，未来可期。

小泉沟、红柳沟、胡杨泉，沙梁墨黛，沟壑相映，野骆驼往返穿行；泉水潺潺，胡杨林立，风光尽在仰望和惊叹里。

每一座沙丘，每一片湿地，每一段时光，在空间与岁月里流转。羽状的库姆塔格沙漠，在人们向往的梦里。立于旷野的雅丹地貌，是罗布泊万变的地标。

静静耸立于丝绸古道上的楼兰古城、伊循古城、小河墓地，汇集了三千年的文明，散发着丝绸的芳香。

楼兰征战的马车，描绘着远古不灭的记忆。古城中的骑士，仿佛穿越时光踏步而至，写下楼兰古道的音符，奏响一段独特的生命往事。

红尘阡陌，用生命祭拜楼兰，寻《李柏文书》在世纪里的行走，这是楼兰不可错过的仰望。

那些窄窄的狭长街道，那些遗落的红柳木梁，携着历史的血液、沧桑与不朽，传递着楼兰曾经的繁荣和强大。

罗布泊的夜色里，缤纷的美丽与荒凉肆意蔓延。三千年辉煌生彩的古韵，随着夜幕降临变得更加扑朔迷离。

那些带着胡杨生长的挣扎，那些镶嵌在楼宇的神话，在今夜的月光下流淌。

丝绸之路代表文化的大融合，从长安到广阔的亚欧大陆，丝绸织出的温馨和浪漫，描绘着人与自然和谐共处的绿水青山。

晨曦中的罗布泊，祥云皑皑，金黄色的胡杨绕着山顶。树桩像座座木屋，错落有致地洒在沟壑的两旁，笼罩着神秘的光环。

鸟儿抖落了片片羽毛，在山巅唱着快乐的歌谣，"红色名录"中的野骆驼快乐地徜徉……

千年的罗布泊，桀骜的野骆驼，守住了荒凉和干涸，风暴与寂寞。万物用深情的呼唤，渴望又一季罗布泊的春夏秋冬……

▶2020 年秋

罗布泊的黄羊泉

黄羊泉位于罗布泊一条峡谷的深处，因细流汇集慢慢地形成了这个小湖，据说因为黄羊常在这里饮水而得名。黄羊泉四周环绕着一丛丛的芦苇和不知名的野草，这些野草是为了逐水而居，还是为了装点这片水源呢？也许万物应该都是向水而生的，水是所有生命的源泉。

黄羊泉水位下降的时候，四周会露出一大片坚硬的盐碱滩，这些坚硬的盐壳在阳光下闪着白光，像岩石，又像开放的白色花朵。无法确认这片水域中是否也会有一口泉眼，但让人疑惑的是尽管长时间没有洪水和雨水流入，它仍然不会干枯。更神奇的是，黄羊泉的水始终不会流出，这片水域是方圆百十千米内唯一的自然水源。

水域周围还会看到一些散乱遗落的动物白骨，这是野生动物在饮水时一不小心丢掉了性命留下的。水源是整个罗布泊区域勃勃生机的见证，也是野生动物狭路相逢对决的场所。

这片峡谷，藏在沟谷深处。野骆驼饮水结束后，会带着驼群迅速离开，以避开在这一带四处游荡的狼群。

野骆驼能够凭自身的特殊本领找到水源，找到最好的草，并能凭着它们神秘的记忆密码，穿行百十千米来到黄羊泉。

深秋是野骆驼最壮硕的时候，经过一个秋天的食物积累，为度过严冬做

罗布泊的守望

好了准备。它们的皮毛发亮，奔跑的速度也明显加快，它们疾驰而去的烟尘像刮了一阵小小的旋风。

雄性野骆驼以其形体之美与智慧之美及英勇无畏而赢得异性倾慕。科学家们在长期对野骆驼的研究中得出结论：雄性野骆驼除了英勇机智，还能带领驼群准确地到达水源地，并在危险来临时带领驼群迅速逃离危险地带。雄性的野骆驼首领除了有非凡的天赋和生存能力，还能很快地从情敌手中赢得雌性野骆驼们的芳心并让这些雌性野骆驼紧紧相随。

雄性野骆驼是驼群里了不起的头领，它在安全的环境中，才会甩动驼色的鬃毛和尾巴，眼睛里闪烁着黑宝石般的光芒，这时也向驼群传递了安全的信号。在整个发情期，雄性野骆驼漫游在峡谷和沙丘，以时时吸引其他驼群中的雌性野骆驼以身相许，并让雌性野骆驼跟随其后，成为它众多"妻妾"中的一员，它要完成整个发情期中重要的使命——繁衍。

在黄羊泉附近，沟谷里长着错落有致的胡杨。秋后的胡杨在霜降后树叶会慢慢变成金黄，风刮在树枝上，不时发出多情又忧伤的呼唤。随着冬季的

野骆驼在水源地饮水

来临，胡杨大片的落叶会落在黄羊泉的水面上。阳光洒在水面上折射出点点的光环，闪着粼粼的波光。水面上黄色的树叶在浮动、排列、变换。叶黄透了会泛着深深的红——黄羊泉在书写最短、最美的秋色。

慢慢干枯的胡杨，往往会被一场大风刮得满地都是落叶，树上连一片叶也不剩了……

旱季已经来临，水位变得越来越低。水域与四周环绕的草丛之间映出了一圈窄窄的小路，这是常年被往来饮水的动物踩出来的。而狼群通常不走这条小路，它们会毫不犹豫地直接穿过草丛，在水源地附近藏匿埋伏。

小路上是野生动物蹄印最多的地方。以前，盗猎者往往就会在这里挥动铁铲挖下陷阱。他们会抓住时机，赶在野生动物来饮水前完工。他们不停地"埋头苦干"，一直挖到能渗出水时才会住手。然后又用树枝、虚土把事先挖好的坑巧妙地盖上。这才走开，到不远处特意挖好的掩体里藏了起来。

清晨是野生动物饮水最集中的时间，这时就要看野生动物们的运气了。那些走在最前面的野生动物就会掉进这个陷阱里，盗猎者瞬间就轻易地抓获了野生动物。

野骆驼有很敏锐的观察力，它如果发现小路地貌有改变，或者两边的杂草有被挖过的痕迹，它就会选择另外一条不常走的路。

盗猎者到底是因什么样的动机在不知疲倦地甚至连个盹都不打地紧盯着这些野生动物呢？目的只有一个，就是巨大的经济利益，使他们丧尽良知地去猎获野生动物。

鹅喉羚是最容易被捕获的。它们虽然奔跑的时候速度很快，不容易被捕获，盗猎者只有开枪才能射杀它们，不过一般情况下盗猎者不会轻易开枪，那样会很容易被发现。但在水源地，鹅喉羚总是低头饮水，等它再次低下头的时候，盗猎者会迅速地从他们藏匿的洞里跳出来，飞快地奔向鹅喉羚，在它们骄傲地昂起头的一瞬间就被绳子套住而被轻易捕获。

这些年随着保护区建设和管护巡查执法力度的不断加大，盗猎分子已经很少了，但残酷的自然还是严重地威胁着野生动物的生存。随着生态环境工程的建设，人工半永久性水源地不断被建立起来，逐步改善了野生动物的饮水状况。这些半永久性水源地，能不断地调节区域性气候，向物种传递独有的能量。

罗布泊有最具独特性的沙漠景观。漫漫黄沙与散落在周围大大小小的沟壑和水源相融，立体地书写和展示着罗布泊的样貌。流水的形状，展示着罗布泊的开阔与坦荡。

保护野生动物，我们在路上。向前一步，丈量天地，向着更远的地方，能更进一步。

▶ 2020 年秋

塔克拉玛干
风采

塔克拉玛干的云是善变的魔术师
天空是最广阔的画板

采风阜珠松匕塔

癸卯春书
良卜田

尼雅古城——塔克拉玛干的一颗钻石

尼雅古城（尼雅遗址）在昆仑山北麓的新疆维吾尔自治区和田地区民丰县境内，被称为"沙埋的庞贝"。汉书称其为精绝故地，是镶嵌在塔克拉玛干沙漠深处的一颗钻石。

位于塔克拉玛干沙漠南缘，民丰县喀巴阿斯卡村以北20千米沙漠中的尼雅古城，处在以82°43′14″E、37°58′35″N为中心的狭长地带。东西宽7千米，南北长25千米，散落在尼雅河的古河床沿线。

放眼望去，流过天际的佛光，在沙漠深处把佛塔安放，环绕佛塔追寻逝去的时光，如一缕永恒的阳光，温暖着大漠残阳。

塔克拉玛干的风，吹拂着天空的彩云。尼雅古城在清晨的风中，把初

尼雅遗址

升的阳光披在身上，让心跪拜在千年的荒漠上。

在塔克拉玛干沙漠

沿着塔克拉玛干沙漠南缘，经民丰县穿过一段沙漠就到达了喀巴阿斯卡村。在千年的沙漠绿洲上，这个自然村落依然在沙漠中生生不息。

路两旁的胡杨已经黄透了，映衬着蔚蓝的天空，芦花挣脱了芦根的束缚飘向天际。已经枯死的胡杨像一座座千年的不朽丰碑傲然挺立，带着它生命的故事，顽强地向天空伸展。每一株胡杨都以它不同的姿态诉说着来自远古的沧桑，从胡杨的年轮里，我读到了这个村庄的古老、顽强以及延伸的文化根序。

能和银杏树相媲美的胡杨，弥散着千年的风，它耐寒、耐旱、耐盐碱，还能抗风固沙。沙漠深处的人们深情地赞美胡杨——活着千年不死、死后千年不倒、倒后千年不朽，这是对胡杨精神的赞颂。

村民的院落里喂养着传说中的尼雅黑鸡，它们顶着火红的鸡冠悠闲地散着步，有的低着头在刨食，有的嘴里咕咕地叫着，它们是否知道从古至今已经历了多少岁岁年年？

村里的小孩们顽皮地跑来跑去，挥着小手和来往的车辆打着招呼，在路上玩耍、打闹嬉戏，给古朴的村庄增添了勃勃生机。穿过村庄，再有几十千米就能到达尼雅古城。

尼雅古城是汉晋时期丝绸之路南道上的一处东西方交通要塞，在遗址内曾发现房屋、场院、墓地、佛塔、佛寺、田地、果园、畜圈、河渠、陶窑、冶炼场等遗迹，出土了木器、铜器、铁器、陶器、石器、毛织品、钱币、木简等遗物。尼雅遗址是新疆古文化遗址中规模最大且保存状况良好，又极具学术研究价值的大型遗址之一，属于国家级重点文物保护单位。

修复中的尼雅佛塔

穿过高低起伏的大片沙丘，夜幕即将降临，晚霞染透了天边，大地上摆放着被狂风吹了千年的胡杨，它们用各种姿势在问候每一个和它们初见的人。几近枯死的植物上嫩绿的新芽在风中摇晃，夕阳掩映在座座沙丘中，更是给尼雅古城增添了几分神秘色彩。

晚上住在被称为尼雅"五星级宾馆"的地窝子里，这里曾是当地的一个文物保护站，一个被沙子掩埋了一半的房屋。这里距尼雅佛塔只有几百米的距离，流动的风中可以听到佛塔的"躯体"和大地碰撞的声音。

星河当空，漫漫黄沙是否在询问——千年后的今天我们又来自哪里呢？

尼雅遗址的佛塔耸立在一座大的沙丘旁，建筑基座为方形，上有圆柱形塔身。以佛塔为中心，呈带状分布在南北延伸25千米、东西延伸5～7千米的尼雅遗址周围。佛塔的形制与周边如楼兰、米兰、安迪尔、苏巴什等古城的佛塔极为相似。

尼雅古城显示了自身明显的中心标识，也反映了佛教曾经在此地的崇高地位。这座被称为"东方庞贝""古代梦幻都市"的古城，将继续散发着无与伦比的光辉。倾听历史的回声，四周静静流淌的时光携着远古的文明，滋养着大地和星空。深秋时节，沙漠中应该是很冷的，但尼雅佛塔下的夜晚却是

罗布泊的守望

温暖的。夜晚的清风晓月照在佛塔上，也一定照亮过1 700多年前的夜空。尼雅燃着历史的热血，书写了那来自古代绿洲的传奇。

清晨，我们站在出土过五星出东方锦护臂的墓葬旁，追问远古的历史、致敬逝去的生命、倾听大漠的回声，中华文明携着滔滔历史和滚滚黄沙扑面而来……

1995年10月，尼雅遗址考古发掘获得丰硕成果，轰动学术界，此后尼雅备受世人瞩目。在100多平方米范围内共发掘了8座属当时社会上层统治集团的墓葬，随葬品丰富、级别高、保存完好。

特别是出土了一批色彩绚烂、花纹繁复的线织品和精美毛织品，有被国家文物鉴定委员会定为国宝级文物的"王侯合昏千秋万岁宜子孙"锦衾、五星出东方锦护臂，还有"延年益寿长葆子孙"锦，色彩斑斓、保存之佳，实属空前罕见。

"五星出东方利中国"是千年前的预言吗？当年8号墓开棺时，在场的人们鸦雀无声，紧张地屏住呼吸，瞪大眼睛，似乎在等待着一个重要历史时刻的到来，其中一小片蓝色的织锦格外醒目。当一点点将这块织锦翻开时，显露出鲜艳的色彩，逐渐看到在蓝底上用白色织出的"中国"，紧接着陆续看到"东方""五星"等字，完整的文字是"五星出东方利中国"，真是国宝中的国宝。

五星出东方锦护臂的面积不大，四周用白色织物缝边，是一件完整独立的物品，出土时位于男性尸体的右臂上。

经分析鉴定，五星出东方锦护臂是拉弓射箭时使用的护臂。护臂为五色平纹织锦，两边共有6条绑绳，整块织锦呈圆角长方形。长18.5厘米、宽12.5厘米，用青、绿、红、黄、白5种颜色的金线织出了云山、星象、草木、鸟兽图案，

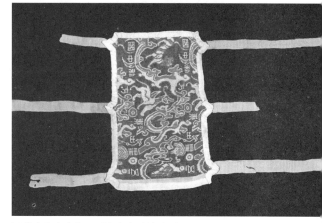

尼雅遗址出土的五星出东方锦护臂（纪录片《如果国宝会说话》视频截图）

由5组经线和一组纬线织成，是蜀锦中的精品。经线、纬线的细密程度实属世界罕见，展现了公元2—3世纪中国最杰出的丝绸织造工艺。织锦上的这些织纹是中国古代"天人感应"思想在占星学上的反映，表达了当时人们的美好祈愿。

以五星象征的中国，竟然与汉晋时期的古老语词暗合，不能不说是个奇迹。"五星出东方利中国"出自《史记·天官书》，也出现在《汉书·天文志》中，岁月悠久，带着中华的气韵出塞西行，这块织锦延续至今，见证了历史上不同文明的相逢。尼雅遗址可以说是极为珍贵的属于全人类的文化遗产。

从1901年英籍匈牙利人斯坦因首次发现尼雅遗址，尼雅考古已走过了百余年历程。特别是中日联合学术考察，对该遗址进行了系统调查和科学规范

干枯皱裂的胡杨看似已死亡，却顽强向外伸展出不朽的金黄，点缀一片沙的海洋

罗布泊的守望

的考古发掘，发现了许多重要古文化遗存和珍贵遗物，逐渐揭开了尼雅遗址神秘的面纱。

在出土的佉卢文木简中发现了这样的条款："砍伐活树，罚一匹马；砍伐树杈，罚母牛一头。"可见当时已开始用法律手段保护树木，树的重要性是非常高的。这些条款是不是暗示着尼雅绿洲的生态已经开始恶化？古城的废弃会不会与自然条件的逐渐恶化有关？

生机润泽大地，沿着大地的鼓点前进。尼雅这一梦幻般残留于瀚海荒漠中的古代文明遗址，为我国研究东西方文化交流以及丝绸之路文化，提供了珍贵的历史资料。

在尼雅遗址里，不少住宅周围都有巨树环绕，树干粗大到一人不能合抱的程度。果园中林木排列整齐，有不少为生长数十年的桑树。住宅附近从堆积的

淤泥看，还有水塘的痕迹。在这样好的生存环境中，很难说尼雅河会突然断流而导致古城覆灭。即便是由于环境恶化导致居民迁移，可是为什么还有没开封的各类文书被整齐地放置在屋内墙壁旁呢？如果是因为环境的改变而搬迁，就更没有理由丢弃官方的文件"落荒而逃"了。是自然的破坏还是战乱？考古学家在尼雅遗址中一所房子的废墟里发现了一条狗的遗骸，狗脖子上拴着绳子，绳子的另一端拴在柱子上。显然是主人离开时忘了解开绳子，这条狗被活活饿死了。究竟发生了什么事让主人匆匆离开，连爱犬的绳子都忘了解？或许，他以为一会儿就能回来，这才没有考虑爱犬的生存问题。但他为何又一去不返？如果说古城的居民真的集体迁徙了，他们究竟迁到了哪里？考古学家没有发现任何线索，而古老的文字也正是在尼雅废弃之后就失传"死亡"了。

但对尼雅遗址开展的考古学、气象学、水文地质学综合研究表明，尼雅文明的消亡可能不是由于自然条件的变异，而是军事、社会或其他突变因素引发的结果。尼雅，这个神奇的遗址为人类留下了千古之谜。

远古的尼雅古城已被漫漫黄沙覆盖侵蚀，草地上曾经徜徉的牛羊也走向远方，只有佛塔站立在风中静看流动的云朵，仍然离人这么近。

远方村庄飘来的炊烟，混合着黄沙的味道，隐藏着许多神秘莫测的故事。

不远处依依相望的佛塔，一定记得千年时光里，高僧留下的足迹和曾经许下的誓言。但我们不是高僧，不为修行、不为追问前生，却对这里充满好奇与眷念。这是对自然、对文明的眷念，也是对绿洲的眷念。

我们也注定是漫漫长河中的过客，给不起这片土地任何的承诺，却也无须询问聚散的因果。如果真的可以找到前因，那么此行无悔，就请佛塔将我的膜拜封印在遥远的尼雅古道，永不归来。紧临沙丘，听尼雅佛塔的禅语在风中的解答，眺望远古的绿洲，为千年延续的故事，留下深情的回眸。

▶ 2020年10月于尼雅

塔克拉玛干——生命蓬生的千年辋川

塔克拉玛干

　　塔克拉玛干这个伟大的沙漠，似一叶扁舟承载着历史，向世界留下了忧郁的目光。千年文明的曙光如浪起涛，始终照耀着这片广袤的大地。

　　在岁月的长河里，地壳变动，海水干涸，大洋慢慢露出洋底。地壳的挤压令天山山脉隆起，而洋底则成为草原和戈壁，成为塔克拉玛干沙漠。

　　有一条若隐若现的曲线，这是地球为沙漠画出的虚拟的线、是一条每天都会随着风沙流动变换位置的线、是一条神秘而又奇特的线。

　　在辽远的土地上，从远处的沙丘与胡杨之上，眺望蔚蓝的地平线上一些远山或更高的沙丘、荒原的天空、艳彩的天幕、蓬乱的云彩，仿佛可以让每一个仰望者得到塔克拉玛干神秘

干枯的红柳（牛欣意　摄）

的赐语和启示。

傍晚，夕阳像一只深红色的眼睛穿过大漠的黑暗，从天空俯视大地。大自然千回百转，用四季书写着人与自然生生不息的赞歌。

塔克拉玛干沙漠位于新疆南部塔里木盆地的中心，是中国最大的沙漠，也是世界第十大沙漠，同时亦是世界第二大流动沙漠。整个沙漠东西长约1000千米，南北宽约400千米，面积达33万平方千米。平均年降水量不超过100毫米，最低只有4毫米或5毫米；而平均年蒸发量却高达2500～3400毫米。沙漠里沙丘绵延，受风的影响，沙丘时常移动。沙漠里那些耐旱的植物，根系异常发达，根系发达程度甚至超过地上部分的几十倍乃至上百倍，这便于它们汲取地下水的滋养。

这里的沙丘类型复杂多样，复合型沙山和沙垄宛若大地上的条条巨龙。沙丘变幻莫测，让人仿佛置身于一个魔幻的世界。沙丘的西部和南部海拔为1200～1500米，而在东部和北部则为800～1000千米。

塔克拉玛干沙漠展示着大自然的壮美和无尽的苍茫。这里有丰富的野生动植物资源，虽然种类并不繁多。这里的植物在极端的环境下顽强地生长着，它们为适应这里的生存环境不断进化，展现了生命的顽强和坚韧。而在这片沙漠中生活的动物，为避免高温和干燥会有夏眠现象。为避开白天的烈日，有的动物会在夜晚出来觅食，有的动物还会利用自己的保护色掩护自己，它们用自己独特的方式在这片土地上繁衍生息。

随着丝绸之路文化的延伸，塔克拉玛干沙漠人文历史博大精深的篇章被一一揭开。那些具有厚重历史的密码，那些具有沙漠生命的瑰丽往事，让"文化润疆"展现出了更独特的文化内涵，对西部地区文化影响力的拓展具有不可替代的意义。

如果你有幸行驶在沙漠公路上，公路向远方延伸，心中的梦想也会连接天际。在这段522千米的沙漠路程中，你将看到塔克拉玛干的壮阔、沙漠公路彰显的中国奇迹以及很多关于自然、关于沙漠、关于生命的启示。

在不断向前的途中，在通向尼雅、通向达玛沟、通向丹丹乌里克等古代遗址的每一个路口，都吸引着我们停下脚步，在历史的回声中去探索古老而

罗布泊的守望

又年轻的东方密码和东方智慧。在内心震撼之余，仿佛能听到南北朝的风雨，能寻到尼雅佛塔下"五星出东方利中国"的神奇昭示，能收到来自达里雅布依遥远的呼唤。

1896年，斯文·赫定发现了古代遗址丹丹乌里克，世界听到了华夏文明的声音，丝绸之路文化向世界散发出耀眼的光芒。

时光厚重无声，文明悠久绵长。这些历史文化的潜在价值，对促进新疆经济发展、丰富和扩充新疆旅游内涵、推动新疆全域旅游文化打造，都有着特殊的重要意义。同时，也会让人从古代丝绸之路尼雅文明的历史追溯过程中，对"一带一路"伟大战略构想的实施产生更多的自信。

自然生态的绿水青山

塔克拉玛干是一座有生命的沙漠，是历史文化的宝地。岁月在这里精心设置了迷宫一般的梦幻之景。越过一层层厚重的沙丘，千年庄重的历史气息扑面而来。繁盛和干涸的塔克拉玛干，带着《新疆游记》《天山之子》《绿洲之恋》《一个人的村庄》，伴着顽强生长的骆驼刺、伴着胡杨和红柳、伴着喀什噶尔的玫瑰、伴着千年的核桃树，绽放生的绚丽和光辉。

远方的天际美妙绝伦，塔克拉玛干无尽的戈壁气势恢弘，塔克拉玛干的地标是其他地域难以企及的。

春日来临之时，冰悄悄消融，沙漠变得沉静而有力，又一个生命活跃的季节就要到来。雪水很快就浸透干涸已久的沙丘，春天，将会唤醒更多的生命，这些生命随着春风茁壮成长。植物是有智慧的，植物也是有记忆的。春天是植物的狂欢节，它们会对着投缘的人倾诉衷肠。也许每一片叶都为你而来，每一朵花都为你而开。

戈壁滩上那些顽强生长的植物令人肃然起敬，骆驼刺便是其中独特的一种。它庞大的根系深深扎入地下，一直向着有水的方向伸展它的根，为汲取水分它的根系辐射面积甚至可达数百平方米；它能固守荒漠，以旱抗旱、粗犷顽强、坚韧不拔。

还有沙漠里的梭梭，树干的坚硬程度堪比钢铁，用刀斧都砍不动。梭梭扎根塔克拉玛干，是新疆各族人民精神的象征。

风重新掀开了碎石，触碰到生机盎然的种子，这些种子在风的吹拂中一代一代接力生长。有些种子长相粗糙甚至丑陋，但它们既是生命的终结，又包含生命的开始。种子不怕压力，可以冲破大石块的重压冒出新芽，种子不畏路途遥远和时光久远，只要能生存就扎根下去孕育新生……

那些刚刚合上伤口的小树，用一丝微弱的气息向记忆的废墟上流淌出一股执拗而羞怯的源泉。它们将重新睁开眼睛，用树叶装点出沙漠中的细雨。

有的种子是短命的，成熟坠地后只能存活几个小时，但种子坠地后只要接触一点点水，就能在两小时内发芽生根，生命迅速再次开始。有这么多适应能力强的种子，即使塔克拉玛干只剩一粒，它的绿色和生命就能延续。这是块连萤火虫也要发射生命之光的、带着自尊与倔强的土地，这就是美丽的塔克拉玛干。

夕阳落山时，被胡杨缠绕的村庄达里雅布依就在眼前，胡杨忍耐着夕阳燃烧的橙红火焰，在皴裂中顽强生长。

秋天来了，胡杨被一场场风变成了黄色和红色，叶间仍有不愿褪去的绿色，阳光下所有的树叶呈现出深浅不一的颜色。先是一片叶子由绿变红再变黄，其他的叶子像听到了秋的命令，也由青转黄。秋风一紧，树上是黄叶满天，树下是黄叶铺地。随着秋风飘落的树叶，在最后的坚守中落地。

有的落在了山谷，有的落在了小溪，有的落在了山巅，

罗布泊起伏的沙丘——站在这里时光仿佛越过千年（韩栓柱 摄）

罗布泊的守望

还有的落在了树杈上。

落在山谷里的叶子会化作泥土，继续滋养土地；落在小溪中的叶子会顺势而下流向远方；落在山巅的叶子会以伞的姿态再次飘落，用最后的依恋怀念胡杨的四季时光。

每天在遥远地平线上升起的太阳都是崭新的，它穿过沙丘，在塔克拉玛干升起，又大又圆。

塔克拉玛干是自然生态的家园，是人类向往的绿水青山。

喀什噶尔

南疆是一个谜，是一个演绎着热烈与神秘的地方。与慕士塔格峰一样，神秘是永远的标签。循着地球最粗略的线条，我们看到了喀什噶尔（简称喀什）、和田、楼兰、米兰，中华文脉的光辉在山与山之间、在水与水之邻、在沙丘与大地相交的地平线上延展。

新疆面积约占全国国土总面积的1/6，辽阔的地域、丰富的物产、"三山夹两盆"的地貌、草原和湿地，足以说明新疆是祖国的一块宝地。在166万多平方千米广袤无际的土地上，皑皑天山与莽莽大漠之中蕴藏着神秘与瑰丽。

千百年来，新疆流传着无数迷人的神话和英雄故事。周天子与西王母、凿空西域的张骞、宣扬国威的班超、携不朽著作的法显、玄奘，兴修水利的林则徐、收复新疆的左宗棠与他沿哈密种下的左公柳……

喀什自古便是丝绸之路的交通枢纽，是中外商贾云集的商埠，从丝绸之路上的重要驿站，到丝绸之路经济带核心区的南疆支点城市和中巴经济走廊的起点城市，喀什凭借"五口通八国、一路连欧亚"的地缘优势，成为我国向西开放的重要窗口，以及我国进入中亚、南亚、西亚乃至欧洲的国际贸易大通道。

走在丝绸之路上，我们来看看喀什带给我们的震撼。喀什古城的高台民居，错落有致地分布在老城东北端一处40多米高的黄土高崖上，高台民居分布长度为800多米，距今已有600年历史，是喀什维吾尔族古代民居建筑和民俗风情的一大景观。

高台民居（邱黎光　摄）

　　高台民居楼连楼，层层叠叠、纵横交错、曲曲弯弯、忽上忽下的50多条小巷四通八达。庭院有强烈的封闭性，既能满足生活要求，又适应当地自然环境，还有防风防雨的遮蔽作用。

　　喀什噶尔河从帕米尔高原一路奔流而下，就在喀什城外蜿蜒曲折地流淌，喀什周边的四五个县，就像棋子一样，用千年的时光均匀地分布着，这些都是当年著名的兵城，著名的疏勒都督府就设在这里。因为喀什面对着帕米尔高原，而天山山脉又从这里发脉向东北，它就处在一个重要的战略位置上。这里有很多历史遗迹，如班超的盘橐城，又叫作艾斯克萨城，在喀什东南郊的吐曼河岸边，公元73年，班超立足疏勒，这里成了班超经营西域的大本营。

罗布泊的守望

阿克苏河、和田河、开都河、孔雀河、叶尔羌河，都是塔里木河的终结湖。神奇的和田河当年又叫和阗河，按照清人徐松留下的记载，他看见的其实是3条河流绕着城郭，从其中一条河里捞出来的和田玉是白色的，从第二条河里捞出来的是蓝色的，从第三条河里捞出来的是黑色的，所以这3条河流分别叫白玉河、绿玉河和乌玉河。这3条河流在下游交汇，形成塔里木河的源头，塔里木河最终流到塔里木盆地的东缘，形成罗布泊。

　　塔里木河是中国最长的内流河，世界第五大内流河，位于新疆塔里木盆地北部，发源于天山山脉及喀喇昆仑山脉，沿塔克拉玛干沙漠北缘，穿过阿克苏、沙雅、库车、轮台、库尔勒、尉犁等县（市）的南部，最后流入台特玛湖。塔里木河主干最早曾注入罗布泊，是南疆地区的母亲河，天山山脉以南的绿洲基本都靠塔里木河的水灌溉。

　　玫瑰赐予人类精华和能量，还有祝福、友情、爱情和誓言，玫瑰让生命充满喜悦。

　　喀什噶尔的玫瑰闻名世界，它有着迷人的香气和绚丽的色彩。每年春天，喀什噶尔的玫瑰花会开满大街小巷，美丽如画。月光下的玫瑰花带给喀什噶尔浪漫与神奇的气息，她是祝福、是玫瑰花茶，也是美食，走进这片玫瑰花开的土地，浪漫和传说带来的魅力包裹着玫瑰的香气在这里散发……

　　穿过广袤的塔克拉玛干，炙热的阳光伴着风沙、美酒、美玉、美食，以及跳跃的自然景观和地域文化，让人看到了一幕幕不可思议的惊喜，那玫瑰和石榴的火红，正是我们生命需要的颜色。

　　眷恋和热爱会让我们记住永远的塔克拉玛干。

▶ 2021年秋

云　朵

罗布泊地貌——云朵连接天际（王新艾　摄）

塔克拉玛干的云是善变的魔术师
天空是最广阔的画板
所有的图形都是我们曾经勾画的草案

尽管云善于变幻
但它还是要迷醉所有的胡杨
让胡杨的落叶在彩云下飘舞

尽管云的图形短暂
但它拒绝了虚无
让心怀在天空中呈现

云总会闪耀着消逝
但却在沙丘之上随风浩荡
我们依然会仰望云朵

天地壮阔处
不在山巅而在沙漠
流云消失而足迹还在

把四季的风做成船
在塔克拉玛干看云的变幻
每片云都越过千年

▶ 2015 年

罗布泊的守望

达里雅布依——野骆驼的乡土

从于田县城出发，沿塔克拉玛干沙漠南缘蜿蜒向北，穿过百万亩金色的胡杨林，我们来到了野骆驼的乡土——达里雅布依。

走进荒野，亲近自然。在自然中停顿，追寻塔克拉玛干沙漠腹地野骆驼的足迹，询问消失在历史烟尘中的古城，倾听野生动植物自然野性的呼唤，在自然中得到温暖的启迪。

在风沙地貌侵蚀下形成的绿洲——达里雅布依，位于克里雅河沿岸的低阶地带。植被有胡杨、红柳、芦苇、罗布麻、骆驼刺等，在荒漠河岸分布区域还长有肉苁蓉。发源于喀喇昆仑的克里雅河顺流而下，宛如一条玉带，涓涓细流注入浩瀚的大漠沙海，滋养着达里雅布依的万物。

达里雅布依村民的住宅

站在这里倾听胡杨的回声

　　生活在达里雅布依的男人，健壮高大、豪爽、淳朴。

　　生活在达里雅布依的女人，坚强、娇美、善良。

　　达里雅布依的女人们喜欢穿颜色艳丽的花布衣裙，至今仍保持着古老而独特的生活习俗。胡杨、水井、羊群就是这里的人们生活的全部。

　　进入塔克拉玛干腹地，人们见识了塔克拉玛干的真面目，以及这里曾有过的千年辉煌，记住了承载这千年秘密的古城，它们是圆沙、喀拉墩和丹丹乌里克……

　　10月，达里雅布依用胡杨枝头渐变的色彩宣告炎热的夏季结束了，金色的秋天已经来临。胡杨的叶子从墨绿中泛出金黄，一绺一绺的葱绿已经被黄透的大片金黄夹在中间，一缕红色也慢慢浸染在树叶上，大地呈现出母亲般的神圣和静谧。

　　这里乡风淳朴，家家户户都不锁门，往来的过路人，即使这家主人不在，

罗布泊的守望

在达里雅布依的村民家

也可以自己在这家院子里动手烧水、做饭，可以吃完就走。

镶嵌在塔克拉玛干深处的达里雅布依，历史悠久，传承深远，文化血脉积淀丰厚。充满诗意和向往自然的克里雅人，心中时时充满对美好愿景的创造力，涌出对自然的虔诚和膜拜。

在前往达里雅布依的路上，漫天黄沙诉说着它们经历千年的故事。曲折起伏的路沿着500多千米的克里雅河向前。大片的胡杨林带着不朽、带着生机、带着金黄，装点着大地。这段高低崎岖的路程，它的惊险将给驾车者带来巨大的冲击和挑战，未知的坎坷路途也充满期待。天空中的朵朵白云，像是一团团不解的迷雾，一直追随着我们前行。

胡杨林中夜色很快就降临了。天色越来越暗，流星如波浪般起伏翻卷，隐隐约约伴着月亮的磁力循环流动，大地如此安静。

路越来越难走，车在高低不平的路上穿过一丛丛密集的胡杨林，紧跟着前车模糊的车灯，不敢有半点怠慢，车在扬起的尘土中摸索前行。在一株株胡杨林连接的沙漠深处，我们更加谨慎地紧跟着前车行进，不敢有一点马虎。一阵扬沙飘过来模糊了车窗，沙尘轻易地挡住了车窗的视线。这时，我们这辆车在一个岔路口拐错了一个弯，掉头回来短短的几分钟，一直跟在我们后面的车突然跟丢了。在这个区域对讲机无应答、手机信号全无、北斗导航时隐时现，我们开始为后面跟丢的车辆担忧，作出种种悲观的预测。这时，司机小李安慰我说："我相信吐师傅，他一定认得这条路，如果没有特殊的原因，可能他们已经到村上了。"

从于田县出发已经是下午了，耗时5个小时，驶过120多千米的艰险路途，在天空挂满星星的夜幕下，我们终于到达了沙漠深处的达里雅布依。在达里雅布依乡政府门前，一起同行的3辆车终于会合了。

原来，后面跟丢的车因扬沙看不见前方车的车灯，误以为已经远远地落后于前车，于是加紧追赶，竟然是首先到达的。

此时，只见达里雅布依皓月当空，夜色中，高低起伏的沙丘环绕着村庄，透露出零星闪着的灯火，达里雅布依宁静的夜晚，笼罩在深紫与忽明忽暗的光影中……

站在暮色里的沙丘上，大地之美从四周围拢过来。站在暮色里的克里雅河旁，一种空灵感倾泻而下。我伏下身去捧起一抔黄沙，沙粒带着远古的历史和今天的温度滋养心灵，让人深深地感动，对大地、对自然。

此时，如一只秋蝉卧在心头，带着温暖，融合了如此幽深的神秘与静谧，揉进了大地饱含自然力的量，却又融进巧妙灵动的安静，令人留恋、令人向往。

达里雅布依的克里雅人接待客人最隆重的方式是用水把院子都泼洒一遍，因为这里的沙漠随时都可能刮起扬尘。

我们住在一户居民家，他们是生活在当地的克里雅人。宽大的房

罗布泊的守望

子有几根高大的胡杨树柱子，屋里设有客厅和几间卧房。房间的墙壁上挂满了毯子，叠得整整齐齐的被褥靠着墙摆放了一排。长条的茶几上摆放了各种干果和馕饼，主人还为我们准备好了汤饭。克里雅人做的汤饭是用羊肉煮的汤，是用西红柿、土豆和大块的羊肉，再加上薄软的面皮做成的，香味浓郁。红色的葡萄酒和泛着肉香的羊肉气息弥漫在空气中，路途的艰辛和疲劳，顿时烟消云散。

达里雅布依人居住的房子，是用胡杨和红柳枝连接扎制成的。他们先挖好地基，用胡杨枝干做成架子，再用红柳编织成墙体，将和好的泥巴抹上去，既结实又防寒保暖。院子大门用高大的空心胡杨木一分为二，精心制作而成，古朴而又自然。

晚上在飘散着胡杨清香的房屋里渐渐入梦，经历一次胡杨树生长一生承受的风雨，这是人与自然最美妙的一次接触。

胡杨树砌成的房屋，神秘的枝干混淆了炽热的双眼。胡杨生长的年轮带来完全不同的视觉线条，将零乱的枝条不加修饰地放在一起。在这样的房屋中，月光搅动思绪，使人感受到在自然中闪耀的星群，用深深的夜色包裹一切，召唤着内心深处的惊喜，想去探问明朗世界和那些看不见的自然奥秘。在这神秘而又短暂的时光里，又一季胡杨黄透了。

清晨，沙丘的波浪微微指向略有跳动的天空。一只蜥蜴爬过沙丘，留下了优美的图案，呼应着远方的佛塔，神秘的曲线连接天际，映着深浓的浅绿和金黄。它延伸的多层面寓意和在沙地上爬出的各种图案，又怎样解读？它翻过沙丘，又去了哪里？只有大地，胸有成竹地将一切景物如此任性而主观地诠释。

在塔克拉玛干的腹地，你能看到漫天黄沙起伏的沙线，随着风在大地上随心所欲勾画的图案；炊烟在清晨展开，宁静、祥和、深远。

深秋的阳光燃烧着达里雅布依的村落，点亮了克里雅河的粼粼波光。火焰般的金色胡杨、河谷的枝枝芦花，似乎在诉说着达里雅布依秋季的无限绚烂……

远眺克里雅河，河流的波浪描画着天空，顺着村落的方向一直延续着，流动并旋转在夜空中。

艰难路途的尽头是伸手可以触及的村落，带着光芒燃烧着沙漠的炽热，辐散在神秘之中，又让夜空闪烁的星星伴着洒落的光，渗透于浮光晓月，吸引着人们探寻自然的脚步。

人与自然、人与植物、人与动物和着文化的脉动，带着土地自然的清香，让我们能触摸历史的温度和文明的传承。在达里雅布依我们再次感受到这里纯朴的地域风情、自然的魅力与心动。

祖祖辈辈居住在这里的达里雅布依村民也一定记得住沙丘、记得住水源、记得住乡愁。

站在胡杨树下，在这世世代代被漫漫黄沙围绕的村落，又有多少辛酸的往事和与自然抗争的赞歌？他们为什么说"沙子吃人不见血"？他们又怎样倾尽一生在为挡住荒漠的脚步而不懈努力着？

现在，人民政府在距离于田县91千米的地方建立了达里雅布依新村，达里雅布依的居民由游牧走向定居。但有些上了年纪的达里雅布依村民并不想离开这里，还在守望着世世代代的家园，守望这片乡村故土，他们还能坚守多久？

在达里雅布依，感受和见证了自然的伟大与残酷，每一处都有双手探寻生命的温度，敬佩这种安静而温暖的与自然抗争的力量。清晨，坐在沙丘上看达里雅布依的日出，在微亮的光线中，看太阳娇羞地跃出黄色的沙线，冉冉升起。离我们这么近，又那么远，她连着东方的天际由浅橙色逐渐变成火红。像一个巨大的火球，绚丽的霞光给黄褐色的沙漠披上了迷人的面纱，惊醒了沙漠、唤醒了村庄。

顷刻，太阳无声无息地跃出地面，从地平线驼峰状的沙丘慢慢升起，含情脉脉地注视着无垠的沙漠，达里雅布依新的一天开始了……

我们来到了村里最繁华的街道，一家小饭店里已经飘出了汤饭的香味。还有烤羊排也冒出了诱人的香气，一场无法拒绝的美食盛宴就要开始了……

罗布泊的守望

门口一个胡杨木制作的小木床上，放着几箱晒干的肉苁蓉，村民们报出的价格，让人感到难以置信的实惠。我们每一个人都是满载而归，也为这贫瘠的沙漠带来点点幸福的满足。

这时，我们居住的那户村民家已为我们做好了早饭。他们熬制的稀饭比较黏稠，是咸的，里面放了羊肉、干果和白菜。

主人还为我们制作了克里雅人最擅长的美食——库麦其。

库麦其是达里雅布依人的一道传统美食。他们先用胡杨枝慢慢点燃胡杨木，把很大的炉膛上下都烤热，然后把已经切好的肉丁加上调料拌制，用和好的面把肉包在里面，再放在炉膛里烤，靠木材燃烧的热量把库麦其烤熟。

库麦其出炉了。外面是焦黄的，香脆可口，里边的肉丁散发着浓浓的食物香味，妙不可言。库麦其和着达里雅布依的清新空气，带着原始的、自然的光芒在口中散溢香味。

在烤制库麦其的过程中，我们期待地等候着，开始和村民交流起来。我们表明了寻找野骆驼足迹的来意，当我们问到沙漠里有没有野骆驼时，村民说有，以前野骆驼很多……

村民说的话我们不能完全听懂，随行的吐师傅翻译道："古代的时候，村民每家都养着骆驼，骆驼是他们生活的伙伴。但野骆驼养不了，它们很能跑，也很怕人。以前达里雅布依的周围水草丰美，是野骆驼的'大食堂'。它们每天都在周围吃草、饮水，现在都在沙漠深处，村民们有时也能看到成群的野骆驼，但数量已经很少了……"

在野骆驼生存的乡土，人们还清晰地记得野骆驼生存的状况及人与野骆驼相互依存的故事。现在由于环境的变化，生存在塔克拉玛干沙漠深处的野骆驼，由于生境碎片化已处在生命的孤岛。我们祈盼这片土地上生活的野骆驼种群能继续生存繁衍……

2004年和2008年，科学工作者在塔克拉玛干沙漠都发现过野骆驼活动的踪迹。相关资料报道："承担普查性考古的新疆文物考古研究所工作人员进入沙漠后，在克里雅河尾闾以东几十千米处发现了动物的新鲜脚印和粪便，这些痕迹围绕在一处水坑周围。此前，当地刚经历过一场沙尘暴，散乱的脚印和粪便清晰可见。周围密布的动物足迹表明，这方小小的水坑现在已成为沙漠深处野生动物的生命之泉。"

野骆驼是国家一级重点保护野生动物，新疆野生动物的"旗舰物种"。能在塔克拉玛干沙漠生存下来的动物，都有着超凡的适应环境的本领。野骆驼是塔克拉玛干沙漠目前已知最大型的野生动物，被称为"塔克拉玛干沙漠最后的守望者"。它们能够幸存，是因为具有喝盐水生存的特异能力。沙漠里环境恶劣，没有淡水资源，偶尔能见到零星散布的又苦又咸的碱水泉，泉边生长着一些稀疏的盐生植物。野骆驼以这些植物为食，靠咸水补充水分。由于降雨量小而蒸发率高，降雨对于滋润沙漠和给地下水供水来说微不足道。它们与风沙为伴，在漫无边际的沙海中傲然生存。

这次虽然没有见到野骆驼，但科考资料显示，在塔克拉玛干这片广袤的沙漠里，还生存着几十峰野骆驼……

黄昏是收获的时刻，更是贴近人间温暖的时刻。晚霞红透了天边，色彩浓厚而深沉，火红与金黄的色彩笼罩了整个达里雅布依。

胡杨在唱着三千年不朽的赞歌

罗布泊的守望

苍老与迷人的色彩，燃红了火焰般的天空，看一眼就能穿透人心。

达里雅布依整个村落被胡杨缠绕着，将树丛中的树木交叠衔接，向上燃烧成绿色的火焰。树丛浓密、强劲，仿佛燃向天际的曲线也搅动了天空中的流云，让蓝天白云因胡杨的形态而变动，让起伏的沙丘也随之变幻。

胡杨树的叶子有绿色的、有黄色的、有金黄色的，枝与叶纵横交错，洒落在塔克拉玛干大沙漠上。

克里雅河热情展望夜空，大地将星星布满夜空中的水面，倒映河畔的灯火与星光，克里雅人直率而又深沉，达里雅布依呼唤着你到来的脚步。

克里雅河的流动，赋予了植物顽强的生命，形成了罕见的绿色长廊，阻挡了东西两侧沙漠的合拢，迟滞了沙漠南下的脚步。同时，绿色植物又滋养了很多野生动物，为大漠增添了生机。

该和克里雅人告别了，我们将涉过克里雅河，前往尼雅和喀拉墩……

大自然是人类心灵的故乡，不管是家乡的陶瓷器皿还是文化密码，文明有可能盛满野蛮，有可能掩埋愚昧。文明易碎，文明变成一片片碎片有可能被修补起来，也有可能无法被修补。然而即便是无法被修补起来的文明，也会保存着某种光彩，永久地闪耀下去。时光的烟尘，携带着历史的激情和残断，一如那流过沙漠的克里雅河，随着时光流淌、干涸，透着些许的记忆，垒成时光的云雾。在滚滚的历史车轮中呼啸而去，留下断裂、不朽、残缺和辉煌。

岁月无法剪断文明，让达里雅布依带着原始的、宽阔的、伟大的、自然的光芒，永远跃动在塔克拉玛干！

▶ 2020 年 10 月 9 日于达里雅布依

屯垦戍边　古韵长歌
——在米兰古城的废墟上

在毫不含蓄的风沙里，米兰古城粗粝而温暖的时光书写着屯垦戍边的古韵长歌。放下行囊，在塔里木河的古道上，我遇见了长着翅膀的"有翼天使"。红尘阡陌，季节轮回，子母河*孕育了又一季麦穗的金黄。塔克拉玛干沙漠南缘的一颗明珠——米兰古城，它的脉络刻画在伊循古城的地标上，汲取一缕大地最早升起的阳光，在时光中流淌……

天际遥远，在晨曦的微光中，矗立在荒漠中的那座"圆形的城"，正是我们在满目星河中守望的米兰古城。

伊循古城米兰

---

* 根据传说，米兰河即子母河。——编者注

罗布泊的守望

古代米兰在丝绸之路罗布泊与阿尔金山的交会处，是从丝绸之路南道进出中亚的重要通道，曾是当时中央王朝经营西域的重要据点。

米兰古城遗址位于若羌县城东40千米处，由伊循城遗址、汉代屯田水利工程设施、唐代时期吐蕃的古戍堡等不同年代的跨文化遗址群组成，属于全国重点文物保护单位。

汉昭帝元凤四年（公元前77年），汉派一司马及吏士共40人屯田伊循，当地经济繁荣、商贸发达、佛教兴盛，伊循城也成为塔克拉玛干沙漠南面的一个重要的绿洲城池。

米兰古城遗址是新疆保存较为完好的一处汉唐时期的重要遗址。目前，在此发现的文物遗迹保存较完整，共有15处（堡1座、佛塔8座、佛寺3座、烽燧2座、灌溉水利渠道1处），除此以外，还发现有居址、窑址、冶铁遗迹及壁画、墓葬等文物遗迹，这些遗迹大体上以堡为中心，散布在东西约4千米、南北约2.5千米的范围内，地表散布有陶片、残破的石磨盘、小饰件、铁器等遗物。

从现有的考古资料和相关的文献记载来看，米兰文物遗迹可分为两个阶段：早期的为公元3—4世纪的遗存，晚期的为隋唐时期吐蕃势力渗入西域后遗留的。

米兰地区丰富集中的文物遗迹，对研究历史上米兰地区经济社会发展的状况、丰富和填充西域文明的内涵、揭示具有地域特色的悠久历史文化具有十分重要的意义。

1906年12月，英国探险家斯坦因在我国新疆若羌东北50余千米的米兰古城遗址进行考察和发掘。在一座佛塔的环形护壁上发现了壁画，其中有一组带双翅的半身人物画像。同时，在位于西北约55米的另一座佛塔中也发现了有翅人物画像，但都较破碎，斯坦因将7幅较完整的有翅人物画像掠至英国伦敦大英博物馆。

1911年1月，日本大谷探险队第三次到新疆探险，在米兰遗址获得了斯坦因当年挖掘而未带走的文物，其中有一块较破碎的双翅人物画像，后将画像运至日本，现藏于东京国立博物馆。从公开的资料看，与斯坦因在米兰古城遗址掠走的人首双翼像类似的壁画已达10余幅。这些足以说明，这种有翅人物画像在米兰地区曾十分普遍。

1989年，新疆文物考古研究所塔克拉玛干沙漠综合考察队考古组，在米兰佛寺遗址中，又发现两幅与被斯坦因称为"有翼天使"相似的壁画。

米兰古城遗址蕴含璀璨的文明，在历史纪念碑的残墙断垣上，刻下了汉唐边塞的豪情诗行，刻下了苦难和绝望，书写了辉煌与不朽的篇章。

举目远望大漠佛光，凝望历史的丰碑，不由令人抛下千行热泪。

万里大漠，岁月悠长，吉星弦月逐日光。丝绸古道，三省交会，大地脉动，鼓声铿锵。

当年的繁忙和后来的萧条、曾经的辉煌和苦难，三千年的那条路在记忆中延伸……

我们不禁要问，是哪位将军发出的命令，是哪些士兵挥动的锋刀砍伐了成片的胡杨？炼成的那些兵器遗落在历史烟尘的何方？古道上那个勇敢的射

米兰佛塔遗址

手长什么样子？曲声悠扬的羌笛遗落何方？零落古道两岸的铜钱又被今天的谁珍藏？

风沙弥漫的星月、金戈铁马的蹄声，历史的烟尘中有谁辜负了谁？又有谁在古道上一曲、遇红颜相知？

米兰文化遗产梦幻般存留在米兰古城遗址上，米兰的文化遗产是一首叙事的诗，是一册用历史的伟大描写的诗情画卷。米兰是人们去感受历史与现实、浪漫与孤独，亲历与发现，采撷文明碎片，体现现实人文关怀的一处令人神往的秘境。探索米兰古代文明的意义和宗旨，在于发现、研究昔日辉煌的米兰历史与文化，在于弘扬、保护珍贵的历史文化遗产，在于系统、科学、合理地利用好、宣传好历史文化资源，为现代绿洲的建设和发展服务。

如今新疆野骆驼保护协会的第一个野骆驼科普宣传基地坐落在新疆生产建设兵团三十六团的团部——米兰镇。一座屯垦戍边的军垦新城，一个古老的米兰，一个生态的米兰，正以新的姿态向我们走来……

▶ 2018 年秋

第五部分

我们在为
大自然写诗

在自然中
我们最能体会四季的轮回

我们走在大自然写诗

癸卯年孔祥云

我们在为大自然写诗

大自然是人类的家园。在大自然中我们能呼吸到清新的空气，能感受到树上的柳枝被风吹拂，摆动成趣。鸟儿也没有休息，它们在树枝上搭建窝巢，忙得不亦乐乎，每时每刻都在放声高唱。昆虫也不会错过春天，一只只爬出了洞口。低低的沙丘上小小的野草也滋滋地冒出地面。连石缝都绽放出五颜六色的小花，密密麻麻的，不知不觉长满了大地……

我国是全球生物多样性最丰富的国家之一，大自然中的野生植物资源既为人类提供了水、粮食、蔬菜、药材、木材、花卉、氧气等，很多植物又是重要的遗传资源，这些植物还是文化发展的物质载体和灵感源泉，保护大自然和野生植物资源是人类实现生态安全和资源安全的必由之路。

动物们在翘首盼望着它们的自然家园有水和食物。植物也不会错过春夏秋冬，它们向大地扩张根系，我们也在为大自然写诗。

细细地凝视自然，凝视荒野上的野生动植物，时光流动的瞬间，生命又经历了多少个春夏秋冬？我们看到了一些蓬勃向上的植物郁郁葱葱，也看到了一些美丽的地貌和植物正在消失……

在漫天的飞雪中可以看到雪地上动物留下的清晰脚印，它们踏着暮色向前，足迹时而清晰，时而模糊，时而前行，时而回转，最后的凌乱足印让人无法辨清它们到底去了哪里……

罗布泊的守望

大雪使气候更寒冷、食物更匮乏、饮水更短缺，冬天让野生动物生存得更加艰难，时光的缝隙间领地是它们最后的家园。

一场大雪让荒野的沙丘变成了白茫茫的一片，路上的车辙和动物们的脚印都神秘消失了。天地之间，仿佛只有行人还在迈开脚步，与大地融为一体。

这时，我们可以试着在雪地上把自己断裂的脚印连接起来，拼接得很远很远……

去接受最粗冽狂风的挑战和拷问吧，让生命从断裂开始再重新启程。

大自然也在经历艰辛的磨砺并创造力量，江河奔流的巨大手指在弹奏世间最美的合唱。沙漠的沟谷里传来回声，那是野生动物们自由的欢唱。

锋利的镰刀收割时空的麦穗，在四季的轮回里重生。自然物种灭绝的每一个黄昏，天边的残阳带着鲜红的血色哀悼，发出奔涌和沉重的呐喊。

沙漠空旷悠远，用手指轻拂细沙，写下铜镜赋予四季时光不羁的风流。火红的残霞在远处的沙丘上凝视，折射泪痕的光线闪烁着，旷野里只有初秋才是野花开得最灿烂的时光。

自然的色彩红得像生命，黄得像向日葵，紫得像缠绕生命的河流，黑得像生命最后的宁静。

时光的河畔、历史的渡口，我们目送了一段段的时光。滔滔红尘、汹涌波浪，大自然在创造辉煌，在风霜雨雪中忘记疲惫，在春夏秋冬中四季轮回。不必惋惜那流逝的绚烂与短暂的凄美，光阴如梭，日月如茧，不知不觉就像捡拾了千年的金枝玉叶，低首与抬眸之间，跨越红尘千年。

音韵绵长，在暮色苍茫里蜿蜒而来又蜿蜒而去，这也许就是人类对自然的柔情。

如果戈壁上的胡杨死了、河流干了、草原没了、野生动物没有地方生活了，那将是人类和自然界的悲哀。

有动物学家说，每种动物消亡的最后一刻都是悲惨的，但每种动物都在以自己的方式追求生存，哪怕是一只小小的昆虫。

有一次在罗布泊，我们目睹了一只只昆虫奋力生存的情景。那是一个高高的雅丹土台，我们选择在那里作为营地，环绕营地形态各异的雅丹把我们围在中间。这里距离明天工作的地方最近，我们的任务是到一个有野骆驼出没的区域布放红外照相机。

早上我们跟着李迪强教授出发，开车行驶20多千米后把车停好，还有4千米的路程需要步行才能到达。越过一片盐碱地，路越来越难走了，松软的沙地上茂密的植物连成片伸向远方，又相互纠缠着，骆驼刺时不时就会扎在我们腿上。有一种红色的果，一不小心碰烂，果浆就会沾到身上，浓郁而艳丽的那种红，像颜料装饰了衣衫。还有些藤本植物像是被有意布放的隔离线，藤蔓粗细缠绕，黝黑的绿，执拗地拐着弯向前伸展，远远看去像一根根绿丝带，又仿佛是伸出了无数多情的手臂扯着人的衣襟，我们每前进一步都很困难。

藤蔓只要触摸到一个支点就会一个劲地往上爬，永远不会退缩，这些植物都是野骆驼爱吃的食物。沿途到处都有野骆驼留下的粪便和它们卧过的痕迹，证明这个区域有很多野骆驼活动。前方有一片胡杨，依山而长，错落有致地分布在山坡上，它们在这里已站立了千年，树枝在风中发出哗啦啦的声音。

经过3个多小时的跋涉，终于到达了布放红外照相机的地方。我们今天要把4台红外照相机分别在4个不同的位置安装，目的是能从各个不同角度观察到野骆驼的活动轨迹。安放红外照相机也有很多技术要求，每个安放位置都要保证能拍摄到从此处经过的热感体，这个艰苦的工作一直到了下午5点多才完成。

黄昏到来，天还没完全黑下来，广袤的荒漠被五彩的晚霞披上了一件绚丽的晚装，我们准备返回宿营地。

在这个区域，我感受了昆虫的力量，一生难忘。有种俗称"草爬子"的昆虫，是沙漠里一种非常可怕的小生物，它们不仅寄生在野骆驼和其他野生动物身上，还会判断声波，追逐着、悄悄地爬进人的身体吸血。"草爬子"把头钻进人的皮肤，人当时一点感觉也没有，随着"草爬子"的头越扎越深，人就会感到刺痛和发痒。你越往外拔它，它的头往皮肤里就钻得越深，那种痛是很难忍受的。所以，有野外生存经验的人会立即用打火机烧它的屁股，

　　　罗布泊的守望

它才会慢慢地退出来。

"草爬子"接近土地的颜色及很强的隐蔽性，让人根本不容易察觉。你用脚踩它，它就变扁一动不动。狠狠踩几脚以为它死了，你刚往前走动，它就扭动小小的身躯又疯狂地追你，呼呼的一片像大面积的影子在动。"草爬子"有靠声波寻找猎物的特点，这也是它们生存的方式。在这些区域，即使把绑腿、绷带扎得很紧，它们也能"见缝插针"。"草爬子"在吸血的同时也分泌一种使人麻醉的东西，从而人被叮咬时根本没什么感觉。

每一种动物都有自身独特的生存本领，大自然的生物链一环套着一环，环环相扣，也就是所谓的适者生存。

在自然中，我们最能体会四季的轮回，尤其是看到鸟儿啄着酱果或谷物快乐地停靠在树上唱着它们的歌谣、看着野骆驼在旷野奔腾、看着鱼儿跃出水面、看着野生动物在自然的大地上跳跃、看着花儿在春天都开了……

我们离不开大自然给予生命的支持，我们也能从动物身上学到一些新的知识。细细地凝视荒野上的生命，时光流动的瞬间，柔弱的花儿绽放了，小小的昆虫也一只只爬出洞口，一只只鸟儿在枝头开始筑巢，低低的沙丘上小小的盐碱草密密麻麻地长着，不知不觉长满了沙丘。植物也是大自然对大地的馈赠，一株植物就是一个生命的荣耀，绿色的枝叶伸展出空间展示自己的美丽与自由，给大地增添绿色，让我们的呼吸都变得轻盈了许多。

有人说：人类与其他动物同属大自然的同一家族。人类具有的高贵品质，动物身上未必没有，动物具有的品质，未必人类也同样拥有。人类在自然中找到了走向更远的小路，也寻到了游得更深的小溪。

在离开罗布泊的日子里，我常常牵挂沙丘上野骆驼的残骸是否还在风中凌乱、那群鸟儿在这个冬季是不是飞走了、干涸的河床中那头藏野驴是如何死的、那3只狐狸是不是还生活在那丛红柳中……

无山不绿，有水皆清；四时花香，万籁鸟鸣。把山河妆成锦绣，把国土绘成丹青。我们每个人都是生态保护的参与者，我们热爱自然，也在描绘自然。

▶2021年12月于乌鲁木齐

自然的灵光

美丽的安南坝（杨晓梅 摄）

安南坝
美丽的阿娜巴尔*

在母亲生活的地方
大地在倾诉对母亲的眷恋

苍穹湛蓝　清辉流泻
生命净土　花香鸟语

自然的灵光燃烧着生命的渴望
在干涸的土地上长出种子

万物在阳光普照下苏醒
闪耀生命的传奇

---

*　阿娜巴尔为蒙古语词汇，意为"有母亲的河"或"有母亲的地方"。用汉语谐音写作"安南坝"。——编者注

　　　　　　　　　　　　　　　　　　　罗布泊的守望

花都开了
开在阳光初照的黎明
开在浅紫的黄昏
短似刹那　长如一生

天空有一朵微醉的云
缠绕着轻风下的羊群

风切割着植物和石头
把土地涂抹成风景壮丽

将黑风暴吹打过的戈壁
镶嵌成绿色的草地

缓慢从容飘舞的骆驼刺
落在白云的掌上

野骆驼来了
它们踏着金色的舞步

鹅喉羚与盘羊来了
野兔也来了
它们在青青的草地上跳跃

那一抹青绿
描绘着安南坝的清晨

喧闹　静谧
大自然在勾画最美的安南坝

阿爸的羊群
阿妈的奶茶

晚霞中的飞雁
呼唤着绿色的安南坝

念念不忘必有回响
缺水缺电但不缺精神

管护　巡查　守望
把刚强渗透进筋骨里

美丽的安南坝
正在播撒生命的种子

野生动物在这里
给大地永恒的祝福和欢喜

▶ 2020年6月15日于甘肃安南坝野骆驼国
家级自然保护区

洒满阳光的盐池湾

盐池湾

盐池湾
大自然在这里洒落了一地的星星

迤逦的雪山
如绿袖长舞

吹拂的风传递着花开的声音
天空缕缕祥云萦绕

高山裹着白色的雪被
绿水映着崎岖的草毯

河流神性地流淌
种子轻轻地盘旋

在那片绿了又黄
黄了又绿的湿地上

黑颈鹤在快乐地歌唱
美丽的湿地就是它们的家园

自然在倾听
它们舞动的生命旋律

羽毛轻盈地飘落
在大地上写下忠贞的爱情

飘舞的石子落在地上
像清脆的马蹄声

罗布泊的守望

湿地中环绕着
蜿蜒的水域

如一根根绿色的丝带
缠绕着美丽的盐池湾

看不见清泉
却听见淙淙泉水欢唱

漫山碎金的光影
在六月的草尖上闪烁

山和大地涌动着
繁星缀满天空

宁静宽舒的雪山
交换着万古长新的日月

多彩的盐池湾
装满晶莹的绿色

把风的光彩
用阳光送给季候的钟摆

撒落在大地的音符
装点最美的盐池湾!

黑颈鹤

春天大地苏醒了
你的眸子像极了清泉

你是"雪域神鸟"
把忠贞洒在了大地

时光里有你的温暖
是春天缠绕的苔草和茎秆

月光倾泻了一地
沦陷在深深的夜里

黑颈鹤
你用自己的声音辨别阴晴

为了那短短的相聚
我们珍藏永久的记忆

你给季节
酿下了爱的美酒

在初夏的时光
让生命绚丽绽放

你在冬的雪域上绣出的花朵
必定在春天开放

那黑色的目光
一定守着长长的鸟羽

风吹皱了傍晚的霞光
攥着用血液拧成的相依

让黑色的羽毛带着黑色的泥土
骄傲地迎接沸腾

太阳用光又一次牵动着土地
风将把额头的皱褶急剧地升起

采撷轻灵的光
将缄默融化成地层里的石头

在天空下交换目光
让我们共同生活在绿色的大地

▶ 2020年6月16日于甘肃盐池湾国家级自
然保护区

黑颈鹤

罗布泊的守望

春风几度玉门关

2020年6月13日，新疆野骆驼保护协会走进甘肃敦煌西湖国家级自然保护区玉门关保护站。时值酷夏，我们一行人到达时正值炎热的中午，连蚊子也密集地来欢迎我们。

敦煌是一个充满佛光的城市，阳关和玉门关配得上每个人的期待和抵达。从荒漠走向湿地，朔风吹拂的丝绸古道遗址，千年的故影，真实而温暖。

甘肃敦煌西湖国家级自然保护区管理局不断加强生态多样性保护，大力开展湿地保护与生态恢复，使湿地生态环境不断得到优化，吸引了大批珍稀候鸟在此栖息中转。

甘肃敦煌西湖国家级自然保护区位于甘肃省敦煌市西部，位于河西走廊的最西端，地处甘肃、青海、新疆的交汇处。保护区西邻库姆塔格沙漠和罗布泊，南接甘肃省酒泉市阿克塞哈萨克族自治县，北连新疆维吾尔自治区哈密市。甘肃敦煌西湖国家级自然保护区始建于1992年，2003年6月经国务院批准晋升为国家级自然保护区。保护区总面积66万公顷，主要保护对象为湿地生态系统、荒漠生态系统及相应生态系统的野生动植物。

保护区不仅拥有湿地生态系统、荒漠生态系统及相应生态系统的野生动植物等自然资源，还有史书般的敦煌、神秘的莫高窟、沙海深处的月牙泉、巍然屹立的烽火台、蜿蜒曲折的汉长城等重要的文化资源。

甘肃敦煌西湖国家级自然保护区内有9.8万公顷湿地，其中芦苇沼泽达3.4万公顷，是候鸟迁徙途中重要的补给站和栖息地之一。

我们来到甘肃敦煌西湖国家级自然保护区玉门关保护站，通过交流、座谈，对保护区野生动植物保护工作的经验、现状、成果，以及公众科普教育开展情况、野生动植物自然资源可持续利用情况、生物多样性保护措施进行实地考察和学习，开阔了眼界，对用更科学的方式重视人类福祉、生物多样性保护及以自然保护体系为核心的工作，有了深刻的领会，取得满满的收获。

目前我国已建成三大保护管理体系，野生动物保护成果显著。一是以自然保护区为主体的野外保护体系。这个体系由2 000多个自然保护区构成，占国土面积的18%，使85%以上的国家重点保护野生动物的种群得到有效保护。同时，我国还有46处国际重要湿地以及近5万处自然保护区、国家湿地公园、森林公园。二是野生动物救护繁育体系。我国已对200多种野生动物建立起稳定的人工繁育种群。对朱鹮、野马、麋鹿、扬子鳄等14种野生动物成功实施了自然放归。三是由474处国家级自然保护区和众多省级及一大批市、县级监测站构成的陆生野生动物疫源疫病监测防控体系。

中国珍稀濒危陆生野生动植物的种群已经基本扭转了持续下降的态势，总体稳中有升，一批极度濒危的陆生野生动植物种正逐步摆脱灭绝的风险。

保护恢复和促进陆地生态系统的可持续利用、可持续管理、防治荒漠化、制止和扭转土地退化、制止生物多样性丧失的步伐也在快速推进。

甘肃敦煌西湖国家级自然保护区是野骆驼的"后花园"，这一区域水源地经过修复，吸引着野骆驼和其他野生动物的脚步。我们在保护区学习的时光是短暂的，但通过学习交流、观看视频资料及实地取经，拓宽了视野，增长了知识，也在我们脑海中留下了难忘的回忆。

地球生命史和人类的野生动物保护史，不仅体现在博物馆中收藏的贝壳、骨骼及失去生命温度的标本，也不仅是生物形式和功能的变化过程，它更是史诗般的壮观场景和每一种生命从远古向未来的奔腾！

▶ 2020年6月于甘肃敦煌西湖国家级自然保护区玉门关保护站

罗布泊的守望

有雨在清明

清明紧挨着谷雨
这是农人扶犁的季节

家门口的草又绿了
立在门前的我
再也等不到你回家的消息

白色　黄色的菊花
全沾满了春雨
伫立　伫立

千回百转的梦里
全是你叮咛的话语

你走的那一天
生命里满树的花都落了

只有留在时光的记忆
诉说着一场场欢声笑语

墓碑冰凉
托着不倦的风雨

满天的星星扑向梦里
诉说眷恋的泪滴

揭开黑色的帐幔
天上人间　魂隔千里

把石头打磨成粗钝的刀
丢在生命的冬季

祭典的坛上总有高天厚土
扎进黄色的泥土里

泪水会凝结在一起
有雨在清明　纷纷落满地

四月的花瓣
都给你

▶ 2017年清明

我是新疆的孩子

我是新疆的孩子
我在马奶酒的醇香里长大

我的长发浸着塔里木河的水花
我的心醉在葡萄架下

天山独立纬向的山系世界最大
准噶尔盆地是野生动物的家

五彩滩是上苍描摹的图画
卡拉麦里有奔腾的野马

木垒的油菜花
飘香进万家

北庭都护府
黏土上麦苗又发出了新芽

我是新疆的孩子
我沿着丝绸古道长大

巴音郭楞草原上的毡包像莲花
九曲十八弯的巴音布鲁克是天鹅栖息
　的家

绕着博斯腾湖的芦花
延伸到金沙滩把落雁留下

我是新疆的孩子
我住在喀什噶尔的高台人家

千年核桃树下
映着青春年华

芳香的无花果
让我在天涯还想着家

塔克拉玛干万里黄沙
金色的沙线远去天涯

穿过克里雅河
万株胡杨搭成彩门迎我回家

达里雅布依有最美的朝霞
克里雅人烧出了香甜的奶茶

尼雅诞出"五星出东方利中国"
这是古代刺绣的东方密码

我是新疆的孩子
我的家连着欧亚

额尔齐斯河翻滚着浪花
友谊峰下住着图瓦人家

阿尔泰雪域是穹庐构筑的山顶
喀纳斯的冰雪营造了梦中的童话

大地把最美的色彩洒落在哈巴河
火焰织出了红色的朝霞

白桦林在风中摇曳
用树枝描绘出黄色和绿色的油画

我是新疆的孩子
我喝着伊犁河水长大

那拉提传说着古老的神话
伊犁老酒香万家

穿过独库公路
英雄生命的丰碑立在山崖

赛里木湖是一颗蓝色的钻石
霍尔果斯飘着薰衣草紫色的花

哈萨克族牧童遥指
吐尔根春天的朵朵杏花

芒种时节
彩虹在昭苏金黄的麦田安家

盘桓云端的果子沟大桥
玉带架起银河星空如画

帕米尔的雄鹰
护佑高山湿地和边防哨卡

乌伦古湖　喀纳斯湖　赛里木湖
　博斯腾湖
湖水养育新疆儿女长大

昆仑山　天山　阿尔金山
铮铮脊梁书写三山夹两盆的纵横博大

塔里木河　叶尔羌河　伊犁河　开都河
流淌着血脉奔涌的浪花

我是新疆的孩子
塔里木盆地是我丰裕的家

广袤的绿洲瓜果飘香
雪白的棉桃是泥土里长出的花

草原的牧歌里
成群的牛羊在炊烟里撒欢

山野里
野生动物种群在壮大

托木尔峰白雪皑皑
雪莲花织进了岁月把根扎

屯垦在天山
带血的誓言含着泪花
生命铸造的丰碑
展千卷绿洲诗画

湖水有大海的气魄
昆仑有高山的巍峨

522千米的沙漠公路是一条黑色的巨龙
奇迹般穿过塔克拉玛干流动的沙海

铺成戈壁巨龙
铸成大漠风骨

我是新疆的孩子
我的家是祖国的六分之一

沿着G7伟大的母亲之路
一带一路把美景描画

打起手鼓
两千万新疆儿女舞动时代华章

大地多娇
天山南北最美的生态新疆光耀中华

▶ 2022 年 3 月 3 日

罗布泊的守望

冰雪运动热边疆 同心逐梦向未来

乌鲁木齐
一个"最优美的牧场"

各族人民欢迎你
乌鲁木齐的花儿这样红

她在天山脚下
她在准噶尔盆地边缘

晨雾澹澹　瑞雪飞扬
阳光宝地　鼓声铿锵

她沐浴着博格达峰的朝阳
她坐落在群山绵延的怀抱

第二十届冰雪风情节
美丽的乌鲁木齐在等你

她为大地奉献晶莹的冰雪
她向丝绸之路袒露火热的激情

皑皑白雪　织出童话的梦
为你铺开浪漫的冰雪旅程

雪花是冬日最圣洁的精灵
伴着岁月的悠悠驼铃

堆个雪人　打场雪仗
你我何尝不是少年

歌舞天山迎宾客
葡萄美酒西域情

在雪地上留一段嘎吱嘎吱的脚步
那何尝不是我们一段生命的征程

看雪不能错过乌鲁木齐
这里有你难忘的雪山画廊

冰雪运动　冰雪精神
凝聚力量　全民健康

奉献　友爱　互助　进步
绘就冰雪的荣光

在人类最古老的滑雪起源地
弹奏一段《十二木卡姆》听岁月回声

雄鸡一唱　千帆起航
国际陆港　欧亚贯通

开发区　新市区　天山区　沙依巴克
　区……
七区一县　霓彩虹

人与自然和谐共生
筑一带一路绿色发展国际联盟

远赴乌鲁木齐看白雪惊鸿
还有数不清的美食记心中

观林海松涛　看祥云日出
一轮红日欣欣向荣

初雪闪着银色的光
雾凇是人间仙境

丝绸在风中飘舞
豪迈与梦想在冰雪中筑成

雪里藏春信　梅花万般红
云杉披朝霞　松树万年青

南山像镶嵌在乌鲁木齐的绿色挂毯
天山北坡描绘一幅浓墨山水情

月亮与光影　映出星星的神秘
热情与真诚　湿润了我们的眼睛

孩子们放飞了一万个彩色的气球
让繁荣安宁的乌鲁木齐沸腾

乌鲁木齐是一座美丽的城
红山塔映晓月　大桥车水马龙

罗布泊的守望

乌鲁木齐是一座英雄的城
毛泽民　林基路　陈潭秋的血染红

乌鲁木齐是一座现代化的城
政治　经济　文化　科教　俱已兴荣

条条高速经纬纵横
公路　铁路　地铁全线通

乌鲁木齐是一座民族团结的城
长桥饮马　诉说塞外风情

乌鲁木齐是一座冰雪的城
天山赐甘露　雪莲醉香浓

乌鲁木齐是一座历史悠久的城
二道桥国际大巴扎舞动豪情

乌鲁木齐是一座幸福的城
豪杰骑骏马　墨客抒豪情

风送吉祥　雪如琼浆
乌鲁木齐披上了节日的盛装

群山绵延　松柏坚强
锦绣大地　时代华章

和谐　多元　开放的乌鲁木齐
已站在了时代的潮头

乌鲁木齐热烈迷人
张开双臂　万紫千红

自信　开放　博大　包容
奋进的乌鲁木齐踏上了新征程

来吧　沿着伟大的丝绸之路
在这里和欧亚交融

自然之美　冰雪之美
波澜壮阔的乌鲁木齐正在腾飞

▶ 2022 年于第二十届乌鲁木齐冰雪风情节

家　园

总有一些时光我们要独自走。在已经收割完了的麦田，晚霞裹着云朵像一个吝啬的守财奴，正藏起它最后的金子。炙烤了一天的太阳脱下了金色的外衣，毫不拖延地换上了黑色的长袍，大地掩起了丰收的喜悦，沉默地躺在那里。

在自己制作的独木船里游戏了一天的孩子，用树枝又拼接了一艘"大船"，那是昨夜梦里的船。

天空里突然传来了一群孩子快乐的笑声，笑声穿过黑沉沉的夜色，打破跨过黄昏的静谧伸向远方。

这里是我们以前的家，在一块麦田的后面。我们有时会躲藏在麦田里，躲在高高的沙枣树下，我们会把快成熟的麦子拔下来，然后捡些柴苗，点起火来烧着吃。每个人都有自己娴熟的"技术"，每个人的嘴上都吃得黑乎乎的，虽然擦了又擦，但大人还是很容易发现的。

穿过狭长的路再拐好几个弯，才能找到那棵沙枣树和深绿色的小河，那也是我们常去玩耍的地方。每年五六月，一株株的沙枣树上开满了银白和嫩黄色的小花，犹如一个个小喇叭，一排排，一串串，在微风中摇摇荡荡，奏响了生机勃勃的欢歌。

花随着风，一股股暗香飘过，风和孩子们最早知道沙枣花开了。这是个大显神通的时候，我们总能避开小小的刺，摘下长长短短的枝条插在大大小小的瓶子里，伴着沙枣花香，温暖着童年的梦……

童年的四季是"忙碌"的，当沙枣由银青变成金黄的时候，我们期待的秋天就到了……

摘沙枣是难的，但我们每个人会找根树枝来打枣，那就快多了，"丰收"的我们最喜欢秋天。但如果被捉住告诉给父母，那这顿打是免不了的。

贪玩的童年总是会忘了时间，玩得开心的时候时间也溜得最快……

在我们渐渐丢掉童年的时光里，也认识了沙枣树耐干耐，耐贫瘠、具有顽强生命力的品格。不管我们走多远，沙枣树在我们的生命中总是这么近，那么美。

下雨天最好了，我们会把家里的小木箱拿出来。木箱的下边刚好有个木疖，斜着的，但弟弟总有办法把它捅开。我们开始转着摇箱子，里面的花生米就会像变魔术似的掉出来，我们总能美餐一顿。

这顿打要等到下次来客人的时候才会降临。当母亲打开箱子的锁，看花生不翼而飞了，也是一脸惊讶。但很快就"破案"了，我一般是不"招供"的，但最后也得"各打五十大板"。

门后的小河里总是会有小鱼，水清的时候不好抓。但我们脱掉鞋子下到小河沟里，把水趟浑就好抓了，可以清楚地看到鱼游过去的痕迹……

傍晚，母亲在家里打理好了摇篮和床铺，母亲在夜晚的灯下还会教训我们只顾贪婪地玩耍。我们满心欢喜而打湿了裤角，却被母亲责备。我们浑然不知这样的欢乐是那样的短暂，不知道麦子的味道就是大地的味道，也不知对于家园、对于生命、对于世界的价值……

少年的玩伴是什么时候走远了，我们什么时候开始独自行走在路上？前方的路时常会下起沥沥的小雨，我看见长长的大地伸展在面前，大树摇着手臂拥抱无数孤独的行人，不停前行，我们也长大了……

而我们童年最后的土地和家园，已无声无息地掩映在城市里……

▶ 2020年5月10日

心在黄河

路过黄河，就路过我的母亲。路过黄河，就路过我皮肤的颜色。路过黄河，就路过一个家庭文化的源头。每一个饮过黄河水的人，都不会忘记黄河。黄河日夜在梦里奔流，黄河文化的血浆始终在心头激荡。黄河奔腾着，带着泥浆、带着呼啸、带着思念……

九曲黄河缠绕着的是魂魄，是深情、是家园、是热泪。黄河之畔，那巍巍的邙山是母亲安息的地方。

黄河，中国古代称大河，发源于中国青海省巴颜喀拉山脉。流经青海、四川、甘肃、宁夏、内蒙古、陕西、山西、河南、山东，最后于山东省东营市注入渤海。

黄河全长5 464千米，仅次于长江，是中国第二长河，也是世界第六长的河流。在中国历史上，黄河及沿岸流域给人类文明带来了巨大的影响，是中华民族最重要的发源地，是中国人的母亲河。

如今，九曲黄河于我来说是真正的母亲河。四季组成的一年，从点缀着季节的春雨到铺满泪滴的清明，时光消失在绵绵的怀念里。

在时光往来的惯性裹挟之下，母亲已离开我走远了。今生有两次忘情的哭泣，一次是我来到这个世界，一次是我失去母亲。没有母亲的日子我成了一只漂泊的小船，从不想靠岸。

罗布泊的守望

想母亲的时候，自然想到母亲做的美食。这种渴望，有时也促使我放手一试，虽然结果有些失望，但也仿佛感受到了母亲的气息。

　　想母亲的时候，我会拿出一件母亲的衣裳，把它贴在胸口，好像母亲就在身边，连她常用的风油精的味道也会隐隐飘来。此时，她生前吃下的那些苦也常会袭上我的心头……

　　想母亲的时候，拿出一张照片久久地端详，母亲的音容笑貌、美丽容颜就弥漫在眼前。

　　伤心的时候，披上母亲常用的围巾，有股温暖像深情的安慰，给予时光的一瞥回望弥足珍贵，涌上心头，伤心的时光就轻轻过去了……

　　现在，我虽然不能常去母亲的坟头，但母亲留在大西北的足迹一直照亮着我前行的道路。

　　如果把母亲比作高山，她是我们的心；如果把母亲比作大海，她是我们的魂；如果把母亲比作草原，她是我们的根。

　　西北的群山留下过母亲的足迹，茫茫的戈壁有母亲流下的汗水。冥冥之中，新疆这片神奇的土地将是我们依存的根基和家园，也必将给我们带来绵长好运！

▶2018年秋于黄河畔

第六部分

志愿者的荣光

志愿者精神将时刻闪耀在
人们心中

志愿者的荣光

王德林 题

新疆野骆驼保护协会名誉会长池重庆

在新疆野骆驼保护协会成立10周年之际，那些为野骆驼保护一路鼓舞和提供支持的志愿者共同走过的足迹常常浮现在我的眼前。

10年来，有很多伴随我们前行的故事无法一一述说，但在心里总忘不了这样一群人。因为这些故事更像一颗颗和着无数汗水播撒的沉甸甸的种子，在大地生根发芽，从而变成郁郁葱葱的森林，最终点亮自己，照亮别人。

池重庆就是其中的一名志愿者，10年来，他用自己火热的情怀，为新疆的野生动植物保护和野骆驼保护不懈努力与呼吁。

2021年的初夏，当得知他住院做手术时，我和会员何花去中医院看望他。那是做完手术的第三天，他看上去非常虚弱，白发也已爬上了额头。我们简单地问候了几句，为了不打扰他休息，我们赶紧起身告辞。可他叫住了我们，说："我写了份协会第二届的工作愿景，参考了保护区的这些资料，系统了解了自然保护区的地理条件、气候条件、土壤条件，也了解到自然恢复在生态保护修复过程中发挥着至关重要的作用。在住院期间，我深入看了这些书，知道了野骆驼的生态习性和保护区通过GPS追踪等先进技术监测野骆驼的活动范围和数量。要实现野骆驼种群自然恢复，需要制定合理的恢复目标、提出有效的恢复措施、实施长期的监测，并推动政府与社会全面参与生态文明建设。"

罗布泊的守望

顺着他手指的方向，我看到了几本放在床头的书，其中一本《罗布泊自然保护区——新疆罗布泊野骆驼国家级自然保护区综合科学考察报告》特别醒目。他说："我一直在想，680峰野骆驼太少了！我们还要共同探讨、努力，使野骆驼种群数量不断增加，咱们的科普宣传还要扩大范围，让更多的人都能参与到生态环境保护和野骆驼保护中来。"

池重庆病中还在考虑协会的发展，令我们十分感动。此时让我想起在2020年12月19日那天协会开展"致热爱，向未来"野骆驼科普宣传活动，在活动快结束的时候，我看到他额头上冒出的豆大汗珠，知道他已经坚持不住了。当工作人员起身扶着他走出会场时，望着他的身影，那一刻我突然发现，他高大的身影消瘦了许多……

这些年，岁月更迭时光老去，他用行动证明了自己对生态文明建设和绿色发展的责任和担当。希望更多的人能够像他一样为建设美丽中国、生态中国、文明中国作出自己的贡献。

壮美的罗布泊，一座阿尔金山横亘在那里，不仅镌刻着丝绸之路的文明，也见证着罗布泊的沧海桑田。

池重庆说："我们生在新疆、长在新疆，罗布泊的神秘以及对那里野生动物的牵挂一直在心头。人出生在哪儿，就决定了对那个地方充满深深的眷恋。保护野骆驼义不容辞，我们都该这样，而且还需要做得更好。"

池重庆积极参与推动野骆驼保护的各项科普宣传工作，为提高公众对野生动植物保护的意识起到了积极的引领作用，并与政府部门沟通合作，制定出了一系列保护措施，为建设天蓝、地绿、水清的美好家园贡献了自己的一份力量。

相信有更多人的参与，新疆的"旗舰物种"野骆驼一定能在新疆这片土地上繁衍壮大。

▶ 2021年秋

新疆野骆驼保护协会志愿者风采

2021年秋季来临，新疆野骆驼保护协会的志愿者来到协会座谈，谈到几年来新疆野骆驼保护协会志愿者队伍的成长，不禁想起了新疆第一个野骆驼科普宣传基地建立时的情景……

2017年12月，正值隆冬天气，新疆野骆驼保护协会在新疆生产建设兵团三十六团的新疆野骆驼科普宣传基地落成。

宣传基地落成后还有相关筹备工作。12月12日，三十六团派来了一辆面包车，协会会员和志愿者连夜把制作好的100多幅野骆驼科普宣传图片装上了车。第一届新疆野骆驼保护协会副秘书长王香华、胡北庭及志愿者贾辉随车

干枯的红柳还在述说着千年往事

前往宣传基地协助展厅布置。

12月13日上午9点，他们带着新疆野骆驼保护协会全体会员和志愿者的美好祝福，向着三十六团出发了。车行驶在茫茫的戈壁上，面包车四处透风，王香华和贾辉虽然穿得很厚，但随着气温越来越低，也越来越让他们感到难以坚持。皮鞋已经被冻透了，贾辉把自己的衣服脱下来一件盖在二人的脚上，就这样，到库尔勒的时候二人的脚已经快被冻僵了……

车终于到达了库尔勒，几个人吃过饭才感觉慢慢缓过来一点，司机师傅说："你们早点休息，明天早上7点就得起来，咱们争取早点出发。"

第二天早晨刚7点，司机师傅就把他们叫醒了，说先去吃完早饭，然后拉他们去买个军用棉被，路上盖在腿上会暖和些。做完这些工作，他们继续向着三十六团出发，经过1 000多千米的颠簸，傍晚终于到达了三十六团。

野骆驼科普宣传基地，是在三十六团的鼎力支持和协助下建立的。三十六团办公室易主任带领员工和新疆野骆驼保护协会的志愿者们一起，在寒冷的冬天克服种种困难，不怕吃苦，经过近一星期的奋战，所有工作全部完成。"新疆野骆驼科普宣传基地"的牌子也被挂了起来，在阳光的照耀下格外耀眼。

12月19日，米兰镇瑞雪初降，300多名米兰中学的同学们、三十六团的职工代表、新疆野骆驼保护协会的志愿者来到活动现场，中国林业科学研究院的李迪强教授也亲临科普展厅剪彩。

　　三十六团团长雷海军说："三十六团处在新疆罗布泊野骆驼国家级自然保护区的最前沿，离保护区最近的一块宣传牌不到20千米。新疆生产建设兵团是新疆生态文明建设的沃土和家园，我们的军垦后代们在这片土地上默默耕耘、生生不息。我们的职工、我们的孩子都以建设生态家园为主导，助力野生动植物保护是我们践行生态文明的一部分。相信在我们共同的努力下，野骆驼一定会在这片土地上生存繁衍！今后我们一起为保护野骆驼行动创造条件，在条件成熟的情况下，我们也希望助力野骆驼紧急救助中心的建设。"

　　新疆生产建设兵团三十六团位于阿尔金山北麓，罗布泊南岸，塔克拉玛干沙漠边缘，这是一块有着兵团精神和屯垦戍边光荣历史的土地。半个世纪以来，在米兰镇这片古老的土地上，三十六团人砥砺前行，在地球极端荒漠地区、在保护区的最前沿，抒写了一首首生命的赞歌。几年过去了，野骆驼科普宣传基地迎来了一批又一批参观者，到三十六团来旅游和洽谈业务的朋友都会到野骆驼科普宣传基地看一看，野骆驼的精神呼唤着更多的人参与到野生动物保护中来。这是新疆野骆驼保护协会的会员和志愿者，在保护野生动植物的路上践行志愿者精神的又一次生态实践。

　　新疆野骆驼保护协会由野生动植物保护专家、学者、爱心人士和志愿者组成，致力于极度濒危物种野骆驼的保护与救助，共同保护我们的地球家园。协会的成员各自为协会带来了独特的观点，并为协会作力所能及的工作。每个人都与团队一起，在多个项目中发挥了重要作用。新疆野骆驼保护协会的志愿者几年来为保护野生动物作出了重要贡献，彰显了野生动物保护志愿者崇高的爱心、善意和责任担当，志愿者精神将时刻闪耀在人们的心中。

　　他们是生态实践的引领者，也是我们学习的榜样。

　　　　　　　　　　　　　　　　　　　　　　　　▶ 2020年秋

寻找生命的绿色

循着自然的痕迹，就能寻到生命的绿色，那绿色是属于人类共同向往的生机盎然的绿色。在长达7年的野生动物保护路上，为拍摄《中国新疆野骆驼千里寻踪》纪录片，为在镜头下记录极度濒危物种野骆驼的足迹，他，让生命的自然属性和社会属性完美结合，让平凡的生命闪耀不平凡的光辉，他就是新疆野骆驼保护协会副会长王庆龙。

为了守护野骆驼，为了能腾出时间去给被救助的小野骆驼送牛奶，他不分白天黑夜和员工在公司加班加点。经过20多天的努力，完成了自己的阶段性工作，即将和大家一起启程。

其实，在临行前病魔就悄悄地盯上了他，在顶着酷暑来到保护站那天，他的脚肿得就穿不上鞋子了，但他一直默不作声。大家只看到他的行囊中多了一大包药，但粗心的我们却没注意到他正在忍受病痛的折磨。第三天从保护站返回乌鲁木齐前看到他艰难上车的样子，大家下车去看了一下，才知道他的脚都肿成"大面包"了。协会副会长关勇说："看到庆龙这样子，真叫人心疼！"

听了"心疼"这两个字，大家的心也很酸楚，谁都没有说话，但心里涌起的都是敬佩。回想这几年王庆龙为协会的发展和野骆驼科普宣传做的贡献，以及默默的付出让大家记忆犹新。为科普宣传活动拿出经费，他眼都不眨，可自己的脚肿成了这样都不舍得买双更合适的鞋。脚上的一双凉鞋烂了好几处，就那么趿在脚上。记得在2018年去位于陕西省洋县的汉中朱鹮国家级自然保护区参加"保护区万里行活动"的路上，长途开车他不舍得买"红牛"饮料，去买了一把蒜薹，困了就吃一根蒜薹提神。

这次他脚肿成那样，但还是把车开回来了，返回乌鲁木齐的第二天就住进了医院。医生说，是因为免疫力下降得太厉害才造成的肢体感染。

王庆龙在一年又一年保护野骆驼的路上严于律己，宽以待人。这是一个平凡的人、一个孜孜不倦坚守的人积累的生命厚度，更是一个共产党员生命中散发出的平凡而又温暖的光辉。

王庆龙，原新疆石河子新安酒厂总工程师、副厂长，现为新疆阿依苏酒业有限公司的董事长、新疆野骆驼保护协会副会长。他从2015年关注野骆驼这个物种以来，多次为野骆驼保护科普活动助力。几年来，跟随新疆野骆驼保护协会的脚步，3次到阿克苏地区乌什县阿依库勒镇协合力村和吉格代里克村参与脱贫攻坚工作。2018年的冬天，大家乘坐他开的那辆没有暖气的面包车，拉着一车面粉去阿克苏地区。面包车四处漏风，1 000多千米路把大家冻得够呛，在加油站加油时，我们站在路边，风刮到头上冰冷地穿过头皮，寒冷直击心底。上车后我们把脚上的鞋子脱掉，用滑雪服包上防寒。可王庆龙特别能坚持，从早上出发一口气十多个小时把车开到了阿克苏地区，顺利完成了助力当地脱贫攻坚的其中一项任务。

2020年快入冬时，当从驻村工作队得知阿克苏地区乌什县阿依库勒镇的几户特困村民需要安装大门时，王庆龙立即和新疆野骆驼保护协会同仁积极为村民筹集了3 000多元钱，使几户村民顺利安装上了大门，还给他们运去了过冬的煤炭。他的行动也鼓舞和引领更多的人关注并加入野骆驼保护协会的行列中。近年来，王庆龙带领野骆驼保护科普宣传进地（州）、进校园、进企业、进保护区的最前沿，以自己的实际行动做生态保护和野生动物保护的引领者和践行者。

王庆龙还主动承担国家物种库野骆驼物种"守护员"的工作，自己购买了很多野生动物保护方面的书籍进行阅读，并写了多篇野骆驼保护方面的文

罗布泊的守望

章。他在2019年被自然保护地生物资源理事会中国生物物种网授予"公民科学家"称号。

2018年的冬天，为拍摄《中国新疆野骆驼千里寻踪》纪录片，为了减轻车的负重，要把所有的东西都卸到营地，营地大量的物资就需要有一个人在营地留守。大家讨论决定把王庆龙留在营地。

其他人去往目的地估计6个小时能完成任务返回营地，出发前问王庆龙这么长的时间一个人会不会害怕、有没有困难，王庆龙当即回答："没有困难。留守营地的任务就交给我吧。"大家放心地奔往库木苏去取数据，一路上本来道路就颠簸难行，没有想到被洪水冲刷的沟壑又将"路"冲得面目全非，每行走一段都十分困难。原本计划来回6个小时的路程，耽搁到16个小时。

随着夜色慢慢降临，在回营地的路上大家都不由自主地开始为王庆龙担心，不知道他一个人在茫茫的旷野是怎么度过的，会不会出现危险，大家越想越着急。

远处是深深的黑，月亮在迷雾一般的云层里，朦胧地泛出冷清的光晕笼罩着大地，黑夜让夜空更加深邃。

夜间行车危险更大，车在沙丘上来回翻越，我们还得时不时确定营地的方向。大家都焦急地想尽快赶回营地，同时也在担心王庆龙的安危。

车在黑夜里穿行，大大小小的沙梁慢慢被抛在身后，突然，我们看到远方有一闪一闪的灯光，小王说："看，庆龙把车开到了一个高坡上，把车灯打亮在给我们指示方向呢！"

茫茫的夜色中，我们都看不清各自脸上的表情，但能够确定此时大家都非常高兴。我们朝着灯光指引的方向安全回到了宿营地。

原来，王庆龙在车里不断观察四周，时间一长，他也在为大家担心。他判断着时间，就把车开到一个沙包上，把车灯打亮，想让我们在漆黑的夜里能找到方向。

王庆龙在新疆罗布泊野骆驼国家级自然保护区工作

是啊，在罗布泊的旷野里，这一束灯光就像海港里的灯塔发出的亮光一样。

大伙围着庆龙，你一言我一语地问他这10多个小时一个人是怎么度过的，又问："你咋不钻到车里呀，万一有野兽袭击你怎么办呢，我们就担心有野兽。"

王庆龙说："不怕！罗布泊的夜色可美了，当夕阳快落山的时候，大地都变成了红色。一堆堆沙丘、一座座雅丹，我有在月球上的感觉呢。"

其实，在这黑黑的夜里、独自在这10多个小时的等待里、在呼啸的风里，他一定也害怕过、一定也胆怯过，但作为一名共产党员，在特殊的困难环境里特别能坚持、特别能吃苦，他是我们学习的榜样。

王庆龙说："这几年投身野骆驼保护，其实自己就是一名志愿者。每次通过和专家学者的接触，我了解到更多的野生动植物保护的知识，每一次都有很大的进步，渐渐地增强了对于保护区的热爱，也逐步增强了保护野生动

罗布泊的守望

物的信心。国家自然保护地生物资源理事会和生物物种网还授予我"公民科学家"的称号，让我深感守护野骆驼自己要做到的就4个字，那就是"坚持、担当。"

王庆龙还说："这些年，在保护区看到管理局的工作人员坚守在保护区生态保护的一线，和专家学者为野骆驼保护所付出的努力，他们的很多事迹特别让人感动。2017年我们到青海可可西里国家级自然保护区学习，特别是到了用英雄索南达杰的名字命名的保护站，当时我就默默地对自己说，我要做一名生态保护和野生动植物保护的志愿者，为社会做点自己力所能及的事情。"

2019年，新疆野骆驼保护协会针对前5年工作中成绩优异的人员，要评选出"野骆驼保护贡献奖"的获得者。当有人选王庆龙时，他说："这几年，那么多人为野骆驼保护做工作，把这个机会留给其他人吧。"王庆龙用自己朴素的情怀，同样得到了大家的敬佩。

王庆龙说："除了要干好自己的本职工作，也践行理解了公益本身的意义，更令人静下来去思考自己接下来要做的事。在纷繁的世界里自己能做点小事、善事，我感到幸福满满。"

正因为有这样一群人默默地付出和守护着脚下的土地与这片土地上的生灵，生物多样性才得以延续，生态环境才得以变好，人们才能与野生动植物和谐共存。

▶ 2019年12月19日

科普向未来——保护野骆驼我们在路上

　　在我们蔚蓝色的地球上，在人与自然和谐共生的地球家园，到处都书写着人与自然和谐相处的生命传奇。

　　太阳之所以伟大，在于它永远在消耗自己来温暖万物。多年来，越来越多的志愿者投身于服务公众，留下了许多感人至深的中国故事。目前在我国注册的志愿者人数约有2.17亿，他们不计报酬，奉献社会的志愿行动温暖着我们。特别是一些退伍军人志愿者，他们一朝当兵，终生是兵，依然在用他们的行动回报社会。"脱下军装，职责犹在"，这正是对退役军人坚守本色的真实写照。每个故事都因人而生动，每条新闻也因人而精彩。越来越多的志愿者，他们不为名不为利，在每个行业里散发着光和热，以及无私奉献的时代精神。

　　在我们的身边就有这样一位关注野骆驼的退伍军人志愿者，他的名字叫牛欣意。部队的戎马生涯磨炼出他不怕吃苦、甘于奉献、雷厉风行的工作作风，培养了他严守纪律、服从组织、坚守岗位的优良品格。他退役后担任企业法人代表，用企业家的情怀回报社会、奉献公益。他立场坚定，热爱党、热爱祖国，同时也积累了丰富的管理经验，在生态技术领域以及企业管理等方面都有自己的专长。在部队，他不怕吃苦、甘于奉献；到地方，他服从组织安排、严守纪律。牛欣意在2016年关注到新疆极度濒危物种野骆驼即投身

　　罗布泊的守望

牛欣意（左）与会员孔祥明

到志愿者的行列，从会员到理事，一路为野生动物保护贡献力量。

在新疆野骆驼保护协会的5年时间里，作为科普队员，他多次出资助力新疆野骆驼保护协会的科普宣传和保护区的学习考察，并积极关注协会的发展前景，完善协会各项规章制度和协会组织架构。几年来，他在工作中积极主动向科研人员学习，探讨更科学地保护野骆驼的相关知识，并主动承担了野骆驼"物种守护员"的工作。为了做好野骆驼"物种守护员"，他购买了《寂静的春天》《动物行为学》《生命的未来》《物种起源》《超有趣的家》《一个士兵的哨所》《罗布泊自然保护区——新疆罗布泊野骆驼国家级自然保护区综合科学考察报告》等书籍，记录了大量的读书笔记，使野生动植物保护的知识得到了积累和提高。在此期间，他多次在自然保护区生物标本资源平台和自然保护区物种库发表野骆驼保护和植物保护的科普文章，起到了很好的宣传作用，唤起了更多的人参与野生动植物保护工作。

野生动植物保护是社会性、群众性和公益性非常强的一项工作，社会各界的重视和公众的广泛参与才是野生动植物保护的正确途径。正是经过多年的科普宣传和公众教育，公众的野生动植物保护意识大大增强，参与野生动植物保护的热情日益高涨。

从事志愿者服务工作以来，牛欣意以自己的实际行动支持野生动植物保护和科普宣传活动。协会缺少摄影设备，他主动拿出了自己价值数万元的照相机，这台照相机在风沙的磨砺中也记录下了野骆驼的身影和生存环境。协会科普活动需要资金，他积极出资、确定场地、制作宣传展板、全力以赴，用自己的实际行动感染了本企业的员工，员工们也积极加入了野骆驼保护的志愿者团队。从自己做起，从小事做起，对于公众参与野生动物保护起到了积极的引领作用。牛欣意说："多年来，是党教育培养了我，是火热的军旅生活磨砺了我，我将继续发扬军人的优良传统，永葆军人英雄本色，努力作表率、树标杆，书写更为精彩的参与野生动植物保护的人生。"

2021年5月，牛欣意在新疆罗布泊野骆驼国家级自然保护区和专家、学者一起科考期间，遇到了11级的大风和冰雹天气，狂风瞬间扯断了他的帐篷，但他没有顾及这些，首先想到的是营地和大家的安全。在暴风雨中他和其他人迅速挖开了一条沟槽，使融化的雪水快速流走，不会淹到大家的帐篷，用自己的精神，为大家作出了安全保障。

2023年是新疆野骆驼保护协会第二届的开局之年，常务副会长牛欣意一次次为科普活动助力。为使野骆驼科普宣传活动更上新台阶，在他的主导下，协会和设计师马郡卿一起，为新疆野骆驼保护协会的品牌设计应用方案一直在努力。如今这些精致、精美的宣传logo、志愿者标志等都将一一在公众面前呈现，并得到传递。

大自然承载着丰富多样的生态系统，虽然沙漠广阔无边，但它却是野骆驼和其他物种得以生存的家园。若要让野骆驼种群数量持续增长，则需要那些热忱、有激情、有能量的人参与，仅凭一己之力无法做到。而现在，我们已投身于拯救野骆驼的行动。

发扬团结、友爱、奉献的志愿者精神，做促进生态文明建设和保护野生动植物的践行者，讲好保护野骆驼的故事，是每位志愿者义不容辞的责任。

▶ 2022年秋

罗布泊的守望

一树生命　一树胡杨

野骆驼纪念封（胡杨的题字）

　　胡杨（胡建国）是第一届新疆野骆驼保护协会名誉会长，他是一位从昆仑山归来的军人，他的品格就像昆仑山一样坚毅。常年在昆仑山当兵，他的身体落下了很多疾病，但他复员到了地方，依然保留着军人豪迈的情怀。

　　2016年的一个深秋，为了宣传野骆驼保护，他首次将《野骆驼赋》写在了长长的宣纸上。他说："我只是一个'写字先生'，如果能用我们祖国几千年的书法文化宣传野生动植物保护，我的付出也是很值得的。"有一次，有位志愿者购买了两幅胡杨老师的书法作品，他立即把作品获得的 1 600 元钱交给了协会。他说："只要我有能力，就会全力参与野骆驼保护，就是力量太小了。"

胡杨出生在陕西省汉中市，青年时代当兵入伍来到了新疆昆仑山，从此他成了新疆人。由于从小跟着父亲用笔抄写中医药方，所以练就了一手好书法。在部队经过多年的历练，他的书法技艺更加精湛，渲染着昆仑山的刚毅气质。

他常说："有机会我一定要重走一趟昆仑山，走一遍青年时期在那里当兵走过的路，在百里营房那再留个影……"

在部队，胡杨是一名战士；回到地方，他仍然把战士的情怀刻印在生命之中。他说以前在昆仑山当兵时看到过很多野生动物，战士们和野生动物在昆仑山和谐相处。

在新疆野骆驼保护协会的几年里，胡杨用书法作品服务野生动物保护，把中华文化带进校园、带进社区、带进保护区的最前沿。

一袭笔墨，几番风雨。浓墨纵横的书法带着生命的热情，在润物细无声中传递着中华文化的精髓，也把中华文化的情怀融进了野生动植物保护中。

正是由于社会各界爱心人士对野生动植物保护的关注和参与，野生动植物保护才逐渐走进了公众的视野。

站在昆仑山顶，俯瞰帕米尔峡谷的秋色，一个崭新的新疆正在腾飞，这里有充满希望的高原、充满希望的昆仑山，在这片壮美的土地上，人与野生动植物也一定能和谐共生……

▶ 2020 年冬

罗布泊的守望

守望野骆驼

　　常锋是一名复转军人，他在新疆野骆驼保护协会7年的时光里，3次被评为优秀会员。过去的几年，不仅在野生动物保护的活动中能看到他的身影，在社会其他领域也都有他留下的足迹，他用自己的行动践行了伟大的志愿者精神。

常锋（右）和高建新

　　他带领新疆野骆驼保护协会的会员和志愿者走在保护野骆驼的路上，走在科普宣传的第一线，为协会的发展积极助力。在"世界地球日""世界环境日""世界野生动植物日"，他用自己的行动积极为协会的各项工作尽职尽责。2022年"世界地球日"当天，协会会员和志愿者在白洋河村捡拾垃圾，常锋看大家干了一上午活，又渴又累，便为大家买来了解渴的饮料。

　　常锋为协会各项工作着想，不管大事小情都积极参与、积极筹划、积极支持。当他得知协会的会员和志愿者生病了，在生活上有困难了，就会鼎力相助，积极捐款，把爱心传递到急需得到帮助的志愿者和会员手中。

　　平凡虽然无声，但平凡一定蕴含着伟大。让我们在保护野骆驼的路上，继续践行志愿者精神，让平凡的生命焕发光彩。

▶ 2020 年

新疆野骆驼保护协会的发展之路

作者／黄新民

　　我作为新疆野骆驼保护协会的初创人之一，从对保护野骆驼知之甚少到了解和热爱，到作为一名志愿者参与野生动植物保护已有10年。这10年我克服了种种困难，自觉为之奉献，感到使命光荣。还记得协会初创阶段的艰辛之一就是没有办公场所，我们在会长王新艾的带领下，第一年只能在志愿者家里设立办公地点。在这里，我们按照国家有关审批程序提交文件，走访相关部门，手写与电脑输入并用，整理了大量的程序文件，买回了第一台电脑，虽多次更换办公地点，这台电脑就一直留到现在。这些年，在各有关主管部门的大力支持下，在各位会员和志愿者的不断努力下，协会全体同仁团结奋进，坚守努力发展到今天，特别是在野骆驼科普宣传方面，新疆野骆驼保护协会向社会公众奉献了34场野骆驼科普宣传和多场图片展，这些宣传活动对公众参与野生动植物保护起到了积极的引领作用。

　　我们建立了3个科普宣传基地，这对广泛开展野骆驼科普宣传将起到积极的推进作用。生态科普进校园，把科普向未来深入到年轻一代，为后续生态建设种下了一颗颗公益的种子，这些种子一定会生根发芽。这些年轻的力量，必将成为保护野生动植物和生物多样性的坚实力量。

　　2018年，我们冒着腊月的严寒奔波1 000多千米，来到新疆生产建设兵

黄新民在塔克拉玛干沙漠

团三十六团参加新疆第一个野骆驼科普宣传基地的揭牌活动；我们还在新疆罗布泊野骆驼国家级自然保护区的最前沿米兰中学开展了野骆驼科普宣传活动，这两次进校园在当地反响非常的强烈，科普活动中同学们踊跃发言提问。中国林业科学研究院的李迪强教授在科普活动中被同学们团团围住，同学们问："野骆驼有没有双胞胎？野骆驼为什么能喝盐碱水？他们高高的驼峰有什么作用？"李迪强教授说："孩子们提的问题并不比研究生们提的问题简单。"这些工作真是意义重大啊。

三十六团的领导对建立新疆野骆驼科普宣传基地十分重视，做了大量实实在在的工作，专门开辟了新疆野骆驼科普宣传基地的场所，安排人员布展，并派车辆冒着严寒到乌鲁木齐拉运布展图片。

新疆野骆驼保护协会经过10年的发展，从一个懵懂的"少年"一路成长起来。通过我们的努力和行动，鼓励了公众自觉投身到野生动植物保护的行列中，助力国家生态文明建设战略目标的实现。在这个过程中，美丽中国的图景已在我们面前徐徐展开。

让我们一起为子孙后代的福祉而努力，实现人与自然和谐共生，共同保护我们赖以生存的地球家园，我愿永远做一名无名志愿者。

▶2023年初夏于乌鲁木齐

新疆野骆驼保护协会"野骆驼保护贡献奖"致敬词

池重庆

男，汉族，中共党员。

新疆野骆驼保护协会名誉会长。

新疆维吾尔自治区旅游局原党组书记、副局长；自治区人民政府参事。

致敬词：

为什么你的眼中常含泪水，因为你对这片土地爱得深沉。为什么你的目光那样深邃，因为你的足迹起伏了新疆的山山水水。

凝视那一片荒芜，你的心拥抱那一块块绿地。仰望每一座高高的山峰，期盼生命的足迹铺满新疆的大地！

岁月悄无声息地将时光拖走，处于丝绸之路经济带核心区的美丽新疆，已经站在了历史的潮头……

田埂上遍地消融的白霜，拂不去岁月的荣光，带来了属于新疆田野的温暖。10年的时光里，你为新疆野骆驼保护一路鼓舞与呼唤，为野生动植物保护洒下了金黄色的希望！你为野骆驼保护履行了义务，作出了贡献。

新疆野骆驼保护协会授予你2019年"野骆驼保护贡献奖"。

杨维康

男，汉族，研究生学历，中国民盟盟员。

新疆自然博物馆馆长，新疆野骆驼保护协会副会长。

中国科学院新疆生态与地理研究所研究员，从事荒漠濒危动物保护生物学研究。

致敬词：

山绿了，有你的背影。树长大了，有你青春的年轮。种子生长的地方有你放飞的梦想。你踏遍了新疆自然保护区的山山水水，留下了一串串足迹，惊起了一路沙尘……

在起伏的旷野里、在狂风肆虐的沙丘上、在可以触摸到太阳的山顶、在皑皑白雪的寒冬、在高高的昆仑山上，都有你的身影……

新疆大地粗犷的荒野强烈地撞击着你的心扉，大地吸引着你用青春的生命尽心竭力地为新疆的野生动植物保护奔走呼吁，从青春到白头。

你为公众传递野生动植物保护的科普知识，用科研成果服务野生动植物保护，为野骆驼保护奉献了一场场打开心灵的、有趣的科普宣传讲座。普氏野马、北山羊、波斑鸨等野生动物也走进了公众的视线。你为野骆驼保护履行了义务，作出了贡献。

新疆野骆驼保护协会授予你2019年"野骆驼保护贡献奖"。

郭铁征

男，汉族，中共党员。

新疆野骆驼保护协会专家顾问团首
席专家。

新疆罗布泊野骆驼国家级自然保护
区管理局原局长。

致敬词：

在罗布泊洒满野骆驼足迹的土地上，你奉献了自己无悔的坚守，用刚毅
的军人情怀牵挂着保护区的野骆驼。退休后的几年里，你和新疆野骆驼保护
协会专家顾问团的各位爱心专家，继续在野骆驼保护区的最前沿为保护野骆
驼奔走呼吁，洒下了一路辛勤的汗水！

进企业、进社区、进校园、进脱贫攻坚的第一线，为公众奉献了一场场
野骆驼科普宣传讲座，用声音和精神传递生态保护和野骆驼保护理念。用行
动践行了一个共产党员朴实、平凡的情怀，为新疆野骆驼保护协会的成长奉
献了自己的力量！你为野骆驼保护履行了义务，作出了贡献。

新疆野骆驼保护协会授予你2019年"野骆驼保护贡献奖"。

易会林

男，汉族，大学本科，中共党员。

新疆野骆驼保护协会副会长、新闻发言人。物种设施公共化委员会颁发的"公民科学家"获得者。

原新疆公安边防总队政治部退役团职警官。现为资深媒体人，新华社签约摄影师。

致敬词：

你有一份忠诚，是对党的忠诚，对新闻的忠诚。你把传播新闻、把记者当作使命。你用独立纯粹而平等的新闻人品格，不折腰，不奉迎、默予人温暖；不张扬，不回避，像春风拂动如阳光明媚。你要传递的不是哀伤、不是消极，而是新闻人精神的光芒，是对野骆驼深厚的激情与梦想、拼命与荣光！

从那篇《我在遥远的可可西里》考察文章的发表，到追寻野骆驼的足迹，一路汗水，一路守望！为新疆的生态环境保护、野生动植物保护的宣传，一次次伏案至深夜，带病走在保护区最前沿的路上、走在脱贫攻坚的路上，用镜头和文字传递野骆驼保护的声音和力量，你是生态记者的榜样。你为野骆驼保护履行了义务，作出了贡献。

新疆野骆驼保护协会授予你2019年"野骆驼保护贡献奖"。

高建新

男，汉族，中共党员。新疆野骆驼保护协会爱心形象大使。

著名军旅笑星，表演艺术家，国家一级演员。获新疆"德艺双馨艺术家"称号。

中国戏剧家协会理事，中国曲艺家协会理事。

致敬词：

你的足迹在边防，在哨卡、在沙漠、在巍巍的昆仑山，在高高的帕米尔。

你的笑声在田间，在地头、在车间、在脱贫攻坚的田野……

你的幽默给人们带来了欢乐和笑声，当人们问你为什么要做公益形象大使时，你说：压力、责任！

你在百忙中抽时间自己制作宣传野骆驼的短片，在很多公益的活动上宣传野骆驼保护。在新疆野骆驼保护协会野骆驼科普宣传的活动中，你用自己编排的保护野骆驼科普小故事，让人们在欢笑中追寻更广阔的野生动物保护的意义。

你常说："我是一个兵，来自老百姓，党和人民培养了我，让我从艺更坚定！"

著名军旅作家周涛先生这样评价："这家伙是个滑稽鬼，但是他惊人的模仿能力在生活中比在舞台上更出色……"你为野骆驼保护履行了义务，作出了贡献。

新疆野骆驼保护协会授予你2019年"野骆驼保护贡献奖"。

顾建新

男中音歌唱家，合唱指挥，节目主持。

中国音乐家协会会员，中国社会艺术协会理事，新疆野骆驼保护协会爱心形象大使。

致敬词：

你从金色的阿勒泰那起伏的雪域走来，你是哈萨克的雄鹰！你用嘹亮的歌喉，一次次为野生动植物保护的志愿者们奉上歌声的盛宴和引领。

几年来，你和新疆野骆驼保护协会的同仁们一起下基层、进企业、走进野骆驼保护区的最前沿、走进社区、走进脱贫攻坚的第一线，用歌声歌颂伟大的时代，用美好的音乐鼓舞人心，颂扬时代华章！你为野骆驼保护履行了义务，作出了贡献。

新疆野骆驼保护协会授予你2019年"野骆驼保护贡献奖"。

关勇

男，满族，中共党员。

新疆元正盛业律师事务所主任。

新疆野骆驼保护协会副会长，新疆野骆驼保护协会公益律师团首席法律顾问。

致敬词：

生命是一条艰险的狭谷，只有勇敢的人才能通过。在法律的滚滚铁流中，你是勇士。作为新疆野骆驼保护协会公益律师团队的一员，一路为新疆野骆驼保护协会在法律上保驾护航。

你们不是太阳，但一样播洒着法律的阳光；你们不是天使，但一样修复着心灵的创伤。你们是共和国的律师，你们是社会主义法治的捍卫者。致敬团体会员单位新疆元正盛业律师事务所，致敬公益律师团队，致敬61位个人会员！致敬6年无悔的坚守！你为野骆驼保护履行了义务，作出了贡献。

新疆野骆驼保护协会授予你2019年"野骆驼保护贡献奖"。

吴蜀雄

男，汉族，中共党员。
新疆野骆驼保护协会副秘书长。

致敬词：

在旷野里寻找每一颗发亮的石
头，它就是生命中的星星。在罗布泊的荒野里爱上野骆驼，从此为它奔走呼
吁，为《中国新疆野骆驼千里寻踪》纪录片的后期制作奉献了执着的精神和
爱心。为助力脱贫攻坚，你四处奔走联系，争取到了企业家的支持，为阿克
苏阿依库勒镇协合力村的幼儿园和小学送去了饮水机，孩子们喝上了甘甜的
饮用水。你为野骆驼保护履行了义务，作出了贡献。

新疆野骆驼保护协会授予你2019年"野骆驼保护贡献奖"。

王建平

新疆浩天能环保科技有限公司董事长，新疆野骆
驼保护协会志愿者。

致敬词：

谁能以深刻的内容充实自己生命的每个瞬间，谁就能
无限地延长自己的生命。你为新疆野骆驼保护协会脱贫攻
坚助力，为阿克苏乌什县阿依库勒镇协合力村的小学和幼儿园送去了一台台饮
水机，让孩子们喝到了清洌的甘泉。你的爱心是孩子们脸上绽放的笑容，你的
深情是孩子们心中朴素的温暖。你为野骆驼保护履行了义务，作出了贡献。

新疆野骆驼保护协会授予你2019年"野骆驼保护贡献奖"。

简锡华

新疆野骆驼保护协会第一届协会副
会长，新疆新亚特有限公司总经理。

致敬词：

有一种声音来自大自然，来自那些能
够看懂动物眼神的人。

你说现在保护野生动物的力量还很薄弱，但不要小看这种薄弱的力量，
我也是其中的一分子。

炎炎夏日，你为协会的同仁们送来了习习凉风。长长征途，你不惧艰苦，修
车铺路。寒冷冬季，你铲冰除雪，让热浪在冬天升腾。阿依库勒镇，你为孩子们
挑选的文具，让他们绽出了花朵一样的笑容！这不是丰碑，是你爱心涌出的涓涓
细流。你用一种名为坚守的力量，5年来走在野生动物保护的路上，走在脱贫攻
坚的路上，你是我们的榜样。你为野骆驼保护履行了义务，作出了贡献。

新疆野骆驼保护协会授予你2019年"野骆驼保护贡献奖"。

邹雪梅

新疆野骆驼保护协会第一届协会理事。

致敬词：

雪中的梅花像团红红的火焰，以生命
的力量让寒冷的冬季铺满生机。你是一
片绿叶，我是一片绿叶，绿叶挨着绿叶，构成了茂密的森林，不再惧怕风沙
的狂野。你在如火的7月走进保护区的最前沿，去看望救助的小野骆驼"壮
壮"，奉献了自己的一片爱心。你为野骆驼保护履行了义务，作出了贡献。

新疆野骆驼保护协会授予你2019年"野骆驼保护贡献奖"。

罗布泊的守望

后　记

在合上《罗布泊的守望》文稿时，我的心中涌动的依然是在罗布泊度过的那些时光和初次与野骆驼相遇的喜悦。

不管是写罗布泊还是写野骆驼，我都如同一个小学生。罗布泊处在古代丝绸之路的中段，她向世界散发着无与伦比的光芒，她所包含的文化、恢宏的历史遗迹以及生态文明建设和保护区建设的伟大征程都吸引着世界的目光。两千多年来，丝绸之路始终主宰着人类文明的进程，她的历史就是一部浓缩的世界史。丝绸之路是人类文明最耀眼的舞台，这些都是我无法概述的，我只是把我的所见所闻与内心的感动，带着仰望倾注于笔端并进行了有限的记录，希望这些作品能够服务于生态文明建设和野生动植物保护事业，并以此唤起更多人对生态环境和野生动植物保护的关注、参与和热爱。

我想和更多人一起参与野骆驼保护工作，向世界展示美丽地球上的沙漠律动，以及人类和野生动植物和谐相处的景象。我希望让更多的人了解野骆驼，知悉保护它们的重要性，使人们知道它们确实是地球的一分子。

10年前，我偶然关注到濒临灭绝的野骆驼，它们残存的数量令我颇为震惊，我开始努力并付诸行动，与新疆野骆驼保护协会的同仁们开始着手研究如何参与保护野骆驼，并希望它们恢复生机。

如今，10年过去了，新疆野骆驼保护协会以拯救世界极度濒危物种野骆驼为使命，开展了"美丽中国，我是行动者"计划，并开展了多场野骆驼科普图片展和43场科普宣传活动。我们期待个人和组织支持以科研为主导的科学保护野骆驼生态系统的行动。

野骆驼把我的人生牵引到另一个方向，公益的力量是我的指引。从2014开始，在野骆驼科普宣传的过程中，我逐渐尝试用文学作品服务野骆驼保护工作，并为此而努力。我作为一名志愿者，在投身野骆驼保护的10年里，饱含对罗布泊和野骆驼的守望。希望这些记录罗布泊、野骆驼和志愿者精神的文字，能点亮更多人心中热爱野生动植物的光。

我们一直在路上，我很荣幸能参与这项工作。10年，我们旨在寻找那些试图创造不凡且拥有伟大目标和理想的人士。许多我十分崇敬的科学家、野生动植物保护者和爱心人士都参与了这项工作，特别是政府提供的支持使我们更有信心实现目标。

一位名叫马子墨的小朋友，她在3岁的时候对我说，她要把自己的牛奶省下来给救助的小野骆驼"壮壮"喝，她的话语让我非常感动。生态环境保护、野生动植物保护就是要从孩子抓起，让他们在幼小的心灵里种下一颗热爱野生动植物的种子。

如今，马子墨小朋友已是北京黑芝麻胡同小学六年级的学生了。她自小就听野生动植物保护的故事，在保护野骆驼科普知识的海洋里，她用笔来画、用泥塑模型展示、用语言描写、用诗歌朗诵、用情景剧演出、用英语给小朋友介绍宣传，参加线上与线下的野生动植物保护科普宣传活动，用诵读的方式与遥远而古老的罗布泊进行古今对话，探寻野骆驼的生命足迹。

5岁，她承担起野生动植物保护小小志愿者的角色。把救助小鹅喉羚的故事有声有色地讲给幼儿园的小朋友和老师们。6岁，马子墨就学会自己打点行囊，和大人一起走进博物馆、走进保护区、走进沙漠，探寻野生动植物的踪迹。向科学家学习保护野生动植物的知识，认识各种野生动植物。

一年级的暑假，马子墨和新疆野骆驼保护协会的叔叔阿姨们一起到新疆伊犁参加以"野骆驼的呼唤"为主题的科普宣传活动，并和伊犁的小志愿者们一起表演情景剧《野骆驼羔子快长大》。

2020年，我代表新疆野骆驼保护协会受邀来到了北京黑芝麻胡同小学和板芽科普空间。我为同学们分享了《救助黑眼睛的小驼羔》的故事。通过科普宣传，同学们了解了野骆驼栖息的家园，知道了野骆驼和家骆驼有哪些区别、野骆驼的邻居有哪些，以及野骆驼的生活习性等。科普点燃了同学们向往自然、热爱自然的热情。在此期间，同学们认真听讲、踊跃提问，通过科普拓宽了孩子们的科学视野，并增强了他们关注生态环境保护、野生动植物保护的意识！

2022年"国际生物多样性日"那天，马子墨同学作为小小志愿者宣传员，参加了新疆野骆驼保护协会组织的"保护生物多样性 画出我的好朋友"活动，和乌鲁木齐市第三十九小学等学校的小朋友们，一起用画笔画出自己心中的野生动物朋友，表达敬畏自然、热爱自然的心情。

近期马子墨以题为"保护野生动物 践行生态文明 我是行动者"的演讲获评2023年度第十六届"宋庆龄基金会奖学金"校级评选第一名。

在本书封稿之时，又传来马子墨小朋友荣获北京市"三好学生"的喜讯。

过去几年的时间里，马子墨发起

参与国家森林公园、感受大自然的气息和美景等话题，视频介绍武夷山国家公园、东北虎豹国家公园等，目前已完成6个国家公园的宣传视频录制。

马子墨说："我想和我的同学了解更多的国家公园和国家自然保护区。我们的小目标是简介我国的国家级自然保护区和国家公园……"

那个曾经拉着我的手要我讲5个故事才罢休，那个两次行走在塔克拉玛干沙漠和迪坎的小女孩，已是野生动植物保护的参与者、传播者及建设美丽中国的行动者！

还有北京市第二中学初一年级的牛浩瑄同学，他热爱野生动植物，长期参加科学考察活动，通过向新疆野骆驼保护协会副会长杨维康请教，学习了野骆驼这个极度濒危物种的很多知识，并明晰了保护理念，撰写了数篇有关保护野骆驼的科学小论文和作文，向国内外的人们宣传介绍，并通过家长向新疆野骆驼保护协会申请，成为新疆野骆驼保护协会中年龄最小的一名会员。

还有新疆实验小学的同学们，从新疆野骆驼保护协会第一场野骆驼科普宣传进校园到现在，他们已经是高中的学生了，那些根植于他们心中保护生态环境、保护野生动植物的种子在一天天生根发芽。乌鲁木齐市第三十九小学的同学们通过野骆驼的科普宣传，了解并关注野骆驼，他们拿起小小的画笔，画出了野生动植物的千姿百态和新疆的"旗舰物种"野骆驼，并和老师们一起排练野骆驼保护的故事，多次在野骆驼科普宣传活动上，用诗歌、用情景剧回应野骆驼的呼唤。

从阿尔金山的沟谷传来鸟儿们空灵的啼鸣，生态恢复后的新疆罗布泊野骆驼国家级自然保护区正在滋养罗布泊干涸的土地，荒凉就要退潮，青草正在慢慢四溢。静谧的大地簇拥着流动的时光，融合在保护区生态水源地的光影里。而此时，我们正为那即将到来的生态保护区努力着，生物多样性丰富的保护区，正在微风中书写绿水青山的新篇章。

10年来，野生动植物科学知识的普及，对野骆驼的保护起到了积极的宣传和引领，公众参与野生动植物保护的热情高涨，野生动植物保护逐渐走进公众的视线。我们不仅深入探索了野骆驼的生存状况，还用镜头记录了现实中野骆驼面临的问题，呼吁人们关注和保护野生动植物。

罗布泊的守望

如今，新疆野骆驼保护协会合作团队不断壮大，其中包括企业家、生态环境保护摄影师和年轻的志愿者，10年时间汇聚了众多专家、政府代表共同探讨保护野骆驼的议题。

新疆野骆驼保护协会旨在通过考察活动、科普宣传、视觉故事和图片展，强调野骆驼是地球上生态系统中的重要物种。每个人都将自己的行动当成一种号召，每个人都与团队一起，在多个项目中发挥重要作用，包括宣传禁止在新疆罗布泊野骆驼国家级自然保护区穿越以及扩展宣传对保护区的保护。

运用图片来记录野生动植物的生存情况，参与野生动植物保护，向公众展示热爱自然、热爱野生动植物的情怀，共同致力于创造一个更美好的地球。

通过"公益＋文创"的形式，展示协会的生态守护精神，从而延伸出一系列文创宣传，让更多人关注和了解罗布泊的生态魅力和野骆驼的生存状况，积极参与到生态文明建设中来。

在10年的野骆驼保护历程中，社会各界许许多多热爱大自然和野生动植物、倡导生物多样性保护的朋友们，给予了我很多的关心及无私的帮助，他们是我的良师益友。借此机会，感谢我生命中遇到的每一位朋友，感谢你们！

还要特别感谢全国人大代表、新疆农业大学校长、新疆维吾尔自治区政协人口资源和环境委员会副主任、政协第十三届全国委员会常务委员、农业和农村委员会委员蒋平安先生，感谢上海方正律师事务所主任律师、新疆野骆驼保护协会名誉会长沈秋君女士，感谢地质学家、新疆工学院地质系教授、中国科普作家协会会员、著名作家王功恪先生，感谢原吐鲁番地区文联主席、当代作家、诗人高崇炳先生（笔名高昌）为本书作序。

感谢著名作家、新疆作家协会主席、中国作家协会散文委员会副主任、新疆维吾尔自治区文联兼职副主席、第十一届茅盾文学奖获得者、新疆野骆驼保护协会高级文化顾问刘亮程先生；感谢中国书法家协会会员、新疆书法家协会副主席、被新疆维吾尔自治区和乌鲁木齐市授予"德艺双馨艺术家"称号的书法家席时珞先生；感谢著名大漠山水画创始人、教育部属江南大学设计学院创始人之一、中国美术家协会会员、中国文化艺术发展促进会会员、中国水墨书画院名誉院长、中国书画研究院名誉院长、新疆野骆驼保护协会文化大使黄名芊先生；感谢中国书画家联谊会高校书画创研基地艺术委员会副主任、原新疆军区军旅书画院副院长、青岛孔易商学院副院长李西秦先生（笔名乌丁）；感谢中央文史馆书画院研究员、李可染画院研究员、中国美术家协会会员、新疆美术家协会理事、新疆美术家协会青年艺术委员会副主任、新疆美术家协会国画艺术委员会副主任、中国书画家协会会员、中华书画艺术研究院院士、新疆维吾尔自治区成立60周年首发邮票设计者、新疆野骆驼保护协会专家顾问团专家马新胜先生；感谢中国书画家协会会员、中华书画艺术研究院院士、新疆书法家协会会员、新疆美术家协会会员、乌鲁木齐市书法家协会会员、乌鲁木齐市美术家协会会员、新疆军旅书画院书画师、新疆王洛宾书画院副院长、新疆野骆驼保护协会专家顾问团专家王强林先生为本书题字。

感恩这个伟大的时代给了我独特的生命体验，见证了国家创造了保护珍稀濒危物种的奇迹和向世界贡献生物多样性保护的中国智慧。最后，我要特别感谢为《罗布泊的守望》一书出版辛勤付出的编辑团队，是他们以独特的

雅丹地貌

视角，将文学作品服务于野生动植物保护的实践中，并得以成章。

我由衷地感激我的家人和多年来理解和支持我的朋友们，谢谢你们！

以目光审视世界的美好，在生命的缝隙里，在诗与旷野、风与戈壁的合奏里最终完成自我。

此时，冬天的新疆罗布泊野骆驼国家级自然保护区正为皑皑白雪所覆盖，野骆驼正在这片大地上踏歌起舞，保护区呈现出一派勃勃生机。广袤的罗布泊正在继续歌唱着大地和野生动植物的赞歌。让我们为野生动植物保护、为自然生态文明建设、为绿水青山的愿景、为前行路上结下的友谊，在未来的路上再次相遇！

沙漠教会了我一切，包括谦逊、友爱以及对生命的尊重。

王新艾

2023 年 12 月 30 日于乌鲁木齐

图书在版编目（CIP）数据

罗布泊的守望/王新艾著. —北京：中国农业出
版社，2024.4
ISBN 978-7-109-31784-0

Ⅰ.①罗… Ⅱ.①王… Ⅲ.①诗集-中国-当代②散
文集-中国-当代 Ⅳ.①I217.2

中国国家版本馆CIP数据核字（2024）第051328号

书中未署名的图片均由新疆野骆驼保护协会提供

中国农业出版社出版

地址：北京市朝阳区麦子店街18号楼
邮编：100125
特约编辑：严　丽
责任编辑：李昕昱　刁乾超　　文字编辑：赵冬博
版式设计：李　文　　责任校对：吴丽婷　　责任印制：王　宏
印刷：北京通州皇家印刷厂
版次：2024年4月第1版
印次：2024年4月北京第1次印刷
发行：新华书店北京发行所
开本：700mm×1000mm　1/16
印张：25.75　　插页：4
字数：460千字
定价：128.00元